社交媒体中的

婚姻与个体

程萍 著

MARRIAGE AND INDIVIDUALS
IN SOCIAL MEDIA

社会科学文献出版社
SOCIAL SCIENCES ACADEMIC PRESS (CHINA)

目 录 CONTENTS

第一章 导 论

> 我们身上的这一小块地方，其实什么也说明不了，它可以为我们带来性的快感，仅此而已。人们为什么对它穷追不舍，一定要从它那里获得关于自我的真理呢？获得关于伦理道德、价值观等一系列的规范呢？
>
> （福柯，1988：22）

从绝对意义上说，自从一夫一妻的婚姻制度建立以来，婚外性的存在就一直在挑战婚姻制度。进入转型期以来，在中国社会宏观的经济与社会结构发生变化的同时，中国人的微观价值观和社会心态，包括性、情感和婚姻的观念同样发生了前所未有的嬗变。Web 3.0 时代，随着移动互联网和智能手机对国人生活的深度嵌入，婚外性开始借力社交媒体这一新的媒介工具，并呈现新特点。在此背景下，以社交媒体"交友"为棱镜来观照当代人的婚外性问题，对于透视当代国人婚姻中常见的问题与困惑，增强主体经营和维护婚姻关系的能力，具有一定的时代价值和现实意义。

第一节　社交媒体是现代婚姻的"隐形杀手"吗

一　婚外性的演变

马克思指出，"根据男女两性的关系可以判断出人类的整个文明程度"（马克思，1979：72）。一般来说，人类两性关系的发展经历了三种主要的婚姻形式，这三种婚姻形式大体上与人类发展的三个主要阶段相适应，与蒙昧时代相适应的是群婚制，与野蛮时代相适应的是对偶婚制，与文明时代相适应的是一夫一妻制（罗国杰，2007：282）。

然而，自婚姻制度建立以来，其所规制的夫妻性忠诚义务就不断遭受挑战，人性和欲望总在试图"打倒性的专制"（福柯，2000：33）。"全世界一切时代和一切民族中，在婚的男性和女性都有非婚性活动。"（金赛，2007：346）文学家莎士比亚，对此也有深刻的观察："我们人类对于婚外私情的偏好似乎是本性对文化的胜利，就像我们必须跟一名配偶共同生活在一起的文化现象一样，拈花惹草也是我们人类古老的再生产游戏中的一个重要组成部分。"（莎士比亚，2005：151）所以，虽然近代婚姻被罩上了浪漫的爱情面纱，然而从宏观、历史的视角来看，不可否认的是，人类社会婚姻存在的历史有多长，婚外性（情）存在的历史就有多长，它一直以不同的形式而存在。比如，恩格斯在吸收了摩尔根对于古代社会的研究之后，对家庭与婚姻变迁有过一个形象而深刻的总结："以通奸和卖淫为补充的专偶制是与文明时代相适应的。"（恩格斯，1999：76）

从内涵来说，婚外性是一个传统性的存在，但从外延来看，它的存在形式会发生演变，其演变与社会形态高度相关。不仅如此，作为社会存在的一种，其存在的状态，禁欲或纵欲也与社会形态存在着内在的关联。美国著名社会学家丹尼尔·贝尔在《资本主义文化矛盾》一书中指出：

> 从一开始，禁欲苦行和贪婪攫取这一对冲动力就被锁合在一起，前者代表资产阶级精打细算的谨慎持家精神，后者是体现经济和技术领域的那种浮士德躁动激情，它声称"边疆没有边际"，以彻底改造自然为己任。这两种原始冲动的

交织混合形成了现代理性观念，而这两者间的紧张关系又产生出一种普遍的约束，它导致早期征服过程中对奢华风气严加压制的传统。（贝尔，1989：29）

婚外性，一直是违背公序良俗的存在，古代中国对此有着严厉的惩罚，比如"奸近杀""沉猪笼""游街"，但也很难阻止婚外性的发生。对此，费孝通先生如是说："婚前和婚外的两性关系，即使在我们这种把贞操看得特别严重的社会里，还是不能绝迹的。大观园里只有那对石狮子是干净的。"（费孝通，1998：125～126）

经历了对民国娼妓业的改造和禁绝之后，从1949年新中国成立到20世纪80年代，婚外性在中国一直都被视为婚姻制度的绝对破坏性因素，受到政府、社会和民众的一致谴责和排斥。根据潘绥铭、黄盈盈（2013：65）的研究，大约从1985年开始，中国陆续出现三次"性解放"浪潮。与"性解放"共生的是舆论对于婚外性行为的态度逐渐宽容。以前叫"搞破鞋"；20世纪80年代初期叫"陈世美""第三者"；80年代中期又叫"婚外恋"，开始具有中性的味道；从90年代起，北京俗语叫作"傍肩儿"或"傍家儿"，文化人则早就通用"情人"了。90年代的动态是："丈夫喜新不厌旧，妻子吃醋不嫌酸，横批是：差不离就行。"21世纪的俗语则是："家中红旗不倒，外面彩旗飘飘。"（潘绥铭、黄盈盈，2013：115）

在当代中国，随着城市化、现代化的加强，人口流动的频繁，以及互联网技术的发展，两性关系和性行为模式更趋复杂（庄渝霞，2014：118），人们越来越追求生活的罗曼蒂克和欲望的张扬，在世俗的日常生活中，两性关系不再是人们极力遮掩的内容，而成为某些人重要的生活乐趣来源（潘允康，2009：1～5）。在这种情况下，性的传统观念受到挑战，不仅包括两性关系的观念，而且包括性行为方式的观念（李银河，2009：

4）。过去"爱情－婚姻－性"三位一体的行为模式，在一些人的性观念和性行为中已不能得到实现，与性生活和婚姻生活相关联的行为及情感模式已显得越来越多变、不稳固和"开放"。根据中国人民大学性社会学研究所的调查，在 2000～2010 年，不仅婚外性行为在增加，人们对婚外恋、婚外性的包容度也在提升（潘绥铭、黄盈盈，2013）。中国人民大学 2000～2015 年四次全国性调查数据显示，我国已婚者对婚姻的满意度在逐年下降，男女两性终身拥有多伴侣的比例在逐年上升（潘绥铭，2017）。

二 社交媒体成为 Web 3.0 时代性的重要出口

互联网的出现推动社会生活网络化发展，是 20 世纪 90 年代，特别是最近几年来，人类社会最显著的社会变迁之一（刘少杰，2013：12～14）。20 世纪 90 年代以来，随着媒介技术的演进，中国互联网经历了从 Web 1.0 到 Web 2.0，再到 Web 3.0 的发展阶段。Web 1.0 阶段（1999～2004 年），以门户网站、新闻网站为代表；Web 2.0 阶段（2005～2009 年），以博客、播客为代表；Web 3.0 阶段（2010 年至今），以微博、微信、移动客户端为代表（闵大洪，2014：5～9）。

如果说 Web 1.0 的本质是聚合、联合、搜索，Web 2.0 的本质是互动、参与，那么 Web 3.0 的本质就是进行更深层次的人生参与和生命体验，即"网人合一"（刘畅，2008：137）。以微信、Facebook（脸书）等为代表的社交媒体（social media）如今已经构成了人们日常生活得以运转的环境和基底。数据显示，截至2017 年 1 月，世界范围内社交媒体的活跃用户数为 27.89 亿人，占世界人口的 37%，其中北美和南美地区的渗透率更是高达66% 和 59%，东亚地区的渗透率也达到了 57%；就中国而言，社交媒体的活跃用户数为 7.87 亿人，占中国总人口的 57%，国人每天使用各类社交媒体的总时长为 1 小时 50 分钟。①

特别是随着智能手机的日益普及，手机社交成为人们社交方式的重要途径。国内知名数据分析平台艾瑞咨询（2017b）公布的2016 年 8 月的手机应用软件下载量排行中，前五名中有三个是社交媒体应用，分别为第一名微信（8.3 亿次）、第二名 QQ（6.2 亿次）和第五名新浪微博（3.7 亿次）。企鹅智酷（2016）发布的报告显示，94% 的微信用户每天登陆，每天使用微信超过一个小时的用户占 55%。

在这个以时间、空间和社会关系的根本性改变为标志的时代（莫斯可，2017：1），以互联网为媒介建立的网络关系成为现代社会交往的一种模式（Ward & Tracey，2004：33），社交媒体正全方位进入当代人的工作和生活，包括婚姻这个私人场域。

一方面，计划生育政策的实施，在将避孕、人工流产合法化的同时，无意中也承认了"性快乐主义"和"个体主义"的合法化（潘绥铭，2004：18），性生活、家庭生活与生育"三位一体"（李银河、冯小双，1991：91）的传统模式逐渐被打破，一些人的性存在开始呈现多样性，婚前性行为、同性关系等也开始出现。另一方面，以"精神文明"为口号的社会控制力量、以"性科学"为旗帜的知识阶层的自由主义力量、以"人性论"为理由的民间自发力量，仍然呈三足鼎立的局面（潘绥铭，2004：46 ~ 48）。保守倾向的新儒家性脚本一直占据主导地位（Pei，2007：43），各类色情材料依法受到严格监管（Jacobs，2012：17）。于是，在性需求和性管制的冲突中，互联网成为寄托和宣泄感情与性的新的"交友"平台。

互联网与性研究方面的权威学者库珀（Cooper）等研究发

---

① 世界范围内社交媒体数据参见 Digital in 2017：Global Overview，https://weares-ocial. com/special-reports/digital-in – 2017 – global-overview，2019 – 05 – 18。中国社交媒体数据参见 Digital in Asia 2017：Overview，https://digitalinasia. com/2017/02/01/digital-in-asia – 2017 – overview，2019 – 05 – 18。

现，互联网的特性，即便利性、可负担性和匿名性将推动"性"现象的发生，促进网络中坦率的性爱讨论。库珀等用"3A引擎"（Triple A Engine）来说明因特网是怎样的一个可支持性活动的强大媒介，即容易通达（accessible）、费用可承受（affordable）、匿名（anonimous）（Cooper et al.，2003）。互联网的发展，使得空间、地域不再是形塑现代社会文化的关键因素，而逐渐体现出卡斯特（2001：505～506）所提出的"流动的空间"和鲍曼（2002d：12）所提出的"流动的现代性"，即流动和变化已然成为现代人生活层面的特征。在这个新的流动的空间里，互联网技术使亲密关系培育出了全新的交往模式——在线寻找伴侣和在线"交友"。2011年，美国全国约会网的毛收入超过了10亿美元，市场上出现了大量综合型与专门型的收费约会网站。美国人正在成为爱情的消费者而不是创造者（霍克希尔德，2014：21～22）。

在 Web 3.0 时代，当"约吗"这样最初表述性暗示的话语被社会主流话语体系接受的时候（王斌，2017：71～77），出现于美国性解放时期的搭讪（hook-up）文化也在中国悄然出现，直接以交友为目的，可被用于陌生人"交友"的商业性网络平台更是大量涌现。匿名的陌生人社交正在被"粉红化"，被当作猎奇、艳遇的出口，甚至有人扬言，"不以'交友'为目的的 App 不是好 App"①。

三 社交媒体"隐形杀手"论的提出

自 2003 年以来，我国离婚率连续递增，2016 年办理离婚手续的夫妻共有 415.8 万对，离婚率为 3.0‰，且 70% 的离婚都是由女性提出的（民政部，2017）。针对居高不下和逐年攀升的离婚率，有专家指出，不少人离婚背后，藏着一个"隐形杀手"，那就是

---

① 参见《不以"交友"为目的的 App 不是好 App》，http://lady. 163. com/15/020 2/16/AHFAS2BP002649P6. html，最后访问日期：2015 年 2 月 2 日。

普及的社交网络（吴为，2015）。这并非危言耸听。在 2015 年首届中国婚姻家庭咨询服务行业高峰论坛上，中国婚姻家庭工作联合会首届执行主席舒心就指出，"2014 年以来，通过微信、陌陌平台'交友'，或者找了'小三'发生婚外情的案例激增 20%"（转引自王飞，2016：211）。

这也是个全球性问题。英国斯莱特和戈登律师事务所发现，在其经手的离婚官司中，以 Facebook（脸书）、Twitter（推特）等为代表的社交媒体使用日益成为重要的离婚原因。该律所委托相关机构调查了 2011 人，结果显示，17% 的夫妇每天为一方沉溺于社交媒体而争吵，离婚夫妇中，1/7 源于此事；夫妇间最常见的"查岗"方式就是看对方是否网上出轨。该律所工作人员安德鲁·纽伯里说："5 年前，离婚时很少有人提到 Facebook，现在这简直司空见惯。社交媒体正在成为新的婚姻雷区。"（邬艺，2015）

除了上面提及的各种"粉红化"的社交 App，在全球引起颇多争议的 Ashley Madison 也已经在中国进行市场布局。Ashley Madison，成立于 2002 年，是一个公开宣称专门为已婚人士提供交友、约会服务的社交网站。人们如果对自己的婚姻不满意，就可以在这个网站上匿名注册，寻找自己的"第二春"。网站的口号是："人生短暂，偷情无限！"用户注册时需要选择自己的性取向、婚外偷情的关系、对方的身材等，非常详细。Ashley Madison 宣称可以保证用户匿名使用，保证信息安全。该网站大部分用户是男性，男女用户比例大约是 7∶3。该网站的收费服务大部分针对的是男性用户。创建用户和浏览他人资料是免费的，但是发送邮件和聊天需要用户购买点数，200 次邮件或聊天需要 79 美元。迄今为止，该网站已在加拿大、美国、英国、德国、澳大利亚等世界 27 个国家拥有超过 1600 万会员、500 万活跃用户。2013 年 6 月，Ashley Madison 又将其目标市场转向亚洲，2012 年已在日本和印度上线，2013 年 8 月 23 日其登录中国香港时，招致很多家庭团体的抗议。①

"执子之手，与子偕老"，自古至今是中国人对婚姻的最高期待和实践，然而，在这个流动性、网络化的后现代社会，正如贝克所说，曾经主导个人关系的传统、规则、方针已经不再起作用了，现代社会是如此势不可挡、如此抽象、如此非个人化、如此变化迅猛，所以爱就变得越来越重要，"两性之战"成为我们这个时代的"重头戏"（贝克、贝克－格恩塞姆，2014）。

如前所述，婚外性在 Web 3.0 时代呈现新的特点。从技术上说，婚外性可以借助社交媒体建立和维持；社交媒体也因此被一些专家看作婚姻的"隐形杀手"。那么，笔者想研究的问题是：在婚姻主体的亲密关系中，使用社交媒体究竟会对婚姻稳定性产生怎样的影响？或者说，社交媒体究竟是不是婚姻的"隐形杀手"？如果是，它是通过怎样的机制产生作用的？如果不是，二者又是怎样的关系？

为此，笔者在性脚本的理论框架下，以已婚男用户利用刷来②"交友"的行为为研究内容，希望通过对以下几方面的讨论，最终回应所研究的命题。对已婚男用户来说，使用社交媒体"交友"，进而发展婚外性，其动机和目的是什么？通过社交媒体，他们如何建构、实施和诠释自我性脚本，并会产生怎样的结果？在此过程中，主体的性、情感与婚姻三者之间又是如何角力的？

本书主要从生活伦理逻辑和日常生活视角，客观呈现刷来已婚男用户网络"交友"的现象。以此作为研究棱镜，目的在于：第一，管窥社交媒体使用与婚姻稳定性之间的关系，用实证研究检验社交媒体是否"隐形杀手"；第二，呈现 28 名已婚男性婚外性脚本的建构、实施、诠释的过程和结果，增进社会特别是女性

---

① 参见百度百科词条"Ashley Madison"，https：//baike. baidu. com/item/Ashley%20Madison/9817251？fr = aladdin，最后访问日期：2015 年 2 月 3 日。

② 刷来是国内的一款知名陌生人社交软件，出于研究伦理的考虑，本书进行了化名处理。

对当代男性性、情感世界的了解；第三，管窥转型期国人的婚姻关系和质量，展布其性、情感、婚姻样态的多样化和复杂性。

第二节 研究的多维意义

社会学的想象力使我们发现看似只与个体有关的事件其实反映的是更大的问题，就此而言，本研究在与既有相关研究文献对话的同时，进行了一定的创新性探索。

一 理论意义

（一）延展性脚本理论在互联网情境中的生命力

自 20 世纪六七十年代，盖格农（Gagnon）和西蒙（Simon）提出性脚本理论以来，这一研究在国外得到迅速发展。相比而言，国内性脚本理论的研究相对滞后。

1994 年，李银河最早通过译介盖格农的《性社会学：人类性行为》，让中国社会学界了解了性脚本理论；5 年后，在其著作《性的问题》中，她继续对该理论进行了深入分析。自此，在我国，性脚本理论作为性社会学的一个重要的、基础的理论，渐渐得到研究者们的认同和使用。最具有代表性的是，性社会学家潘绥铭与黄盈盈在《性社会学》这本教材中，从课程设计的角度，将性脚本理论视为该学科的重要基础理论，该理论把性的私人性质和社会性结合起来，为理解性行为和性关系提供了基本分析框架（潘绥铭、黄盈盈，2011）。

同时，该领域经验研究相对较少，相关文献比较欠缺（王东，2008；杨丽静，2002）。施曲海（2017）对中国性脚本理论的研究进行了总结，认为这一理论在中国学术界的应用与国外学术界相似。然而，由于该理论在我国长期没有受到重视，相关研究在深度和广度上都相对不足。客观上，这些研究成果不能反映其宏观意义上的关联。

本研究以性脚本理论为基本框架，重点对已婚男用户借由刷来进行婚外"交友"过程中，对性脚本的建构、实施和诠释的过程与结果进行分析。这一研究将会对国内较为缺乏的性脚本经验研究形成有力补充，特别是在互联网情境下，对转型期国人性脚本的衍化进行前沿性的探索，有助于延展性脚本理论的解释力和生命力。在互联网嵌入当代人生活甚深的背景下，网络不忠（internet infidelity）研究必将成为婚外性研究的重要内容，本研究无疑会为后续网络性脚本研究提供借鉴，同时可以就如何增强婚姻稳定性提供一些对策和建议。

（二）以（性的）主体建构理论拓展互联网和性交叉研究的维度

互联网技术、智能手机到底会将人类社会带向何方，学者们一直保持着警惕的分析。著名媒介理论家和批评家尼尔·波兹曼在其著名的媒介批评三部曲之一《技术垄断：文化向技术投降》（1992）中发出警告，美国正进入一个以技术为主导的文化新阶段，它面临着失去传统和控制技术能力的危险。麻省理工学院社会学教授、人与技术关系领域专家雪莉·特克尔（Sherry Turkle）早年基于对网络游戏的研究，对互联网将带来"数字乌托邦"抱持乐观的态度。但在多年的临床诊断式研究中，她的观点也在转变。其著作《群体性孤独》（2014）在2012年以来的社交媒体热中以反潮流的姿态出现，面对网络时代的亲密与孤独，雪莉·特克尔开始呼吁人们警惕智能手机给人类沟通带来的负面问题。上述研究基本上代表了现有的媒介文化研究在"技术－行为"的关系框架下展开的特征探索。

然而，如前所述，Web 3.0 的本质就是"网人合一"，现实生活和网络生活已然交织在一起，线上关系会发展到线下，线下关系也会延伸到网上，"互联网与性"的关系空前复杂。在此背景下，"技术－行为"的关系框架研究，暴露出一定的缺陷，比如，更多地强调互联网作为一种新的技术、新的社会空间、新的媒体结构的特征（如匿名性、虚拟社区），较少关注技术用户、社会空间活动家和媒体受众的主体作用。

本研究将以性的主体建构视角，呈现刷来已婚男用户在进行婚外"交友"的过程中，如何采用各种"战略"和"战术"能动地驾驭社交媒体，如何赋予网络性爱以意义，如何在网络空间构建、演绎、维护自己的性脚本，进而探讨这些性脚本是否以及如何影响到主体的婚姻稳定性。这样的研究，将有助于丰富现有互联网和性交叉研究的维度，对既有研究形成有益补充。

（三）探索个体化理论在婚姻家庭研究领域的本土解释

个体化理论是当今西方社会科学研究的热点。作为个体化理论的代表人物，贝克是在行动与结构的框架下来谈个体化的。他认为，个体化是一种制度化（institutionalized）的过程，是个体从传统的阶级、性别、价值观中解放出来融入新的社会制度（贝克、贝克－格恩海斯姆，2011）。个体化命题代表了当今时代个人与社会关系的一种新的表现形式。我国在快速的现代化发展过程中，也迎来了个体化时代。需要指出的是，中国的现代化发展是压缩式的，由此导致中国的个体化通常展现出前现代、现代与后现代相互交织的图景（王斌，2014a：106）[①]。所以，需要结合中国现代化独特的历史传统及社会文化背景，来理解中国的个体化。在现有研究的基础上，进一步研究中国的个体化，并与欧洲的个体化模式进行比较，可以对个体化理论进行适度修正，以

---

① 对于这种交织的现象，韩国学者 Chang（1999）基于对韩国妇女的研究，提出了混合现代性（compressed modernity）的概念；计迎春（Ji，2015）基于对上海"剩女"（leftover women）和改革前中国城市性别不平等（Ji et al.，2017）的研究，提出了"马赛克家庭主义"的概念。

提高个体化理论在不同情境中的解释力和适用性。

阎云翔较早研究中国的个体化，并认识到中国的个体化与西方的区别（阎云翔，2012），然而，总体来说，关于中国个体化研究的专著和文章不是很多，"个体化的负面影响得到了较多和较深入的分析，但对于如何应对和如何尽量减少个体化带来的消极作用的研究还比较匮乏"（张良，2017：67）。

当释放和彰显被压抑的个体欲望成为中国实现现代化的核心动力，性和情欲作为最本质的人性就获得了表述的合法性（罗丽莎，2006）。虽然中国现有的个体化研究不少是在家庭结构、爱情与婚姻等社会层面展开的，但涉及范围主要是传统的线下场域。本研究认为，在互联网和陌生人社会，匿名的网络社交场域可以被视为个体化最充分的地方，因此希望通过对这一非传统场域的个体化实践研究，探索个体化理论在婚姻家庭研究领域的本土解释，通过解构个体化与婚姻稳定性之间的角力，丰富当代婚姻家庭研究的内容。

（四）丰富转型期背景下的中国男性气概实证研究

男性气概研究（masculinities study）[①]，是关于男性社会性别角色实践的研究，属于社会性别研究的领域。"男性气概表现的并不是特定的男人类型，而是男人通过话语确证自己的一种方式。"（Edley & Wetherell，1999：439 – 457）在20世纪70年代的西方社会，在女性主义影响下，男性研究及运动逐渐出现。它与女性研究密不可分，相互呼应，从不同的视角探讨社会性别问题。国内著名男性性学家方刚指出，相较于欧美国家男性研究的活跃，中国学术界特别是内地学术界，以女性研究代替社会性别研究的情况还较为常见，在社会学视阈下对男性的观照和研究非常稀缺，既不利于女性研究的发展，也在一定程度上阻碍着更快

---

① 常被简称为男性研究。

地推进两性平等与和谐社会的建设（方刚，2007：5~10）。

在转型期中国，女性经济地位的独立，国民受教育水平的提升，城市化进程的加快，都对传统的父权文化造成了极大冲击，男子传统支配性气概也在走向多样化，不同年龄、阶层、收入、种族的男性是完全不同的（Kimmel & Messner, 2009：1~3）。同时，并非所有男人均从父权的不平等关系中受益，"男人同样承担着父权文化的压力，每一条关于女性应该怎样、不应该怎样的谎言都意味着有一条是关于男性应该怎样、不应该怎样的"（胡晓红，2005：9~13）。所以，从学术角度来说，亟须对转型期中国男性研究予以观照。

本研究中的受访者均为已婚男性，客观上为男性气概研究提供了便利。呈现这些男性在构建、实施性脚本中的行为和心理，一定程度上有助于探究转型期中国男性在性、情感和婚姻三者博弈过程中的心理特征，有助于探究转型期中国男性在性、情感和婚姻方面的认知转变。实际上，这是婚外性发生的主要原因之一。理解这一点，有助于人们更好地经营家庭和婚姻。

二 现实意义

（一）管窥转型期国人在性、情感和婚姻方面的生活伦理

福柯（1988：8）曾试图创造一种关于性的话语的考古学，它包括以下内容：一是在性领域中什么是我们所做的，什么是我们所应当做的，什么是我们所允许做的，什么是我们所禁止做的；二是关于我们的性行为，什么是我们所允许、禁止或应当说的。就此而言，围绕性的一切禁忌和道德，都有特定的社会形成机制。如果将婚外性看作一个谱系，那么，快餐式的、短平快的网络"交友"，算得上这个谱系中的"奇异值"。从福柯的角度来看，这个"奇异值"是如何跳脱道德、舆论等社会机制的约束的呢？

沟口雄三认为中国社会存在一种民众的儒教，即民间伦理；民间伦理的核心是平民为了生活需要而形成的"生活伦理"；相较于士绅阶层的"教化伦理"，生活伦理表达着民间社会的主体性和活力（河口雄三、小岛毅，2006）。肖群忠（2006：44～50）阐述了教化伦理和生活伦理的区别。他认为，教化伦理是由统治阶层倡导、居于社会正统地位、用于教化民众而以此维系社会秩序的伦理观念。生活伦理的实践者是大众，是相对于教化伦理而言的一种全新的道德类型与道德结构理论；所谓生活伦理，就是存在于民众实际生活中，人们主要根据生存方式和实际需要，由生活实际经验中得来并应用于生活的"日用而不知"的活的伦理。生活伦理与教化伦理在主体、追求目标、伦理精神和价值取向、调节领域和传承方式等方面均是不同的。生活伦理概念的提出，意味着伦理问题研究视角朝着大众日常生活转向。中国儒家思想素来有将成家立业、承继子嗣看作人生大事的传统。新中国成立后，这种教化伦理的影响依然很强大，影响大众对性、感情和婚姻的认知，计划经济时代尤甚。即使今天，婚姻焦虑依然普遍，单身的适龄女孩依然被贬称为"剩女"（leftover women），单身者成了"单身狗"，天天被"撒狗粮"。

事实上，受福柯的深远影响，近20年来，道德人类学正在出现伦理转向。新近研究从社会行动出发对道德进行研究和讨论，将关注点投向日常伦理以及道德主体的反思与判断，即道德人类学的"伦理转向"（李荣荣，2017：22～34）。只有生活者，才能成为生活伦理的真正言说者。本研究无意站在教化伦理的角度去进行道德批判，而是尝试采取日常生活视角关注主体的生活伦理，通过与网络"交友"者进行平等对话，反向呈现转型期国人爱情、婚姻、性爱观念的复杂性。

（二）启发社会对技术和生活之间的关系进行反思

随着全球化、城市化、工业化的发展及互联网技术的进步，陌生人社会和社交媒体放大并加速了现代都市人生活的流动性，在计划经济时期和熟人社会里，稳定性曾经是一个社会、一种文化被认同和被强化的标志，现在正逐渐被流动性所取代。这种流动性本身就是一把双刃剑，正如吉登斯所说，现代性制造着差异、排外与边缘化。现代制度在保持解放的可能性的同时，还制造着自我压抑而非自我实现的机制（吉登斯，2016：2～3）。

自改革开放以来，40余年的巨大或急速变迁除了物质层面的、可视的方面的变化，也表现为价值观的嬗变、生活态度的重塑和行为模式的变革。这些微观的社会心理或社会行为的变革几乎涉及社会生活的方方面面，从人生观、金钱观、幸福观一直到流动意识、职业伦理和婚恋行为，中国在两性关系上的变化可能比GDP的增速还要快（周晓虹，2017：22）。

都市是婚外性的高发地，人们必须在不断变化的世界中被迫接触越来越多的陌生人。借助于社交网络，很多人从家庭纽带和制度约束中解脱了出来，获得了自由，但这种自由更增加了他们的不安全感，自我认同出现危机。为什么有的人选择不断逃离，从QQ到微博到微信到陌生人匿名社交软件？为什么有的人宁愿在社交媒体上跟陌生人倾诉，也不愿跟枕边人沟通？为什么有的人跟陌生人聊天甚至"交友"，会"上瘾"，欲罢不能？本研究以网络"交友"为棱镜，希望管窥在现代社会中，身处陌生人社会的都市人如何借助社交媒体实现情感表达和自我认同。这样的管窥有助于大众反思互联网技术对当代人情感生活的拓殖和异化，有助于建立对社交媒体的科学认知，进而形成合理的使用边界。正如雷蒙·威廉斯（Raymond Williams）所说，我们不能将技术抽离于社会作为一个单独的要素进行研究，不能忽视技术与社会之间的复杂互动，或者说忽视技术开发与使用中的个人乃至社会的"意向"（intention）要素（威廉斯，1992：6）。

（三）倡导实施性、情感和婚姻教育的必要性

由于婚内性关系受到普遍的赞许，人们会以为婚内性关系一定相当频繁而且快乐。然而事实上可能并非如此，随着年龄的增长，频率还会持续下降，到处充斥着对婚内性关系的不满与抱怨。多数的卧室都是沉默的所在，不少夫妇发现，很难开口与对方讨论性问题，人们往往对告诉对方什么样的感觉好、什么样的感觉不好、自己希望多长时间一次、怎样做才快活感到难以启齿。婚内性关系尽管是合法的，但仍然存在一个协商的问题（盖格农，2009：196）。

对此，盖格农（2009：184~186）一针见血地指出，性是需要学习的，就像打网球、开汽车、游泳、阅读或学数学一样。许多性技巧是通过反复实践，以不同方式习得的。他强调，在已婚夫妇之间，性是造就亲密关系的主要力量。在那些令夫妻保持关系的外部压力已经消失的社会中，性的这一作用越来越重要，夫妻关系的稳定，越来越依赖于双方的感情联系。提高婚内性行为的频率和质量，是已婚夫妇搞好关系的途径，"做个好的性伴侣"不再是不道德和错误的事，已成为一种正面的评价。仅仅做一个好的养家者、好配偶和育儿者已经不够了，人们还要有做一名好的性伴侣的能力（盖格农，2009：354~355）。

婚姻到底是什么？如何破除"婚姻是爱情的坟墓"的魔咒？是"跟着感觉走"还是"凑合着过"？对此，西方人很早就意识到爱情拥有一套决定幸福的法则，在这种信念的武装下，指南读物开始腐蚀掉爱情的叛逆与乌托邦的棱角，并"将其纳入了平日生活的话语和现象属性之中"（易洛思，2015：170）。婚姻是艺术也是技术，需要专业的教育准备。在西方国家，很多高中学校已经开设了相关课程，通过角色扮演来告诉孩子们什么是婚姻生活，如何处理家庭关系，以及培养责任感；也有很多社工机构和心理咨询机构，给走入困境的夫妻提供相关服务。相比之下，我

国正规的相关教育、组织和政策配套显得滞后而匮乏，明显不能满足中国适婚人群的需求，他们只能寻求情感专家的帮助和指导，不惜花费重金参加情感专家打造的线上和线下课程。① 然而，这些情感专家专业素养参差不齐的状况让人担心，有的专家利用商业算法精心打造了 10 万 + 的粉丝阅读量和影响力，甚至借此传达一些错误的性别观、爱情观，因而误导了不少年轻人。

基于此，笔者希望通过对网络"交友"者及其婚姻家庭状况的研究，提请个体、家庭、社会、政府共同关注在中国普及、规范婚姻家庭和性爱教育、提供相关咨询和服务的必要性。如果只是偏倚在功能主义的立场，一味通过"万人相亲大会"给所谓"剩男""剩女"施加压力，或靠各种真人秀、相亲交友节目②来营造"催婚""催生"的舆论，不仅欠缺人文主义关怀的"温度"，造成公共资源的无谓浪费，而且其"功利化""媚俗化""泛娱乐化"的倾向难免不引起适龄未婚未育青年的反感。③

第三节　研究思路

本研究主要是在性脚本理论的统摄下，客观呈现 28 名已婚男

---

① 比如，某些情感类微信公众号推出的"挽回礼包""排忧解男术""性福礼包""绝世好男调教""潜意识勾魂"等课程。

② 从 2009 年底山东卫视全力打造的《爱情来敲门》开始，2010 年电视相亲热的"新相亲时代"正式拉开序幕，电视相亲真人秀节目也开始了井喷式发展。全国各大卫视趁着这股热潮纷纷推出了各自的相亲节目，包括江苏卫视的《非诚勿扰》、湖南卫视的《我们约会吧》、东方卫视的《百里挑一》、湖北卫视的《相亲齐上阵》、浙江卫视的《爱情连连看》、东南卫视的《约会万人迷》、贵州卫视的《非常完美》等。整体来说，电视相亲节目中男女嘉宾牵手的成功率有百分之二三十，台下顺利进入婚姻的成功率不超过 5%。具体可参见梁景和（2018：204）。

③ 具体可参见《过年必备：反催婚套路大公开》，搜狐网；《催婚与反催婚——一场没有硝烟的战争》，中青在线；《催婚的人到底在催什么？他们是怎么想的？》，知乎网；等等。

性借由社交软件刷来进行网络"交友"的现象，展布主体建构、实施、诠释性脚本的过程和结果，探索社交媒体使用和婚姻稳定性之间的关系。围绕这一目的，本研究主要聚焦如下几个问题。

第一，社交媒体刷来何以成为有名的网络"交友"App？作为一款匿名社交软件，刷来为何能够得到受访者的青睐，成为他们构建婚外"交友"性脚本、追求婚外性的舞台？是技术使然，资本使然，文化使然，还是上述诸多因素的合力使然？对上述问题的回应，有助于破除贴标签的简单思维局限，在更广阔的研究视阈下，从社会、心理和文化等多因素机制进行深入解构。

第二，受访者婚外网络"交友"的性脚本是怎样的？对于受访的刷来已婚男用户来说，是携带着怎样的性脚本而来？这些性脚本有哪些基本的相似点，又呈现怎样的个性化？这些性脚本如何构成了刷来平台中独特的显规则与潜规则？

第三，受访者如何实施婚外网络"交友"的性脚本？在线上线下的生活中，受访者如何演绎自己婚外网络"交友"的性脚本？作为一位已婚者，采用怎样的"战略"与"战术"，才能成功逃避配偶的日常凝视，才能既维护家庭婚姻的稳定，又得到最大限度的性满足？

第四，受访者如何诠释自己网络"交友"的性脚本？就主流道德而言，婚外"交友"是一种性越轨行为，那么，受访者是如何突破心理、道德的诸多限制，建立自我行为逻辑的？他们的解释除了传统的常见的原因，是否有新的特征？他们对网络"交友"性脚本的解释，是恒定的，还是策略性的？

第五，受访者实施婚外网络"交友"性脚本的结果如何？对于网络"交友"，他们可能会有一套自圆其说的解释，但内心真的平静和笃定吗？在线上线下的混合人生中，他们真的能在不停转换自我身份和角色的同时，顺利完成心理调适吗？对于他们来说，婚外网络"交友"到底是自我疗愈的一种手段还是目的？

第六，通过以上研究，本书拟反观如何建立关于爱情和婚姻的繁盛而坚韧的日常话语，从而帮助我们在涵括了浪漫、婚姻、家庭、工作和休闲的平凡生活中看到意义与完满。

小 结

金赛等性学家的研究表明，婚外性作为一种越轨行为，在不同的年代、民族、国家都存在。在 Web 3.0 时代的转型期中国，婚外性呈现跟传统婚外性不同的特点，其中之一就是主体开始借助更加智能化的社交媒体与陌生异性建立联结，进行"交友"。与此同时，国人离婚率持续增高，社交媒体的影子越来越多地出现在离婚纠纷中。在此双重背景下，有专家断言，社交媒体是婚姻的"隐形杀手"。所以，本书研究的问题是，使用社交媒体会对婚姻稳定性产生怎样的影响，或者说，社交媒体究竟是不是婚姻的"隐形杀手"。

第二章　相关研究述评

> 若将幸福分析成基本原子时，亦可见它是由斗争与苦恼形成的，惟此斗争与苦恼永远被希望所挽救而已。
>
> （莫罗亚，1987：12）

研究社交媒体使用与婚姻稳定性之间的关系，必须在厘清概念的基础上，仔细梳理现有研究成果和文献。近年来，婚姻稳定性逐渐成为婚姻家庭社会学中的一个重要研究议题，积累了丰富而系统的研究文献，对影响婚姻稳定性的作用因素有了较多发现。

第一节　主要概念界定

本研究是通过对 28 名已婚男用户借由陌生人社交软件刷来"交友"的现象分析，检验社交媒体使用和婚姻稳定性之间的关系，在此先对陌生人社交媒体、"交友"和婚姻稳定性等主要概念进行界定。

一　陌生人社交媒体

"社交媒体"，即"Social Media"，也有学者主张翻译为"社会性媒体""社会化媒体"，目前尚无权威说法，也未达成共识。

笔者赞成使用"社交媒体"的译法，因为这种译法关涉社会交往和媒体功能两方面的特性（曹博林，2011），在中国香港和台湾地区，也习惯翻译为"社交媒体"。

社交媒体的定义同样存在争议，难以达成共识。2007年，安东尼·梅菲尔德在他的电子书《什么是社交媒体》中，首次使用了"社交媒体"一词。他将社交媒体定义为"一种新的在线媒体，为用户提供了很大的参与空间。具有参与性、开放性、沟通性、对话性、社区性和连通性等特点"（Mayfield，2007：13）。传播学者安德烈·开普勒和迈克尔·亨莱茵所下的定义是：一系列建立在Web 2.0的技术和意识形态基础上的网络应用，它允许用户自己生产内容（User Generated Content，UGC）的创造和交流（Kaplan & Haenlein，2010）。本书采纳夏征农、陈至立（2013：76）所下的定义，即指"依靠Web 2.0技术发展起来的，允许互联网用户撰写、分享、评价、讨论、相互沟通的网站、技术和平台，主要包括博客、论坛、播客、微博、社交网络等"。

随着新媒体技术的发展，社交媒体的形式和特点也会随之变化。2004年以后，Web 2.0运动兴起，社交服务网站蓬勃发展，社交媒体的具体形态主要包括博客及微博客（如国外的Twitter、国内的饭否网等）、维基（如国外的Wiki，国内的互动百科、百度百科等）、图片分享（如国外的Flickr等）、播客及视频分享（如国外的YouTube，国内的土豆网、优酷网等）、论坛（如国内的天涯、凯迪等）、社交网络（如国外的MySpace、Facebook，国内的开心网、校内网等）和网络社区（如国内的猫扑网等）等。在"人机交互"的Web 3.0时代，移动互联网、智能手机的普及使社交媒体成为大众的宠儿，几乎所有的社交网站都开发了针对移动智能终端的App，而且同一款社交软件的电脑版和手机版可以实现同步操作，数据互通，社交媒体更深刻地嵌入大众日常工作和生活。

这些社交软件大致可以分为实名和匿名两种，实名社交软件主要基于现实的线下关系，网络好友的社会身份基本是真实可知的，如 Facebook、微信、钉钉等；匿名社交软件致力于帮助陌生人建立关系，如 Tinder、遇见、无秘等。关于二者分类的详细论述可见本书第四章第二节。其实，两种类型的社交软件并非泾渭分明，前者不会完全关闭陌生人社交的场景，比如微信除了强大的朋友圈，还保留了"摇一摇""漂流瓶""附近的人"等陌生人社交的场景；后者的用户在彼此熟识之后，也可能将关系复制、迁移到实名社交软件，在更现实的时空中交往。本研究基于Web 3.0 时代背景，选择刷来作为田野调查点，刷来是国内排名较靠前的一款陌生人社交软件，访谈和分析都是基于受访者使用手机版刷来的行为和心理。

二 "交友"

交友，这个概念，顾名思义，就是结识朋友的意思。按照马斯洛的需求层次理论，社会交往是人的基本需求。一般来说，按交友的目的可以把交友细分为休闲交友、婚恋交友、商务交友三种类型。休闲交友是指交友双方多是一般性朋友的关系，可能具有共同的爱好、兴趣、话题等，一般是不以婚恋为最终目的的交友行为。婚恋交友是指交友双方以达成婚姻关系为最终目的而进行的一系列沟通、了解、熟悉等最后找到适合自己的婚姻对象的行为。商务交友是指交友双方以寻找商机或寻找商业伙伴，或者是以寻找工作机会等与工作有关的人脉为目的的交友行为（刘佩、罗利娜、肖素吟，2008：104～107）。

然而，在熟人社会和陌生人社会两种不同的社会类型中，交友方式也在发生变化。熟人社会的交友方式以传统的现实的人际互动为主，比如联谊会、酒吧聚会；陌生人社会的交友除了传统方式，还会借助现代化的互联网科技。特别是对注重社交距离和个人隐私的"数字土著"80 后、90 后来说，网络交友往往是首选的交友方式，由此建立恋爱和婚姻关系的并不鲜见，也不乏借助网络交友发展婚外性的情况。

本书研究的是陌生人社会中通过网络进行的异性"交友"方式。众所周知，自互联网诞生之日起，它就成为重要的交友媒介和平台，从 Web 1.0 时代到 Web 3.0 时代，从 QQ 聊天室、BBS 论坛、漂流瓶到社交 App，不断发展。2003 年 3 月，基于六度分隔理论的社会性网络软件 SNS 在美国应运而生，经过极短的时间就风靡北美，当时被众多互联网企业和投资家看作未来两年增长最快的业务。SNS 全称为 "Social Networking Service"，中文直译是"社会网络服务"。在大众眼中，SNS 已成为与网络"交友"同义的一种概念，它能够给予网络用户更"实用"、更"真实"的体验，将虚拟网络与现实社会相结合。SNS 的诞生直接启动了 Web 3.0 时代社交媒体的火爆，在此不予赘述，详见本书第四章第二节。

三 婚姻稳定性

现有的研究中，Lewis 和 Spanier（1979：268－294）对婚姻稳定性（the stability of marriage）这一概念给予了较为恰当的阐释。根据两位学者的观点，婚姻稳定性是指从婚姻开始到婚姻结束期间夫妻关系的波动。婚姻稳定性实际上反映了婚姻双方对婚姻连续性的态度或信心。因为婚姻的解体不是一个单一的静态事件，而是一个动态过程。因此，夫妻关系如何变得稳定和不稳定是一个动态过程。所以，Lewis 和 Spanier（1979）把婚姻生活分为自然寿命和社会寿命。自然寿命以一方当事人的死亡为标志，社会寿命以分居、离婚或法定程序宣告婚姻无效为标志。稳定的婚姻通常指的是以自然寿命而终结的婚姻。

目前，有关婚姻稳定性的文献基本上都以离婚率或粗离婚率来反映婚姻稳定与否（Farnham, Lucie, & Sevak, 2011；叶文振、徐安琪，1999；伍再华、冉珍梅、郭新华，2015；于维洋、周薇，2015）。

随着同性婚姻在世界一些国家和地区的合法化，婚姻稳定性的内涵和外延必然会发生变化。由于笔者的研究是基于中国的婚姻家庭，所以文中所涉及的婚姻概念和文献梳理指的均是传统的异性婚姻。

第二节　西方的相关研究

从因果机制的科学研究范式来看，本研究的因变量是婚姻稳定性，自变量是使用社交媒体"交友"，所以，有必要系统梳理婚姻稳定性的相关研究和文献。然而，如前所述，自20世纪六七十年代以来，西方关于婚姻稳定性的理论研究视角多元，实证研究文献丰富。限于篇幅，以下只围绕本研究的主题，粗略地以互联网的普及为时间节点，将相关研究分为传统部分和现代部分。而后者在国外已经形成了较为成熟、初具规模的网络不忠研究。

一　婚姻稳定性传统研究

在社会学视域下，该类研究大致集中在理论视角、影响因素、测量指标和工具与效用四个方面的讨论，因篇幅所限，本书撷要综述。

（一）主要理论视角

对婚姻稳定性的研究，不同学科的学者采用了不同的视角。

1. 社会交换理论

在社会交换理论的基础上，贝克尔（2005）创立了婚姻交换理论，并应用于婚姻稳定性的研究，同时将婚姻的报酬和代价分为物质的、象征的和情感的三个方面，推进了实证研究的可操作性。在霍曼斯把经济学中"经济人"概念引入社会学理论的基础上，婚姻交换理论假定夫妻双方都是理性人，会理性地衡量自己在婚姻中的付出和收获，都希望在婚姻中通过"交换资源"实现"互惠"（贾春增，2008）。所以，只要有一方感觉单身比婚姻的好处更多，婚姻的稳定就会被打破。

2. 相互依赖理论

相互依赖理论认为，衡量婚姻稳定与否的标准是夫妻之间相互依赖的程度。如果他们相互依赖、相互信任，他们就会信守婚姻的承诺，努力维持婚姻的稳定。约翰·蒂伯特和哈罗德·凯利是这一理论的核心人物，他们还提出了婚姻比较水平的概念。借用这一概念，Choice 和 Lamke（1999）推进了研究，认为婚姻的稳定性受比较水平和选择水平的影响。从夫妻互动的角度来看，按照幸福和稳定的维度，可将婚姻分为四种类型。一是幸福稳定型。在夫妻双方相互依赖程度都较高且各自寻找替代需求较低的情况下，婚姻质量较高，婚姻幸福稳定。二是幸福非稳定型。在夫妻双方相互依赖程度较高，同时寻找替代对象需求也很高的情况下，婚姻幸福，但不稳定。三是稳定非幸福型。在夫妻双方相互依赖程度较低但寻找替代对象要求也较低的情况下，婚姻稳定，但不是很幸福。四是非稳定非幸福型。在夫妻双方相互依赖程度较低且都想寻找替代对象时，婚姻既不稳定，也不幸福。

3. 社会整合理论

社会整合理论强调环境因素的影响。当社会整合的方向相对单一，对婚姻双方的约束力较强时，人们会按照约定的社会规范扮演婚姻中的相应角色，因而婚姻相对稳定。相反，如果社会整合的方向具有能够促进多元化的趋势，人们的婚姻观念就会更加自由，离婚率也会相应上升（Shelton，1985）。

（二）主要影响因素

在婚姻稳定性的影响因素方面，国外学者也进行了较为系统的分析。婚姻稳定性的影响因素包括婚姻质量、婚姻匹配、子女数量、婚姻建立过程（初婚年龄、婚前性行为等）、婚姻互动等。

1. 婚姻质量

Lewis 和 Spanier（1979）首次将婚姻质量和婚姻稳定性结合起来进行分析。他们发现婚姻质量越高，婚姻稳定性越强，这一发现得到了其他学者的支持（Bitter，1986；Tzeng，1992）。一些研究也指出，在不同的文化背景下，婚姻质量对婚姻稳定性的影响程度是不同的。在限制离婚的文化中，会出现婚姻质量较低但婚姻稳定性较强的现象（Levinger，1976）。有学者通过实证研究发现，幸福感是衡量婚姻质量的重要指标（Udry，1981；Booth et al.，1986）。

2. 婚姻匹配度

根据婚姻匹配度的异质假设，收入、社会地位、年龄、职业、受教育程度等方面不匹配或差异较大的夫妻更容易发生矛盾和离婚，也更容易形成高风险婚姻（Rindfuss & Bumpass，1977；Conger et al.，1990；Tzeng，1992）。

3. 婚姻建立过程

有学者认为，结婚年龄关系到男女双方的认知和个性成熟度，因而也会影响婚姻稳定性，但结论并不确定（Bitter，1986；Heaton，1991；Becker et al.，1977）。此外，夫妻婚前恋爱的周期（Cate & Lloyd，1992）、婚前性行为（Watson，1983；Whyte，1990）、婚前同居（Nordlund & Trost，1975；Bumpass et al.，1991）等也被作为婚姻建立过程中的重要因素得到了大量研究，有关这方面的文献资料很丰富。

4. 婚姻互动

婚姻观念是婚姻互动的基础。Bumpass 和 McLanahan（1989）、Bumpass 等（1991）、Amato（1996）解释了家庭背景对婚姻稳定性的影响。忠诚度被发现有助于保持夫妻亲密度（Karney & Bradbury，1995）。Manning 和 Smock（1995）通过夫妻间的互动模式和过程解释了婚姻失败的原因；夫妻共同参与活动的时间越多，互动频率就越高、互动质量越高，他们的婚姻也越稳定。同时，家庭暴力导致离婚率上升，婚姻不稳定性加剧（Amato & Deboer，2004）。

5. 婚姻资本

有学者认为子女数量越多，离婚风险越低（Waitem & Lillard，1991）；对低收入家庭而言，孩子可能会使婚姻更加不稳定（Chan，2003）；丈夫和妻子两人的收入多少也会影响婚姻的稳定性（Weiss & Willis，1997）。

6. 移民

西方关于移民的婚姻稳定性的研究主要从迁移者的人口结构与规模（Guttentag & Secord，1983）、家庭关系、结构和权力的变迁（Ben-David & Lavee，1994；Darvishpour，2002）等方面论述了研究发现。

综上，半个多世纪以来，在多学科、多视角的研究中，西方有关婚姻稳定性的研究，特别是对婚姻影响因素的提炼和分析，臻于全面而系统，从而形成了婚姻稳定性研究的经典而常青的生命力。进入 21 世纪，随着互联网技术的普及和其对人们婚姻家庭生活的迅速渗透，互联网技术对现代婚姻稳定性的影响，进入学者们的研究视野，网络不忠研究发展迅猛。

二 互联网时代的网络不忠研究

有研究者认为，随着网络和 Facebook、Twitter、MySpace 等社交媒体的兴起，已婚者出现不忠行为的机会也前所未有地增加（Henline，Lamke，& Howard，2007），所以，出现了网络不忠。网络不忠主要包括网络性爱、交换性资料、在线约会、在线调情和观看网络色情（Hertlein & Webster，2008；Whitty，2003）等形式，其对于婚姻家庭的负面影响迅速增加（Hertlein & Piercy, 2008）。按此定义，"交友"是"网络不忠"的主要形式之一，所以该脉络的研究文献对本研究参考价值极大，有必要进行梳理。目前，西方有关网络不忠的研究主要集中在四个方面。

（一）对网络不忠的定义和看法

与传统的离线不忠一样（Moller & Vossler, 2014），似乎任何将在线行为归类为"不忠"的尝试（例如，建立在隐瞒或背叛的基础上），都会落入"仁者见仁，智者见智"的相对主义的窠臼。研究者的性别、经历、年龄、个人价值观和道德观都会影响其对"网络不忠"的定义。

因为缺乏达成广泛共识的定义，相关研究集中在网络不忠区别于类似离线不忠的具体特征。Gerson 定义了"赛博空间背叛"（cyberspace betrayal）的四个特征，然而，四个特征并不都是网络不忠所独有的（参见 Vossler, 2016）。其中，上瘾特征受到 Jones 和 Hertlein（2012）的特别注意，他们主要研究了网瘾和性瘾。

研究者探索不同群体（例如，实施不忠的一方和遭遇不忠的一方，男人和女人）看待和定义问题网络行为的方式，进行网络性爱、与陌生人交换性体验的聊天室用户，往往不认为自己是不忠，因为没有身体接触，只是意淫而已（Mileham, 2007）。而这对其配偶来说，就是背叛，他们认为这种网络欺骗和传统不忠具有同样的杀伤力（Whitty, 2003）。一些研究也显示，在网络不忠的观点上存在着性别差异。Muscanell 等（2014）发现，相比于男性，女性更倾向于将特定的网络表现定义为不忠，更认为这些表现对夫妻关系有破坏性，并报告了更高水平的抑郁反应。与男人更易性不忠、女人更易情感不忠的研究发现一致（Barelds & Dijkstra, 2009），一些研究表明女人更倾向于将网络调情和关系定义为（情感）不忠行为。相似的，Helsper 和 Whitty（2010）在英国开展的一项对已婚夫妇的在线调查发现，女性更倾向于将自己和配偶的在线行为定义为不忠，这与 Grov 等（2011）的发现一致，而且女性对网络不忠更加警惕，更会监管丈夫的网络行为。

（二）导致网络不忠的因素

Hertlein 和 Piercy（2008）总结出了网络不忠的四个诱因：可及性（accessibility）、可承受性（affordability）、匿名性（anonymity）和相似点（the aspect of approximation），但这一研究缺乏实证证据，对于实施网络不忠的可能性的解释乏力。在此基础上，Hertlein 和 Stevenson（2010）（还可参见 Hertlein, Blumer, & Smith, 2014）提出了新的拓展模型（7 个"As"），增加了三个新要素：可接受性（acceptability）、暧昧性（ambiguity）、居所（accommodation）。还有一些研究关注个人因素，如不能对自己的网络行为负责（Mileham, 2007）等。

一些研究关注了其他相关因素，如夫妻关系中的情感和/或性的断裂及对这些的不满（Mileham, 2007；Armstrong, 2006）。比如，两项对 Twitter（Clayton, 2014）和 Facebook（Clayton, Nagurney, & Smith, 2013）用户的在线调查表明，Twitter 或 Facebook 使用频率过高导致的频繁的关系冲突，与情感或身体不忠和关系破裂风险的增加相关。然而，这些关系因素并不特定于网络不忠——它们也被认为是离线不忠的常见诱因（Moller & Vossler, 2014），所以无助于辨别不忠的不同形式。

（三）网络不忠对夫妻和家庭的影响

Hertlein 和 Piercy（2008）曾非常谨慎地断言，虽然大多数在网络上性活跃的已婚者会否认这些行为对他们生活的负面影响，但"仍然存在着这些性追求影响家庭和关系的案例"。在技术对关系负面影响的研究（8 个研究）综述基础上，Hertlein 和 Webster（2008）确认，"网络背叛行为被认为与离线背叛行为一样严重"。此后，关注遭受配偶网络不忠一方的两项新研究为上述发现进一步提供了证据（Schneider, Weiss, & Samenow, 2012; Cravens, Leckie, & Whiting, 2013）。但两项研究的共同的方法论问题在于都集中于网络不忠一个特定形式的影响，代表性欠缺；样本数量较小，且随机性不够。其他新的研究集中在对网络不忠的情感反应的性别差异方面（Guadagno & Sagarin, 2010; Dijkstra, Barelds, & Groothof, 2013）。总的说来，2006 年以来的研究主要集中在网络不忠对于亲密关系的负面影响，网络为夫妻提供一起进行性探索的可能性一直被忽视（Hertlein & Webster, 2008）。

（四）网络不忠的疗愈

鉴于网络不忠对婚姻稳定性的负面影响，围绕这一问题的治疗实务在大量增加就不足为奇了（Gonyea, 2004; Hertlein & Stevenson, 2010）。Goldberg 等（2008）发现网络性爱在 2005～2007 年有所上升，同时大多数临床者感到凭借自己所学并不能很好地应对这一问题。对于网络不忠，治疗师往往采取情绪集中治疗法等，着重于方案解决（Hertlein & Piercy, 2008）。Hertlein（2011）建议为了减少网络不忠的危害，治疗者不仅应该使用环境策略（如确立家庭电脑使用规则，或将电脑搬到另一个房间），也要关注影响夫妻关系的潜在的内心要素。Hertlein 和 Piercy（2012）确认了治疗步骤，从确立身体边界到心理边界；Hertlein（2011）则强调了自我疗愈的必要性。总的说来，虽然大量研究致力于实务者如何体验和定义网络不忠的治疗工作，但仍缺乏实证证据说明治疗方法的有效性，更别提发展出得到普遍认可的、实证有效的治疗方法。咨询师的治疗思路，好像受到他们自身偏好，包括个人价值观和偏见的影响（Hertlein & Piercy, 2008）。

第三节　国内的相关研究

相较于西方，国内有关婚姻稳定性的研究大致开始于 20 世纪末，起步较晚，原创理论较少，但发展很快，形成了较多的研究文献。这些研究大致包括以下几方面。

一　婚姻稳定性研究

（一）主要影响因素

在中国社会文化背景下，社会学家们对婚姻稳定性影响因素的观照主要包括以下几方面。

1. 婚姻质量

叶文振、徐安琪（1999）以定量研究方法，描述了我国婚姻的稳定性，并进行了相关测试，证实了我国婚姻"高稳定性、低质量"的状态。徐安琪、叶文振（1998）制定了测量婚姻质量的六个指标，成为衡量家庭婚姻稳定性的主要预测指标，为后续国内家庭婚姻稳定性的相关研究提供了依据和理论框架。两人还分析了中国人婚姻稳定的路径，认为婚姻质量是直接影响双方离婚意愿的主要变量，也是衡量婚姻稳定性的最重要变量（徐安琪、叶文振，2002）。

2. 择偶观

张丽华（2010）发现，择偶的标准、态度和方法会影响青年人婚姻的稳定性，并呈现正相关。王飞（2011）指出，配偶选择与婚姻稳定性呈正相关关系，适当的配偶选择有利于保持家庭和婚姻关系的稳定。

3. 婚姻匹配

陆益龙（2009）研究了婚姻模式，发现不同类型的匹配对离婚风险的影响不同，"门当户对"对离婚风险的影响也不同，家庭匹配并不能增强婚姻的稳定性。王云云（2013）发现，夫妻经济水平和社会地位匹配对婚姻质量有积极影响，也就是说，夫妻双方社会经济地位相似促进了婚姻质量的提高。

4. 子女因素

陆益龙（2008）发现，有子女的夫妻的离婚风险显著低于无子女的夫妻，但子女的数量和性别对离婚概率无显著影响。也有学者发现，无子女的夫妇的离婚风险高于有子女的夫妇；子女越多，婚姻越稳定；如果夫妻间的子女数量增加，婚姻就会变得更稳定（许琪、于健宁、邱泽奇，2013），然而，子女数量对婚姻的积极影响正在逐渐减弱。

5. 经济因素

学者们尝试从宏观经济和家庭经济方面进行研究。赵燕、孙红兵（2013）发现，离婚率上升与经济增长没有十分必然的联系。阚大学、吕连菊（2015）对我国房价对离婚率的影响进行了实证分析。陈钊、陆铭、吴桂英（2004）在考虑离婚因素的基础上，构建了两阶段动态家庭分工模型。

6. 社会约束

有学者主要从法律、伦理等角度考察了社会约束对婚姻稳定性的影响。牛玉萍（2005）研究了三部婚姻法在引导人们树立与社会发展相适应的婚姻家庭观念方面的作用。巫昌祯、夏吟兰（1989）发现，情感分歧是离婚的主要原因，情感成为人们结婚和维持婚姻的最基本要素。夏吟兰（2008）研究了民政部门离婚手续与离婚率之间的关系。强世功（2011）从夫妻共同财产的角度，指出婚姻法对婚姻家庭稳定的影响。汪国华（2007）分析了离婚率上升与陌生人社会形成的关系。付红梅、张红文（2008）从伦理约束的角度分析认为，家庭标准让位于个人标准、道德评价标准失序、离婚评价的不道德倾向削弱了婚姻道德在婚姻中的调节作用。

7. 心理因素

俞旭红（2005）发现，婚姻的稳定性取决于夫妻在生理、心理、经济和社会方面的满意度，心理冲突很容易由性心理差异、婚姻的利己动机和男女性别差异引起。金一虹（1994）分析了夫妻对婚姻的承诺、相互心理吸引、心理沟通和调节以及婚姻带来的心理满足程度等影响婚姻稳定的心理因素。李艺敏、吴瑞霞、李永鑫（2014）通过问卷调查发现，26.6%的城市夫妻处于倦怠状态，城市经济压力导致婚姻倦怠，间接影响了离婚意愿。

8. 婚姻互动

夫妻的人格特质、互动行为、情感表达等都会对婚姻质量产生影响（王中杰等，2014）。夫妻互动行为的不同以及其对婚姻质量的影响得到了进一步测量（琚晓燕等，2013）。张会平（2013）研究指出，相较于男性，女性更注重与配偶的情感互动与交流；相较于较高收入家庭的夫妻，低收入家庭的夫妻没有足够的交流和休闲时间，从而导致女性幸福感较低。

除此之外，现有研究充分观照了城乡二元分割这一宏观历史背景的影响，对城市和农村中特殊群体的婚姻稳定性进行了分析，特别是对流动背景下农民工和留守妇女的婚姻稳定性进行了研究（罗忆源、柴定红，2004；李喜荣，2008；吴惠芳、叶敬忠，2010；许传新，2010；钟春华，2011；罗小锋，2011；黄颖，2012）。

（二）离婚率相关研究

离婚率是衡量婚姻稳定性的一个重要指征，需要进行专门的梳理。目前我国的离婚率研究主要包括以下几方面。

1. 离婚率指标的界定

目前学界没有统一的离婚率计算方法，甚至有学者认为有关部门的离婚率计算方法不当导致离婚率虚高（徐安琪，2006）。胡卫（2006）对此有过专门的讨论，对离婚率的界定进行了详细探讨。

2. 当前我国离婚率的主要特征

有研究发现，妇女尤其是知识女性提出离婚的概率较大（张敏杰，1997；付红梅、李湘妹，2008），离婚率存在明显的"南低北高"以及城市高于农村的地域差异（张敏杰，1997；付红梅、李湘妹，2008），离婚率稳步小幅上升（张敏杰，1997；付红梅，2008）。

3. 影响离婚率的主要因素

除了研究婚姻稳定性的影响因素，一些学者还专门研究了离婚率的影响因素。他们发现，宽容的社会态度和人们婚姻观念的变化导致了中国离婚的另一个高峰时期（张敏杰，1997），同时，农村家庭就业与农村离婚率之间存在显著的相关关系（高梦滔，2011）。

二 出轨、一夜情、"交友"等相关研究

本书研究已婚男性借由社交媒体进行婚外"交友"对婚姻稳定性的影响，与传统的出轨可能同中有异，异中有同，所以除了婚姻稳定性的相关研究，笔者也对出轨（包括婚外情、婚外性）、（网络）"一夜情"、借由社交媒体"交友"等相关文献进行了梳理。遗憾的是，此类文献并不太多。

（一）关于出轨的研究

鉴于婚外情和婚外性往往复杂纠葛，所以，笔者对婚外情、婚外性没有进行区分，将相关文献笼统算作出轨研究。总体说来，现有出轨的相关研究主要涉及传统型出轨，较少考虑网络或社交媒体介入的新型出轨。但网上性爱并不是无源之水，它与现实生活中的性活动有着密切的相关关系，探索这种相关关系有助于我们更加深刻地理解中国人之性（潘绥铭、黄盈盈，2012）。两种出轨形式可能相互交织，背后的心理和行为机制可能有相似之处，所以传统型出轨研究文献仍具有较大参考意义。

1. 社会学角度

潘绥铭（1992）最早对北京基层社会的婚外恋"傍肩儿"现

象进行了关注。靳小怡、任峰、悦中山（2008）利用2005年深圳农民工专项调查数据，定量分析了农民工的社会网络对"婚外恋"态度的影响，发现社会网络规模和网络成员的观念显著影响了农民工对"婚外恋"的态度；与男性相比，女性更加反对"婚外恋"，观念更趋传统；农民工"婚外恋"的变化促进了农民工与城市社会在文化价值观念上的融合，但也有可能增加"婚外恋"发生的可能。郭琨、蒋海涛（2016）采用中国人健康状况和家庭生活调查数据，通过整合人口统计学与社会经济因素视角、机会视角和态度认知视角，详细考察了婚外性行为的影响因素。实证结果表明，"出轨"态度认知和"出轨"机会可以显著地预测婚外性行为。"出轨"态度认知在人口统计学和社会经济变量与婚外性行为的关系以及"出轨"机会与婚外性行为的关系中都起到了中介作用，但大部分为不完全中介，说明这些变量仍然会通过其他路径影响婚外性行为。另外，在沿海地区，"出轨"机会与"出轨"态度认知之间存在着交互作用。

女性的性和情得到相对较多的关注，潘绥铭、黄盈盈（2011）基于2000年、2006年两次全国成年人口随机抽样调查的数据，发现相对于未婚的、同居的女性，在婚女性的多伴侣情况极为显著。任义科、杨力荣（2014）采用深度访谈的方法，对留守妇女精神出轨和行为出轨的8个典型个案进行了深入剖析，深入揭示了婚姻合约弱化的本质及其带来的社会后果，并在此基础上，提出了维护留守妇女婚姻合约、促进社会稳定的对策建议。

2. 经济学角度

叶文振（1997）认为，离婚后性交往日益活跃与实施该行为的总成本降低有关。他建议通过加强对个人婚姻行为的社会成本约束、鼓励已婚人口积极进行婚姻关系的更新维护和适当调整未婚男女的婚姻选择偏好等途径，来解决当前我国在婚姻生活中出现的个人效用和社会成本之间的矛盾。

3. 医学角度

在艾滋病知识、态度和行为研究中,有很多关于婚外性的统计和发现。在此类研究中,刘中夫等(2003)随机选择 AIDS 流行率不同的 8 个省份的 15 ~ 49 岁的 800 名城市妇女,其中,有1.1% 的调查对象有婚外性伴侣,2.5% 的拒绝回答该问题。在对上海市流动人口的同类研究中,杨美霞等(2004)发现随机抽取的 15 ~ 49 岁的 671 名调查对象中,已婚者中有 4% 存在婚外性行为。赵书敏等(2008)抽取的来自西安市 9 大建筑工地的 936 名男性农民工中,有 12.7% 的受访者同意或非常同意婚外性行为;在已婚农民工中,有 27.1% 的有婚外性伙伴。

4. 法律角度

围绕出轨,有学者进行了讨论,比如杨光(2000)从立法价值取向角度讨论了新婚姻法是否应该增加惩罚"第三者"的条款;谢晓(2005)讨论了夫妻忠实义务在法国的契约化发展趋势;也有学者对"包二奶"可能涉及的重婚、继承等问题进行了法律层面的研究(王利明,2001;周辉斌,2002;李龙鑫、乔新生,2002;王立峰,2002;虞浩、高宏伟、程勇,2004;何海波,2009;孟涛,2010)。

(二)(网络)一夜情的相关研究

"一夜情"来自西方社会,和它有关的英文单词有"one-night stand""sex with stranger""promiscuity"等,可分别译为"一夜风流""邂逅性交""随意性交"。一夜情是婚外性的重要形式之一,这类文献对本研究具有一定的参考意义。如何看待一夜情,学者们立场不一。安云风(2005)批驳了一夜情纯粹是为了肉体快乐、一夜情并非道德堕落、一夜情是人的一种权利等观点,指出了一夜情的危害性,批判了一夜情的非道德性。无论学者持何种观点,近十年来,一夜情的发生率在我国一直逐年增长,并成为重要的社会问题。对此,张楠(2014)从关系的视角,运用场域与惯习理论，采用定性深入访谈的方法，呈现了一夜情形成的5个阶段，分析总结发生在陌生人与陌生人之间和发生在熟人与熟人之间两种不同的一夜情，探索行动者所处的各种不同场域，揭示"性社会交往惯习"的"前理性"、"社会性"和"建构性"，从而有助于人们理解在社会人际交往过程中宏观社会与微观个体的关系。

随着互联网的迅速发展，"性"这一研究议题也在这个新的社会空间有了新的发展势头，网络与性成为值得重视的研究领域（张娜、潘绥铭，2014）。然而，对于网上性爱，国内仍然缺乏科学的实证研究（潘绥铭、黄盈盈，2012）。一些青年学者注意到了网络和一夜情的结合。李小芳、罗维、谢嘉梁（2005）从网络一夜情中男性和女性的心理基础出发，对其在个人、家庭、社会等层面造成的影响进行了透析。刘中一（2011）通过定性研究，初步描述了网络一夜情的发展过程，并分析了网络一夜情的特点，指出网络一夜情中确实存在一套脚本，为彼此的期望提供了个人认同。同时，刘中一（2011）通过对网络一夜情发展过程的调查，发现网络一夜情并不完全是一种遭遇关系，其发展也要求双方能够达成一定的共识或默契。刘米娜（2002）对青年白领网络一夜情现象进行了社会学分析，认为网络一夜情也是快餐文化的一种表现。网络为一夜情提供了一个温床，因为它具有虚拟性、符号互动性、超越时空性和制度化特征的缺失性等特点。大学生一夜情的现状及其性常识、性观念、性态度，也得到了一定程度的重视和研究（刘涛等，2015）。

（三）关于借由社交媒体"交友"的研究

社交媒体的兴起，带来了"交友"形式的变化，通过社交媒体"交友"的现象，逐渐进入学者的研究视野。唐晖、董金权（2017）通过调查发现，通过微信"摇一摇"、"附近的人"，QQ"附近"、QQ邮箱"漂流瓶"，陌陌等社交媒体"约见"陌生人

对青少年具有很大的诱惑力：有八成左右的男女青年使用过这种
功能，其中超两成的青少年使用者成功"约见"到陌生人。拓展
人脉、无聊、好奇是前三大动机，动机"不良"的男性是女性的
近十倍。经检验，在置信区间为 95% 的情况下，性别与寻找非正
常婚恋对象、发生暧昧关系、寻找"一夜情"三个"不良"动机
呈显著的相关性。董金权、朱蕾（2017）以人人网为例，通过对
1264 名青少年的问卷调查，并结合考察微信"附近的人"、"摇一
摇"，QQ "附近"，陌陌等社交媒体的交友平台，呈现了青少年
使用网络社交媒体的基本图景。该研究还发现，网络社交媒体的
使用孕育着青少年的社会意识和公益精神，但同时导致各类越轨
行为的滋生和蔓延；使青少年拓展了交际范围，增加了交往方
式，积累了社会资本，促进了情感及实际互助，但也诱发和加深
了青少年的网络"软瘾"，即一种游离于"爱与痛的边缘"的现
代情绪。

　　"约见"作为一种激进的"交友"形式，也受到前沿学者的
关注。吴志远（2016）对 14 名青年进行深度访谈后发现，基于
地理实时技术（Location Based Service，LBS）功能的移动社交新
媒体对当代青年的性行为产生了认知层面的影响，并大大改变了
当代青年对非伴侣性行为的认知。新媒体为青年的性宣泄提供了
一种可能性渠道，使"约见"现象从态度到行为被青年人默许。
他认为，新媒体使身体嵌入网络空间，使性变为符号化的表征。
新媒体成为一种精神致幻工具，使陌生人性爱关系演变为一种纯
粹欲望的交换关系，具有一定的虚拟麻醉功能。他认为，由新媒
体所带来的"约见"现象反映了当下都市青年人的性迷茫，应从社
会心理和文化伦理层面做更多研究。李丹艺、吴鲁平（2018）通过
对有"约见"行为的 18 名大学生的深度访谈，对大学生"约见"
行为的过程及其自我合理化做了研究。他们研究发现，自我合理化
伴随大学生"约见"行为的全过程。"约见"行为的开始，便是自
我合理化的开端，"约见"行为的延续就是自我合理化的深化，而

"约见"行为的断裂则是在"约见"行为所造成的消极心理体验的推力和追求美好生活的拉力共同作用下的自我合理化的最终消解。他们的论文最后从青年的积极发展（PYD）视角对"约见"行为的断裂做了理论解读。

与本研究主题最为接近的是王飞（2016）的研究。他的研究注意到了社交媒体功能异化与现代婚姻中两性的关系。他以泸州市农民工为研究对象，通过调查和相关性分析发现，一些农民工有"出轨"的行为和思想，一些农民工的婚姻处于不稳定状态。其研究的结论是，农民工"出轨"和婚姻不稳定与社交媒体功能异化有一定联系，但并不存在因果关系，因此，社交媒体并非现代婚姻的"杀手"。

第四节　国内现有研究相对滞后

通过对国内外相关研究文献的爬梳，笔者发现，随着经济的发展，中国社会学的研究旨趣也在发生变化，研究基调越来越"软性"，研究主题从过去"刚性"的社会问题逐渐转向普通人的日常生活，研究内容越来越多元、丰富。相应的，关于中国人婚姻、性和情感的研究文献迅速增多。总的来说，很多西方研究早已发现的影响婚姻稳定性的因素相继被中国社会学家纳入研究视域，他们进行了丰富的实证研究。然而，根据本研究的主题，仅就婚外性这一影响因素来说，相较于国外，国内现有相关研究明显滞后，主要表现在以下几方面。

一　对互联网情境的观照不够充分

互联网作为媒体，是文化形成和重塑的地方，社会科学界已经将互联网视为文化情境（Cultural Context），很多人在网上的表达和互动模式已经重构了人与人之间的社会关系，网络化的生活和社交已经成为人们的一种生活方式。所以，社会科学界已经开始从不同的学科视角、理论视角对网络现象和文化进行了分析和解读，这些网络现象有"吐槽"（原宙，2016）、"点赞"（王斌，2014b）、"熟悉的陌生人"（张娜，2015）、"网络红人"（余霞，2010）和"网络直播"（余富强、胡鹏辉，2018）等。

然而在婚外性（情）的研究领域，国内依然较为偏重传统形式的婚外性（情）研究，互联网技术特别是社交媒体的使用对婚姻关系的影响没有得到足够的重视。而有限的"交友"（或"约见"）研究，也都是针对青年、大学生，没有将其对婚姻关系的影响作为重要问题来分析。学术研究中，缺乏对婚外性（情）主体的深入发掘，缺乏与他们的面对面交流，鲜有学者站在他们的立场，体验他们的内心和窘境。可见，中国人文社会科学对于婚姻研究的想象力还存在着极大的发展空间，"谈性"的方法论也存在诸多挑战（黄盈盈，2014）。

新中国成立以来，特别是计划经济时期，在功能主义思想的统摄下，婚姻和性被视为服务于国家发展的社会再生产的主要手段，注重教化伦理的宏大叙事侵占了社会和人性的表达空间。性和婚姻统一地服务于人口再生产，结婚是为了合法的性生活，而性生活是以人口再生产为目的的。然而，正如潘绥铭（2004）的研究所认为的那样，避孕套的发明和计划生育政策的推行，无意中催生了中国的性解放，性和婚姻之间开始出现裂隙，性的快乐主义和婚姻现实主义产生越来越大的张力。人们的性追求呈现压制后的强烈反弹，出现婚前性、婚外性、同性的性等多种性行为形式。从日常生活"日用而不自知"的实践视角来看，人们的身体、性和情感也有在场的空间和情境。然而，婚姻和性之间的张力是如何形成的？会将现代人的婚姻带向何方？学界的回应寥寥无几。

在《社会学的想象力》一书中，米尔斯（2001：22）指出，"个人只有通过置身于所处的时代之中，才能理解他自己的经历并把握自身的命运，他只有变得知晓他所身处的环境中所有个人的生活机遇，才能明了他自己的生活机遇"。对此，从消极的一面来看，"研究者与研究主体都是在制度下行动，在各类制约中寻求突破口，只是不一定同步。很常见的，相比于研究主体，高学历的研究者在自己的生活中受到的身体与情欲层面的束缚更大，这也是为什么学术界对于身体、性、情欲的讨论要远远滞后于生活的原因之一"（黄盈盈，2017）。

二 对"本土知识"的观照较为欠缺

中国为数不多的婚外性（情）研究基本上沿用西方成熟的理论框架，原创理论较少，对"本土知识"① 的关怀较为欠缺。如 Plummer（2005：180）指出，"人类的性和历史、文化、政治与道德、亲密关系、通过隐喻与语言进行的实践等联系在一起，而且一直是开放的、处于变化中的。性同样与阶级、性别以及年龄、家庭结构、信仰、受教育程度、经济状况、社交群体等有着密切的关系。对于性的理解，只能在人们具体的社会关系中进行，而不能简单地基于男人或女人的自然性别来考虑"。由此观之，中西方婚姻，背后存在巨大的文化差异，这是个基本而普遍的共识；文化差异的存在注定了其对中西方的婚姻稳定性会有不同的作用机制；影响婚姻稳定性的因素也可能存在权重的不同。

比如，著名作家六六的小说《双面胶》中，上海姑娘胡丽娟和东北婆婆之间因为思想和生活方式的差异，矛盾不断升级，最终丈夫李亚平将胡丽娟家暴致死。这样悲剧性的结局有艺术的夸张和加工，但就现实来说，又有几个中国人能否认婆媳矛盾是中

---

① 本土知识（local knowledge）由美国人类学家格尔兹（Geertz，1983）提出，也可翻译为"地方知识"或"地方性的知识"，意思是知识的内容是关于特定地域、特定时间、具有特定文化内涵、在特定社会结构约束条件下发生的人类实践活动。

国家庭最难解决的问题呢！因为婆媳矛盾离婚的，并不在少数。然而，婆媳关系成为婚姻稳定性的重要影响因素，这样的情况在英美等西方国家几乎是不会出现的。类似的中国式影响因素还有很多，比如彩礼的多少、婚房的署名、生男生女等。所以，对婚姻稳定性的研究，亟须建立本土理论视角，在中国的文化中，用中国人的思维模式去观察、理解，才有可能较为准确地解释中国人的婚外性（情）行为。

虽然 20 世纪 30 年代，孙本文、吴文藻、费孝通等进行过"社会学的中国化"实践（周晓虹，2017），但跟许多近代学科一样，社会学起源于西方，中国学者不得不从学习西方社会学、模仿西方社会学者的工作开始。然而，面对中国社会转型的巨大变迁，西方社会学理论应用限度的凸显，激发着社会学者越来越强调"文化自觉"（费孝通，1997），主张"社会学本土化"（杨国枢，2004；郑杭生、王万俊，2000；翟学伟，2018），即用"议题本土化"、"应用本土化"和"范式本土化"来解构"中国经验"和"中国体验"（周晓虹，2013）。边燕杰（2017：1~2）认为，"作为一门经验研究学科，社会学关于社会事实所形成的知识，其原初形式都是本土知识，所以，关怀本土知识是社会学者的本职工作。因而，如果没有本土关怀，社会学知识就失掉了经验事实的文化含义和生活形态，就失掉了韦伯所关注的社会行为的'意义'"。只是套用西方成熟理论进入田野调查，或将外国调查问卷、量表直接翻译使用，所得到的知识、数据都将很难反映中国的真实情况，其社会学的研究价值也是极其有限的。

三 对转型期中国男性婚外性的研究相对缺位

与迅速发展的女性社会学相比较，转型期男性的性、情感和婚姻的观念及表征变化没有得到足够的关注，研究相对缺位。在封建主义思想，尤其是大男子主义思想及相关体制的影响下，中国妇女长期处于被剥削、被压迫、被边缘化的地位，民主主义革命掀起的妇女解放运动已经开始了对女性困境的思考和研究，20世纪70年代末以后，人们对经济、社会和文化变迁所造成的妇女生活状况和发展前景的思考，已成为中国女性社会学发展的正式起点。到目前为止，中国女性社会学的研究课题越来越丰富，女性的性、情感和婚姻都是研究的热点和前沿问题，如李银河的《中国女性的感情与性》（2002b），黄盈盈、潘绥铭的《中国东北地区劳动力市场中的女性性工作者》（2003），黄盈盈的《身体·性·性感：对中国城市年轻女性的日常生活研究》（2008），裴谕新的《欲望都市：上海70后女性研究》（2013），丁瑜的《她身之欲——珠三角流动人口社群特殊职业研究》（2016）等。甚至，有学者提出，中国的女性社会学应注重男性研究，加盟男性研究（王金玲，2000）。

反观中国男性主流社会学（王金玲，2000），也许恰恰因为被认为是主流，已经成熟无须再多关注，最终反而被女性社会学的后发优势所赶超。就家庭婚姻研究主题而言，虽然北京林业大学性与性别研究所时任所长、性学家方刚一直倡导"男性研究"（masculinities study），然而相关研究成果屈指可数，值得一提的只有在婚姻挤压的理论视角下，农村单身汉（光棍），农民工的经济、性和婚姻的多重困境研究（李艳等，2010；李卫东、胡莹，2012；靳小怡等，2012；彭大松，2017）。不可否认，现代社会转型给中国妇女带了前所未有的变化，也带来了传统"男性气概"（曼斯菲尔德，2008）的变化，甚至带来"雄性的衰落"（津巴多、库隆布，2016），更何况，婚姻本身就是两性之间的互动，因此，当代男性研究跟女性研究一样重要，应该得到发展。

美国心理学家桑德拉·本姆是"双性化"的权威学者，在其著作《性别的滤镜》中，提出社会通过三种过滤器对待男女，一是大男子主义。二是性别两极分化，把男女置于一个维度的两个极端，完全对立男性特征和女性特征，这两种特征在个体中必然会相互生长和消亡。三是生物决定论,认为一个人的生物学特征决定了其命运(参见陈赛,2010)。就此,笔者认为,未来的男性研究应该反思男权文化对男性气质的严格定义,以及由此对男女双方造成的制约和伤害,真正呈现和恢复转型期中国男性性别、情感和婚姻的撕裂与演变,以促进整体发展。男性的发展,包括建立性别平等与和谐。

四 急需定性研究方法的补充

关于数据是否描述社会现象和呈现人类性行为的唯一和最佳工具的争论仍然非常有限(仅有少数的讨论,见李小方,1988;张小山,1991;吴小英,1999)。在隐私性研究中,定量研究面临着抽样、拒访、调查质量及内容局限性等诸多问题,在中国做这种类型的研究遇到的问题会更多。虽然,这类主题的定量研究开始从传统的面对面填写和回收调查问卷的方式,逐渐向网络调查转向,比如以互联网为平台发送调查问卷并回收(风笑天,2009b),但定量研究在此类主题研究上的局限性依然较为明显。

首先,就面对面的定量调查而言。此时,研究者往往作为一个他者进入研究对象的生活场域,然而在一个信任度较低的熟人社会,私人性、感情和婚姻的真实状况是具有高度敏感性的话题,出于自我保护的心理,受访者一般不太可能跟陌生人坦露。然而,中国的面子文化又容易使主体表现出"不善于拒绝"的行为特点,再加上礼品赠送、熟人介绍等因素的影响,最终,很多受访者会应付性地完成问卷,如此一来,研究者很可能碰到应答率高但是数据质量低的情况。其次,对于网络调查而言,从定量的角度来看,在线定量研究方法的核心是根据抽样推断总体,但提取有代表性的样本本身就是一个难题。事实上,这些看似操作性和技术性的问题,相当程度上代表了用数据描述社会现象和个人经验的局限性。

如何处理定性研究与定量研究的关系是社会调查研究中的重要问题之一（李强，2010）。定量研究和定性研究是两种不同的研究方法。它们从不同的角度和层次研究同一件事，并没有本质区别，重点是确定哪种方法更适合用于要研究的问题。

笔者认为，面对现代人复杂的性、情感和婚姻，需要转换和丰富研究视角，重视定性研究的作用。虽然定性研究方法在实证主义主导的社会科学研究领域长期被忽视，但定量研究长期滞后的现状，使人们至今对定性研究仍有许多误解。然而，定性研究所采用的人文主义的自然范式，是发现当事人的经验，从当事人的经验和视角来理解他们的世界，而不是用一些社会或学术偏见或刻板印象来理解或判断一种社会现象。这对从未有机会将其经验纳入知识体系的弱势群体尤其有意义（熊秉纯，2001）。因此，在互联网与性的前沿研究中进行一定的人文转向是必要的，也是可行的（余建华，2012）。

综上所述，相较于西方，国内关于婚姻稳定性的研究，受各方面因素的影响，存在着较大的局限性：沿用西方理论较多，体现本土化关怀的学术实践较少；没有及时呼应互联网、社交媒体的重要作用，并将其作为重要的婚姻稳定性的解释变量去研究，缺乏一定的社会学想象力；女性视角渐成主流，当代中国男性气概的流变及其在性、情感和婚姻方面的表征，没有得到应有的观照，进而可能遮蔽对婚姻中男女互动、共生关系的探索；同时，以调查问卷为主的定量研究居多，其在资料收集和揭示深层次特征方面的局限性较为明显，急需质性、人文主义研究范式的加入。本研究在梳理和评述中西方相关研究成果的基础上，试图回应上述问题，这也是本书的创新之处（参见第一章第三节相关论述）。

小　结

围绕本书研究命题中社交媒体使用和婚姻稳定性之间的因果关

系，本章对研究涉及的主要概念，即陌生人社交媒体、"交友"、婚姻稳定性进行了界定。在此基础上，对中西方相关研究进行了爬梳。

西方婚姻稳定性的研究文献比较丰富，本章以互联网技术对婚姻家庭的渗透为时间节点，分传统研究部分和现代研究部分对相关文献进行了梳理，重点梳理了网络不忠的相关研究。相对而言，中国关于婚姻稳定性的研究也形成了较大的规模，但对婚外性特别是借由网络、社交媒体发展的婚外性这一影响因素的研究非常匮乏。

经过对中西方相关研究文献的梳理，笔者认为，就婚外性这一影响婚姻稳定性的因素的相关研究而言，我国稍显滞后，主要表现为对互联网情境的观照不够充分，对"本土知识"的关怀较为欠缺，对转型期中国男性婚外性的研究相对缺位，急需定性研究方法的补充。而对这些不足的回应和补充，构成了本研究的创新之处。

第三章　研究设计

> 科学的历史不应是传记的简单集合，更不应是奇闻异事点缀的年表。它应是科学概念塑形、变形与修正的历史。
>
> （马舍雷，2016：53）

本章的主题是研究设计，共分为三节，第一节交代研究所采取的统摄性的理论框架和辅助分析的理论视角；第二节说明研究所采用的网络民族志的方法和田野调查点刷来的基本情况；第三节阐述研究过程中需要交代说明的重要问题，包括如何恪守学术伦理、个案基本情况，以及研究者如何处理双重身份问题。

第一节　理论框架和视角

本研究主要以性脚本理论作为基本理论框架（theory framework），统摄整个研究；鉴于"交友"者性脚本的复杂性，出于方法论的考虑，同时采用多维的、辅助性的理论视角（theory perspective）进行深入分析和讨论，这些理论视角对于理解特定情境下，受访对象性脚本的构建、实施、诠释的过程和结果，具有重要的意义。

一　理论框架

进入 20 世纪以来，人们对性的理解基本告别了前现代社会对性只存在生殖意义的目的取向，经历了一种从 sex 到 sexuality①的转向（Gagnon & Parker，1995）。今天看来这种转向体现的进步意义，即是人们在性的研究视角上发生了重大革命，过去将性科学化，经过性的社会建构思潮影响阶段，而今逐渐转向了强调性的主体性时代（潘绥铭、黄盈盈，2007：174）。

滥觞于 20 世纪 70 年代的社会建构主义思潮极大地影响了人文社会科学领域的性研究（施曲海，2017：85）。在性的社会化理论研究中，戈夫曼的拟剧理论占据主导。戈夫曼将社会互动中每个人的行动看作"表演"（performance），并按照一定的常规顺序进行呈现。在性的"表演"中，人们按照常规程序设定的剧本进行，当然，剧本完全设定所有台词和表情以及观众对这种表演的反应是不可能的，从而给人的发挥提供了机会。

在此基础上，1973 年，美国社会学家盖格农和西蒙共同撰写了《性举止：人类性行为的社会来源》（*Sexual Conduct：The Social Sources of Human Sexuality*）一书。该书主要论述人在性方面的社会化过程及其规律，指出人类的性成长不单存在生理上的成长，还应包含性举止的形成，即个人对性的认同以及融入所处社会的性文化的过程（Gagnon & Simon，1973），性脚本理论由此正式被提出。

脚本是戏剧表演的专用术语，指用来指导表演并理解剧情的本子。将人的行为视为遵循某种脚本，有助于厘清某种行为的思路。脚本既是人们对正在做和将要做的事情的设计，也是对已经做过的事情的记忆。脚本规定了该做什么和不该做什么的标准。脚本就像建筑蓝图一样，对某类活动中的人物、内容、时间、地

---

① 2001 年世界卫生组织对 sex 和 sexuality 分别进行了定义。sex，是指决定人类男女两性的性象谱的生物特征的总和，是生物学与行为学意义上的性；而 sexuality，是指包括性、性别、性别认同与性身份、性取向、性爱倾向、情感依恋、性爱和生殖在内的人的核心方面，强调性在社会学与心理学意义上的现实存在状态。

点及原因做出了规定。当人们行动时，应当清楚自己在做什么，同什么人做，在什么地点做，在什么时间做以及为什么这样做。人们通过脚本去选择行为过程，检查自己是否在按规则行事，并通过脚本的设计，记住行为的每个具体步骤。

脚本要比人们的实际活动简单，它是有限的、提纲式的设计。它就像蓝图、地图或药方，只给出大致的方向，而并不详细地规定每个细节。尽管如此，脚本的重要性却往往超过具体行为。人们按照它采取行动，但其本身不能取代行动。人们也可以对脚本做添改删除的变更，但是极少有人愿意并且有能力创作出新的脚本。能把私人的想法、做法变成社会或文化中的重大事件，即把自己创造出来的新脚本变成社会规则的组成部分的个人极少。

人们的一切社会行为都要受到脚本的指导，一切文化又都有自己独具特色的行为脚本。既有正式公布的脚本（法律与宗教），又有社会子群体各不相同的脚本，还有五花八门的个人脚本。一个社会的复杂程度越低，脚本的种类就越少，个人之间的差异也越少。而一个社会越不稳定，越错综复杂、千差万别，这类脚本就越多，个人之间的脚本及行为的差异也就越大。

性脚本作为社会行为脚本的一个组成部分，是以相同方式和原因制造出来的。然而，没有任何一个个体的性脚本及性行为模式是某一文化所提供的性脚本的不折不扣的复制品。正如不能用一种性格类型来概括美国、法国或英国的每个个体（美国人并非全都宽容，法国人并非全都吝啬，英国人也并非全都内向）一样，我们也不能用一种性脚本来概括某一文化，将其归入某一类型。每个人都拥有区别于自己所处的文化的性脚本，当他们将这些脚本付诸实践时，就更加千差万别（李银河，2009：223）。

性脚本理论认为，性行为是社会行动中的一种，人们的性行为可理解为是按照特定的社会脚本进行；人们在性行为中就像演员表演，实现的是脚本化的角色表达；性行为中的脚本，是由文化赋予的，个人将脚本放到具体的性状态下进行改写，形成多样化的性脚本。人们的性脚本更具体地被描述为 5 个 "W"（who、what、when、where、why），即同 "谁" 发生性行为、具体 "做些什么"、何时发生、何地发生，以及为何发生（Gagnon & Simon, 1973）。

性脚本理论旨在解释个体的性社会化过程，它从性脚本出发，对人的性行为、性观念、性态度以及性的外部表征做出系统阐释。人们的性脚本包含三个层次：群体层次、人际层次和个体层次，这三个层次分别表示文化场景（cultural scenarios）、人际脚本（interpersonal scripts）和心理脚本（intrapsychic scripts）（Gagnon & Simon, 1973）。文化场景是一系列的社会规范与叙述，它们为性行为的发生提供指引。人际脚本将一般的文化场景转化为适合具体情况的脚本，在此之上，个体可以自我创造及再生产，发展出实现其特定性欲的策略。心理脚本包括性幻想、性对象、引发与维持性冲动的行为，以及将个人欲望联结到社会意义的行为。

之后几十年间，性脚本理论在研究人的性别意识、性观念、性态度、性知识的获得，以及性的具体行为等性的社会化方面展现出不竭的活力并产生了许多研究成果。一批优秀的理论家专注于理论本身的探索和拓展，如普拉莫（Plummer）、盖格农、西蒙、瑞思（Reiss）和劳曼（Laumann）提倡，应在建构主义视角下审视人们性的转变，并提出了作为一种很重要的社会行动，人们的性行为中蕴含着性脚本，而且每个人的性脚本完全来自其社会化的过程的观点（李银河，2009；潘绥铭、黄盈盈，2011）。进入 20 世纪 90 年代以后，性脚本理论发展出一些专门性的研究，如穆切乐（Mutchler, 2003）对性少数群体的性脚本进行深描并提出了 "酷儿化性脚本"（queering sexual scripts）；瑞恩（Ryan, 2011）归纳出强奸案件中施害者的群体性脚本以及部分受害者间的选择参照群体性脚本，提出了 "强奸脚本"（rape scripts）；维加和马拉茅斯结合社会性别理论的研究视角，对人们过度消费淫秽品将带来何种后果进行研究，提出了"敌意男性气质脚本"（hostile masculinity sexual scripts）（Vega & Malamuth，2007）。在性脚本理论在专门性研究方面取得进展的同时，一些学者也应用该理论结合实际问题对某些领域进行了探索。如赫恩等在对现代家庭中青少年的性认同及性观念如何互相影响的实证研究中得出了具有典型性的结论（Hearn，Rodriguez，& O'Sullivan，2003）；帕森斯（Parsons）、维拉斯科兹（Velasquez）和坎特尼克（Kutnick）等致力于推导出 HIV 病毒感染者的性脚本与致其感染 HIV 病毒的危险行为之间关系的理论模型（Parsons et al.，2004）；培恩（Payne）、瑞恩、维加、霍德（Hald），马拉茅斯和袁（Yuen）等分别在提取强奸脚本中的居于文化场景层次核心的理念系统，即强奸迷思，以及检验强奸迷思如何导致不合意性侵犯的关系方面进行了大量研究，也取得了有价值的研究成果（Payne，Lonsway，& Fitzgerald，1999；Ryan，2011；Vega & Malamuth，2007；Hald，Malamuth，& Yuen，2010）。

所以，性脚本理论是研究性的社会化的一个正在发展中的、有着较强生命力的理论，基于此，笔者试图以此作为理论框架，来研究借由刷来社交软件"交友"的现象。如图 3－1 所示，以性脚本理论为基本框架，本书的第四章至第八章，沿着"建构和实施性脚本的舞台→性脚本的具体内容→实施性脚本的战略与战术→主体对性脚本的自我诠释→实施性脚本的结果"这样的逻辑顺序，进行布局和论述。

二　理论视角

在以性脚本理论统摄整个研究的基础上，笔者还借助多维的理论视角进行辅助分析，以期对所研究的问题进行较为深入和全面的解构、探讨，这些理论视角对于理解受访对象性脚本的建构、实施和诠释机制具有重要的意义（见图 3 - 1）。这些理论视角主要包括以下几个。

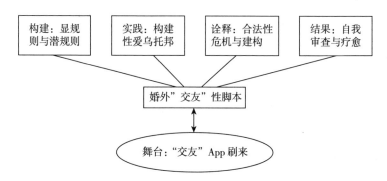

图 3 - 1　基于性脚本理论框架的研究思路

（一）性的社会建构理论

真正对性的本质主义构成冲击的是性的社会建构理论。性的社会建构理论认为，"性"并不仅仅是个体的内在驱动力的作用结果，更主要的是由具体的历史环境和社会环境所催生的；社会文化的建构不仅影响个体的主体性和行为，也通过性认同、性的定义、性的意识形态以及对于性的管理来形塑集体的性经验（Gagnon & Parker，1995；Vance，1984）。这一理论的代表人物有福柯、拉康、威克斯和普拉莫等。其中，福柯是社会建构论思想的开山鼻祖。他运用考古学和谱系学方法，从历史话语的角度进行分析和解构，展现了性与历史、权力和政治的紧密关系。

近二三十年来，越来越多的人文社会科学研究者开始运用社会建构的视角重新解读人类性现象，如法国的心理学派通过批判以弗洛伊德为代表的心理分析学派的男性主义，对女性的身体、女性书写、女性性快感等概念和现实问题进行了研究。另一类研究则是后现代思潮中的性研究。这为人们开始思考"性"是如何被历史文化所建构的、被参与者所理解和标定的，开辟了发展空间（潘绥铭、黄盈盈，2007）。沿着这样的思路，人文社会科学研究者很快发现，从西方医学界套用来的那些性的类型体系和分类标准，基本上都是"主体无涉"的，几乎不可能用来解释人的"性"，所以在性的研究中，主体应被带入。

（二）性的主体建构视角

主体建构视角是主体视角和建构视角的融合，是在建构主义基础上产生的，沿袭了建构主义的认识论，强调客观真实是不存在的，普遍的真实是虚无的。"主体"是从研究视角的意义上来说的。在研究者与被研究者的相互关系中，主体是对对方——也就是实践者——的指称。相应的，具有实践者的性质就是"主体性"。"主体"的提出是建构主义和科学主义对话的必然产物，因为科学主义最隐秘、最顽固的影响在于人文社会科学研究中的"对象客观化"，存在着"主体无涉"的问题。而主体建构的研究倾向在于，研究活动应该以实践者的感受和体验为主，而不是以研究者的设计为主，主张将被研究者作为能动性的主体，把现象作为主体自己建构的结果（而不是天然存在的或者仅仅是环境决定的），以主体的感受和体验（而不是研究者的认知）为基础，更加侧重于研究主体自己的建构过程（而不仅仅是建构结果及其作用）的诸方面。

主体建构视角的引入实现了从关注客观性的实在或社会文化建构到关注被研究者的主观倾向与表述的转变，将赋予意义的主动权交给被研究者，使他们作为"主体"发声，言说自己的体验与叙事。主体建构视角下的研究，更容易打破人文社会科学研究中的"对象客观化"桎梏；使研究者从被研究者的"疏离体验型"（Experience-distant）过渡到"贴近体验型"（Experience-near）（Gagnon & Parker，1995），从"文化持有者"的内部视野进行呈现和理解。

所以，主体建构视角对社会边缘群体和有关群体的研究具有特别积极的意义。如同性恋、性工作者、单身汉、留守儿童等较少受到关注的群体，通常是"被言说""被表述"的对象，而主体建构视角更为强调"主体"的声音、体验和叙述，这样才有助于消解（而不仅仅是认识到）深深附着在对这些群体认知的"他者性"。

性的主体建构视角与社会建构理论有着密切联系，但是更加突出"主体"和"体验"的地位及能动性，以及两者的融合和更大的总体。迄今为止，它作为一种研究视角的革命已经被越来越多的学者所认知，但是作为一个积累丰厚的学派仍然任重而道远。目前来说，具体到"性"研究领域，尤其是具体到研究中国的"性"，以主体建构视角进行研究的成果则是少之又少。因此，它可以作为这一阶段中国性社会学发展最重要的空间（潘绥铭、黄盈盈，2007）。

（三）男性气概理论

20世纪二三十年代，因为工业革命的发展及第一次世界大战的影响，男性气概研究（masculinities study）开始在西方萌芽，直到80年代，能够与女性研究相呼应的男性气概研究才逐渐形成，康奈尔使这一研究领域形成规模。

在康奈尔之前，主宰男性气概的话语一直是性角色理论（sex role theory）（Connell & Messerschmidt，2005）。性角色理论从生理性别区分了男性气概与女性气概的不同，理想的男性气概应该是支配的、强力的、主宰的、以男性为中心的、理性的、轻感情的、不温柔的等（Brannon，1976）。换言之，不符合这一男性气概理想模式的男人，都是不够男人的，是女性化的，是被贬损的。之后的男性气概研究认为，性角色理论所讲的这种男性气概，只是一种支配性的男性气概，是一种生物本质主义。支配性的男性气概在各方面影响并且伤害着男性以及女性。男性既是父权文化和体制的既得利益者，也是其受害者。

与性角色理论将男性气概与生理差别作简单的联结相反，康奈尔认为，男性气概不是天生的，而是在实践中建构出来的。她通过个人的生活经历、符号实践、性别建构的场所三个分析单位来考察男性气概在其中建构的机制。一个人的男性气概，在生产关系、权力关系、情感关系这三重关系相互建构的实践中形成。男性气概影响着与性别有关的行为方式，因此也就会在性别关系中得到体现。在《男性气质》一书中，康奈尔将实践中建构起来的男性气概分为四种类型：支配型（hegemony）、从属型（subordination）、共谋型（complicity）、边缘型（marginalization）。康奈尔认为，这些男性气概是人们可能实践的四种性格类型，但是，多元男性气概不是僵死的，而是一种动态的存在。所以，"任何有价值的男性气概理论都必须对这种变化的过程给出说明"（康奈尔，2003）。

（四）个体化理论

个体化理论是当今西方社会科学研究的热点，这个概念最早由贝克、吉登斯、鲍曼等学者提出并系统阐释。这三位关于个体化的阐述有共性的地方，也有差异。鲍曼认为，"个体化"指的是人们身份从"承受者"到"责任者"的转变，使行动者承担完成任务的责任，并对其行为的后果（也就是说副作用）负责（鲍曼，2002b：49）。吉登斯所讲的个体化更像是一种可以灵活变动的解构，他反复提到了解放政治（emancipatory politics）与生活政治（life politics）。他认为个体化的进程与生活政治紧密联系在一起，选择、自我实现是个体化的核心内容（Giddens，1991）。在贝克看来，个体化本身就是一种解构，就是第二波现代性的特点，是作为风险社会的一个侧面进行的。个体化是"制度性的个人主义"（institutionalized individualism），个体在历史上第一次成为社会再生产的基本单位，没有确定的集体身份，贝克的个体化模式包括三个维度。分别为：脱离，即从传统的社会形式与义务中脱离（解放的维度）；与实践知识、信仰和指导规则相关的传统安全感的丧失（祛魅的维度）；重新植入和实验新形式的社会生活（控制或重新整合的维度）。这三个维度构建了一种普遍的、非历史的个体化模式。简言之，个体化正在成为第二波现代性社会自身的一个社会架构（Beck & Beck-Gernsheirn，2001）。

贝克的个体化理论展现了当代个人与社会之间一种新的联系状态，非常具有米尔斯所提倡的"社会学的想象力"：将个体境况与生涯模式与世界的、社会的历史潮流相联系，探索个人与社会、个人生活与历史、自我与社会之间错综复杂的联系，具有广阔视野的特殊意义。自阎云翔对中国私人生活正在发生的个体化变革进行分析以来，已经有很多学者开始在这一视角下展开研究，这对于理解转型期国人的行为和心理具有重要意义。

（五）理性选择理论

理性选择是一个古典的话题，在传统的经济学理论中，对人的行动持理性（经济人）假设的占据了主导地位。新古典经济学家继承和发展了古典经济学家理性人的假设（贝尔，1989）。理性选择理论是建立在下列前提下的。第一，个人是自身最大利益的追求者。第二，在特定情境中有不同的行为策略可供选择。第三，人在理智上相信不同的选择会导致不同的结果。第四，人在主观上对不同的选择结果有不同的偏好排列。理性选择可以概括为最优化或效用最大化，即理性行动者趋向于采取最优策略，以最小代价取得最大收益。

在社会学中，非主流的理性选择理论一直处于边缘的地位。但是近二三十年来，理性选择模式有逐步兴盛的迹象。20世纪60年代兴起的社会交换理论相当大程度上认同理性选择理论的前提。一些学者开始以理性选择理论研究社会生活领域。例如奥尔森用其分析集体行动（Olson，1971）；贝克尔用其分析政治和法律、犯罪与惩罚以及婚姻和家庭等社会现象（Becker，1976）；科尔曼以理性选择理论为立足点，发展出新的社会行动理论，成为社会学中理性选择理论的代表人物（Coleman，1990）。

理性假设的有效范围是有限的，不可能解释所有的社会行为，理性选择理论面临一定的困境（李培林，2001）。然而，没有理论是完美的，明智的做法可能是在充分认识它的偏闭，尤其是认真对待它的宿敌的批评的前提下，为它寻找一块合适的园地，这样才能使理性选择理论更接近现实社会，更具有解释力。同时，这也有助于将源于经济学、强调个人选择的理性选择理论引入强调制度制约的社会学，使之"社会学化"（丘海雄、张应祥，1998）。

第二节　研究方法和田野说明

一　研究方法

本研究主要采用网络民族志的方法。关于网络空间（cyberspace）的民族志被称为网络民族志（netnography）。[①] 这种研究方法是随着互联网技术、智能手机的发展和应用普及而发展起来的，在此背景下，人类学的"田野"由一个地理意义上的空间向更宽泛意义上的"社会－政治地域"（social-political locations）转移，并发展到网络虚拟空间（Wittel，2000）。所以，20 世纪 90年代，有西方社会学者开始探索与互联网研究有关的方法问题。

刚刚兴起时，网络民族志被称为赛博人类学（cyborg anthropology），其理论脉络来自科学与技术研究（science and technology

---

[①] 用民族志方法研究网络文化，学界有很多名词：网络民族志（netnography）、虚拟民族志（virtual ethnography）、虚拟人类学（virtual anthropology）、数字民族志（digital ethnography）、数字人类学（digital anthropology）。网络民族志的提出者 Kozinets 教授在他的博客文章中有一个相关词义辨析的简短说明，详见 http://kozinets. net/archives/475#!，最后访问日期：2018 年 12 月 18 日。

Studies，STS）（Lee，Dumit，& Williams，1995）；或者也被称为虚拟人类学（virtual anthropology）。一方面，这源于20世纪90年代的研究者多将互联网视作虚拟时空，将网络上的行为理解为不真实的虚构的行为；另一方面，虚拟人类学自身的发展源于20世纪80年代考古学采用计算机辅助技术对大量不断涌现的化石及器物进行的数字化、可视化及分析研究，例如用3D技术呈现头骨化石等，主要与统计学、医学和体质人类学有着紧密关系（Weber，2015）。

作为一种新的人类学研究方法，琼斯的《进行网络研究：网络研究的关键问题和方法》（*Doing Internet Research：Critical Issues and Methods for Examining the Net*）开创性地探索了与网络研究有关的理论和实践问题（Jones，1999）。曼恩和斯图尔特的《网络沟通和定性研究》（*Internet Communication and Qualitative Research*）不仅将互联网作为研究田野，也将其作为定性研究的数据收集工具（Mann & Stewart，2000）。

第一部对互联网进行全面的民族志研究的著作是人类学家米勒和社会学家斯莱特合著的《互联网：一项民族志研究》（*The Internet：An Ethnographic Approach*）。在此书中，作者展现了对互联网进行民族志研究的整体图景（Miller & Slater，2000）。同年，海因出版了《虚拟民族志》（*Virtual Ethnography*）一书，系统地阐述了对互联网进行民族志研究的可能及方法论原则（Hine，2000）。按照海因的界定，虚拟民族志是在虚拟环境中进行的、针对网络及利用网络开展的民族志研究（Hine，2000：65）。换句话说，虚拟民族志是使用不同的数据收集工具，在虚拟、在线的环境中构建民族志的过程（Evans，2010）。也有学者将其直接定义为网络观察，一种研究网络社群中成员信息交流的定性方法（Kozinet，2002）。归纳来看，它是以网络虚拟环境作为主要的研究背景和环境，利用互联网的表达平台和互动工具来收集资料，以探究和阐释互联网及相关的社会文化现象的一种方法。常用的方法，包括参与观察、在线访谈和适当的线下访谈。

虚拟民族志作为致力于独特地理解互联网的重要性及其意涵的方法正式被采纳和推广，相关的著作和研究论文与日俱增。国内学者也进行了相关探索。杨立雄（2003）认为，互联网有着一种"他者"的文化样态，网络文化是一种"异文化"，民族志的方法可有所为。刘华芹（2005）的《天涯虚拟社区：互联网上基于文本的社会互动研究》一书，运用民族志方法对互联网上基于文本的社会互动进行了详细考察，可以说是中国人类学关于互联网研究的第一本专著。之后，陆续有学者采用这样的方法。比如，张娜（2016）在《互联网、性及其关系的主体建构》一书中，对某高校 BBS 中的性版面进行了五年虚拟民族志的研究，试图思考在"互联网＋"时代，"性"这一极度隐秘的、个体化的、生理色彩浓重的人类行为究竟有何变化，呈现了使用互联网的人们在"性"领域的行为、观点与策略。

二　田野说明

本研究的田野调查地点是匿名陌生人移动社交软件——刷来。

刷来，是一款将地理实时技术（LBS）应用于陌生人之间社交网络服务的 App。在与微聚、遇见、比邻、TT 等同类型 App 的竞争中，刷来在产品开发和用户体验方面发展迅猛。

那么，这样一款致力于泛娱乐、泛社交，拥有较多活跃用户的陌生人社交 App，为什么会成为重要的"交友"平台？刷来用户又是如何认知和建构使用刷来的意义的？在通过刷来平台"交友"时，他们会使用什么样的"战略"和"战术"？其"使用和满足"是怎样的？对于"交友"主体来说，是如何调和以刷来为界区隔出来的线上（online）和线下（offline）生活的？基于这些丰富的研究议题，笔者选择刷来作为田野调查点。

第三节 研究过程

一 恪守研究伦理

笔者于 2015 年 6 月 14 日，下载刷来 App，并注册成为用户，注册资料尽量跟本人资料一致。① 由此实现了"潜伏"，进行非参与式观察。接下来，就是对研究个案的选择。首先需要交代的是，本书的研究个案，均来自向笔者搭讪，并有较明确"交友"意思表示的刷来已婚男用户。②

目前，在国内的网络研究文献中对研究伦理的关注不多，但国外相关研究中，学者已经开始对网络研究伦理进行探讨和反思。Megan 等学者在"个人空间"时代，尤其是针对类似对 QQ 空间、脸谱网等的研究已经提出理论导向的伦理框架来提醒从事网络研究的学者需要注意的伦理问题（张娜，2016：49~50）。跟传统民族志不一样，网络民族志是基于双方身体不在场展开的，虽然如此，依然要严格遵守学术伦理。因此，本研究对个案的选择和确定，审慎而严格地按照五个步骤进行。

步骤一：在当前来搭讪的刷来男用户表达了"交友"意思

① 注册资料尽量贴近本人真实情况，同时为了保持一定的活跃度，基本保持每天在线，允许系统自动更新地点，默认"对他人显示距离"。截至 2018 年 7 月 21 日，发表 422 条动态，内容多以名人名言为主，刷来等级为 LV. 54（刷来等级是用户在刷来上的活跃度、魅力和消费能力的综合体现），超越一线城市 NJ 市 99% 的女性用户。根据刷来记录，2015~2017 年，有 23252 个人浏览过笔者的资料；笔者的好友有 48 人（含访谈对象），粉丝有 562 人，加入的群组有 2 个。

② 调查前期，笔者曾试图明示身份，对女性用户进行访谈，但除了一名 IT 女高管之外，基本上都被明确拒绝或不予理睬，这可能跟女性对隐私的自我保护意识较强有关，也可能是女性的道德压力更大，具体原因，需深入研究，在此不做探讨。笔者调整研究思路，决定索性从男性视角出发，采用便利抽样的思路，选择刷来已婚男用户作为研究对象。

后，笔者浏览其个人资料，继而通过聊天互动，确认其已婚身份。为什么要特别强调选择有"交友"意思表示的男用户？对此，需要做一定的说明。

根据笔者的日常观察，在大众认知中，对刷来已经多少形成了"交友"App 的刻板印象，包括本书中被访的个案，大多数是基于这样的认知而选择下载使用刷来的。在这样的刻板印象下，如果笔者作为女性主动去询问刷来男用户是否"交友"，很容易勾引出对方潜在的欲望和想法，哪怕其彼时彼刻可能只是无目的地在刷来中"游荡"，所以，来自女性研究者的这样的信息，可能成为一种干扰，给对方的原始状态造成一定损伤和失真，进而影响到个案选取以及研究结果的科学性。并且，笔者认为，在前来搭讪的、有明确"交友"想法的男用户中进行个案的选择，是较为合理的方法，可以实现较为科学而随机的"抽样"。

三年中，因为笔者的女性身份和在线活跃度较高，平均每天会收到 10 个男用户打招呼的信息，特别当地理位置因为本人的物理移动而发生变化时，就会成为"附近的人"中的"新面孔"，会收到更多打招呼的信息。据粗略统计，2015~2017 年，笔者与近 80 位刷来已婚男用户进行过双向的线上互动。而本书中呈现的28 个个案，均是笔者进行过认真的身份确认和深度的线上访谈的刷来已婚男用户，在可能的条件下，辅之以线下访谈的方式，以此，从研究者的角度，最大限度地保证研究个案的典型性。

步骤二：向对方明示自己的研究者身份、研究计划、访谈大纲和被访谈者的角色和义务，并交代清楚最终的研究成果和用途。

步骤三：就是否愿意接受访谈，征求其意见，承诺所有访谈都只用作学术研究，并将严格做到匿名处理，保证对方的隐私安全，打消其疑虑。

步骤四：对方同意参与研究后，添加其为刷来或微信好友，开始线上访谈。由于身体不在场，线上访谈容易遭遇时间碎片化的问题，所以一些线上访谈会分多次进行。访谈是一个相互信任、双向互动的过程，一些受访者会表达自己的困惑，希望笔者给予分析或建议，甚至会问及笔者某些较为隐私的个人问题。出于对受访者的尊重，笔者会坦诚地予以回答。事实证明，这样的信息交换，制造了一种"谈性本来就是一件很平常的事"的气氛，让受访者在放松的状态下表达真实的自我。方便的情况下，笔者也会就写作进度、内容、发现跟一些想了解的受访者交流，听取他们的意见并讨论，事实证明，这种不断回溯的方式，其实也经常启发笔者新的研究思路。

步骤五：访谈中，尽可能确认对方的线下真实身份，比如职业、年龄、家庭基本情况等，同时，争取对方接受线下访谈并允许录音。因为网络空间和线下社会空间是动态地互相建构的（Beneito-Montagut，2011），所以，除了网上观察、访谈互动，研究者还应返回现实生活，或者通过各种方式联络到现实中的个人进行面对面的深入访谈（贺佐成，2010：18）。婚外"交友"是非常隐私的事情，对于受访者来说，愿意面对面地、毫无顾忌地谈论自己的情感和性，并不是那么轻松。所以，本书呈现的28名被访者中，不是所有人都接受了线下访谈。

人类学家大卫·帕金（2017）认为，调查者与被调查者之间的距离永远也不可能弥合，在本质上，二者一定是支配与从属的关系。用来描述那些被访者的词语——"信息提供者"虽然是准确的，但也暗示了从属的身份，即使被重新定义为"合作者""共同合作者"，甚至是"大师圣人"，也是如此。在调查者与被调查者之间存在的不平等程度上的差异与时间、地点及更广泛的政治–经济环境有关，但是这些因素都源自将人类等级化的观念，也创造了人类等级化（帕金，2017：18）。以此自省，笔者感受到主流道德也会造成一种等级关系。

具体来说，虽然受访者通过合理归因为自己的婚外"交友"行为建立了一套独特的逻辑（参见第七章），但面对笔者的提问，他们依然会显得有点儿忐忑。可能在他们眼中，笔者的看法一定程度上代表了主流道德。受访者经常会征询笔者对于他们个人的评价，有的也会通过自嘲来化解尴尬。反躬自省，笔者也不时地要按捺住自己心中不时跳脱出来的那个代表主流道德的"判官"，尽量采用平和而非激动、客观而非批判、尊重而非鄙视、理解而非评价的态度、情绪和措辞与对方进行互动。这种互动对受访者和调研者双方的既有认知都具有一定冲击性和颠覆性，然而这正是本研究的价值所在。

所以，总体而言，在整个研究过程中，笔者从研究伦理到样本选择到访谈策略，尽量坚持价值中立，避免他者化的认知盲区，但作为一个在主流道德浸淫下成长的普通人，访谈中难免不受其影响。正如鲍曼（2002c：236）所说："社会学家无论多么努力地效仿物理学家和生物学家，与其研究对象保持距离，但是作为局内人，他们不能完全与他们试图理解的经验中的知识一刀两断。无论社会学家多么费力地想做到超然事外，但他们注定要同时处在为之阐释的经验里面和外面。"

二 个案基本情况

2015 年 6 月至 2018 年 7 月，笔者花费约三年时间，共对 28 名刷来已婚用户进行了访谈，被访者均为男性，年龄为 28～50 岁，受教育程度为高中到博士，月收入为 4500～40000 元，均为异性恋者。婚姻状况方面，根据访谈，28 个个案中，1 人目前离异但有固定女友，1 人处于二婚状态，其余 26 人均是初婚，婚龄为 1～25 年；除 1 人已婚无孩外，其余 27 人均有孩子。婚外性方面，24 人婚后有过"交友"经历；2 人婚前有过"交友"经历；1 人婚后有过婚外性（情）；1 人婚前婚后都没有"交友"或婚外性，但明确表示未来不排除会有。28 名受访者中，约 2/3 因职业需要经常出差，除 5 名被访者由于工作，夫妻长期异地生活外，其余 23 名受访者均与配偶（或女友）长期在一线省会城市 NJ 生活（见表 3-1）。

表 3 - 1 个案基本情况

编号	注册日期	年龄（岁）	夫妻异地	婚姻状况	婚龄（年）	子女数量（个）	受教育程度	职业	月收入（元）	访谈方式	访谈地点
M01	2012 - 12 - 05	43	否	二婚	6	1	硕士	私营业主	20000	线上 线下	NJ
M02	2013 - 06 - 06	35	是	初婚	10	1	本科	区域经理	20000	线上 线下	NJ HA
M03	2015 - 08 - 30	34	否	初婚	8	1	本科	私营业主	24000	线上	NJ
M04	2016 - 08 - 08	33	否	初婚	4	1	大专	私营业主	10000	线上	NJ
M05	2018 - 06 - 07	35	否	初婚	5	2	博士	大学老师	15000	线上	NJ
M06	2014 - 01 - 13	30	否	离异	5	1	硕士	工程技工	15000	线上	NJ
M07	2016 - 01 - 10	28	否	初婚	3	1	大专	通信技工	5000	线上	NJ
M08	2016 - 10 - 23	50	否	初婚	25	1	大专	后勤管理	4500	线上 线下	NJ
M09	2017 - 03 - 02	30	否	初婚	7	1	硕士	医药销售	40000	线上 线下	NJ
M10	2011 - 12 - 17	36	否	初婚	10	1	本科	IT工程师	10000	线上 线下	NJ
M11	2012 - 10 - 09	35	否	初婚	8	1	本科	对外贸易	10000	线上	NJ
M12	2012 - 11 - 26	35	否	初婚	8	1	硕士	IT技术人员	15000	线上	NJ

续表

编号	注册日期	年龄（岁）	夫妻异地	婚姻状况	婚龄（年）	子女数量（个）	受教育程度	职业	月收入（元）	访谈方式	访谈地点
M13	2014-10-22	34	否	初婚	6	2	硕士	营销经理	18000	线上	NJ
M14	2013-02-13	35	是	初婚	8	1	本科	医药研发	16000	线上	NJ
M15	2012-06-18	28	否	初婚	1	无	本科	工程师	20000	线上	NJ
M16	2013-09-26	42	否	初婚	15	2	本科	私营业主	30000	线上/线下	NJ
M17	2012-03-20	33	否	初婚	3	1	本科	销售经理	15000	线上/线下	NJ
M18	2012-06-02	44	否	初婚	20	1	本科	营销总监	20000	线上	NJ
M19	2013-06-03	37	是	初婚	10	1	本科	地区销售代表	20000	线上	NJ
M20	2017-03-22	35	否	初婚	11	1	大专	职业经理人	10000	线上	NJ
M21	2012-04-05	31	否	初婚	5	1	硕士	建筑设计	15000	线上	NJ
M22	2012-10-15	33	否	初婚	4	1	本科	医药销售	20000	线上	NJ
M23	2016-02-07	29	否	初婚	1.5	1	本科	创业者	暂无	线上	NJ
M24	2016-07-19	48	是	初婚	20	1	本科	企业管理	20000	线上	NJ
M25	2018-03-06	34	是	初婚	15	2	高中	酒店餐饮管理	8000	线上/线下	NJ

续表

编号	注册日期	年龄（岁）	夫妻异地	婚姻状况	婚龄（年）	子女数量（个）	受教育程度	职业	月收入（元）	访谈方式	访谈地点
M26	2017-06-12	37	否	初婚	10	1	本科	私营公司老板	30000	线上	NJ
M27	2018-07-22	31	否	初婚	4	1	本科	国企管理	18000	线上线下	NJ
M28	2015-04-02	47	否	初婚	25	1	本科	国企管理	15000	线上线下	NJ

对 27 个个案的线上和线下访谈是在一线城市 NJ 进行的；对 1 个个案的线上和线下访谈最初在四线城市 HA 进行，后续访谈在 NJ 和 HA 两个城市进行。访谈总时长约 120 小时，采用线上和线下访谈相结合的方式，28 个个案中，同时接受线上和线下访谈的有 10 个，线上访谈主要通过文字（或语音）消息和语音通话的方式进行；线下访谈主要是面对面进行，访谈地点主要是 NJ 的商业咖啡馆。访谈内容涵盖了受访者的"交友"认知、"交友"经历、刷来软件的使用策略等。主要采用无结构访谈的方式，重点引导被访者回忆"交友"的过程、感受和结果，以此展布这个特殊群体对婚外"交友"性脚本的构建、诠释、实施的过程及其结果，进而以此为棱镜，感受转型期国人复杂多元的性、情感和婚姻样态。

定性调查中，到底选择多少个个案比较合理。对此，潘绥铭、姚星亮、黄盈盈（2014）认为，这个根源于"代表性"的问题是很现实却又是错向的。他们认为，定性调查试图囊括的是"研究主题相关的所有潜在信息"，追求的是对"研究主题的归纳程度"，而不是定量调查所要求的"代表性"（代表"总体中的全部个体"）。质性研究者常常会到达一个饱和点（Glaser & Strauss, 1968），即在一定数量的访谈后，主要的趋势开始重复出现，而且边缘的或次要的主题也已经出现，此时，研究者就不要再增加样本了。所以，质性研究不需要追求统计调查意义上的"代表性"，样本只要包括研究总体中的各种个体或家庭即可（Stake, 2005）。本研究选择的这 28 个个案，在人口特征上，已尽可能多样，同时，在访谈后期，也出现了一定的信息饱和。所以，笔者认为，28 个男性样本的选择具有一定的科学性。

三 双重身份问题的应对

如前所述，一定程度上，笔者是借助刷来女性用户的身份，利用类似于便利抽样的方式选择研究个案，从而保证研究得以顺利开展。然而，在研究过程中，作为研究者和刷来女用户的双重身份，笔者虽然尽力去做到对研究对象予以"共情的理解"，尝试从"内部人"视角来感受受访者的所思所想，但也会带来一些问题和尴尬。当笔者询问某些刷来已婚男用户是否愿意接受访谈的时候，他们并不会区分刷来女用户和女性研究者这两个身份，甚至会提出一些让人啼笑皆非的要求和建议，如有人要求，给他介绍女学生，他就接受访谈；有人提议，与其做访谈，不如自己亲身实践；也有的会提出跟笔者"交友"，并索要照片，或进行语言（图片）挑逗。一些"遭遇"其实已经涉嫌性骚扰，笔者内心难免反感，但一般还是会对此类受访者进行耐心解释说明，如果难以改变对方的认知或发现其毫无诚意时，笔者一般选择线上礼貌作别。所以，经过这样的初步筛选，最终确定的 28 位受访者，基本上都是确知本研究的目的和意义并拥有参与研究诚意的。

这样的"遭遇"提示笔者，要在研究者和刷来女用户之间合理划定边界。方刚在做多性伙伴研究时，曾有同行学者对他作为一个男性学者访问女性受访者提出警告，"你必须证明受访的女性面对'魅力尚存'的你时，不会在陈述中本能地有所文饰"（方刚，2012：23）。这与本研究的访谈情境非常相似，虽然不是所有的人对所有的异性都感兴趣，笔者也不敢自称"魅力尚存"，但为了防止出现这种"文饰"效应，进而影响访谈资料的真实性，在与受访者互动时，笔者会刻意淡化女性身份，尽量采用无显著性别指征的语言、文字和表情，甚至，配合互动情境，也会采用较男性化的表达方式，让受访者产生"哥们"式的亲近感和信任感，而不是荷尔蒙式的吸引。当然，一旦明确笔者的研究目的和诚意，受访者也会尊重笔者，调整自己的互动方式。事实证明，这些尝试，很大程度上保证了访谈的顺利进行。

小　结

　　互联网及其技术的发展和普及，在改变人们生活的同时，也拓展了社会学家研究的田野，改变了传统的民族志研究方法。因此，围绕已婚男性"交友"的研究主题，本研究采用网络民族志的研究方法，选择陌生人社交 App——刷来作为田野调查点，希冀重点呈现在此田野中，用户主体是如何建构、诠释和实施婚外"交友"性脚本的。

　　网络民族志的研究方法，具有研究者和被研究者身体不在场的特点，所以需要研究者采用特别的研究策略，最大限度地保证访谈资料的真实性、可信性。为此，笔者坚持在恪守学术伦理的前提下开展研究。首先，笔者以真实身份信息注册成为刷来用户，"潜入"刷来平台，进行了为期三年的非参与式观察和无结构访谈。其次，采用类似于便利抽样的方式，从有过互动的 80 多名刷来已婚男用户中，最终选择了 28 名受访者，并尽可能确认这些受访者的线下身份。最后，因为线上和线下生活的互构关系，在开展线上访谈的同时，争取尽可能多的线下访谈，在可能的情况下，通过多次访谈进行三角互证。同时，笔者对研究实践中可能会遭遇到的研究者和刷来女用户双重身份的问题、定性研究样本数量多少的问题，进行了一定的讨论和思考。这些讨论和思考，对未来的类似研究也许会有一定的借鉴意义。

第四章　陌生人伦理

> 无论技术是否利用新近的科学研究，它总是道德哲学的分支，而不是科学的分支。
>
> （Goodman，1970：33）

如前所述，在性脚本的理论视角下，受访者通过匿名社交媒体进行婚外"交友"，构建和实施自己的婚外性脚本。那么，对于受访者来说，为什么会选择社交媒体来追求婚外性？这中间有怎样的社会和心理机制在起作用？本章将对此进行分析。

第一节　陌生人伦理的出现

一　陌生人社会的到来

如果说改革开放前的单位组织是一种"封闭的熟人社会"，那么，正如有学者所指出的那样，"去单位化"与"全球化"共同造就了一个"开放的陌生人世界"（王建民，2009：55）。转型期中国，从熟人社会向陌生人社会的过渡，是现代人，特别是城市人情感和婚姻的一个重要面向。甚至有学者认为，在这个过渡中，人们的流动性大大增强，人际关系呈几何级系数增长，在脱离了原来熟悉的人际网络的同时，面对复杂多元而又陌生的人际关系，加之城市生活空间不断拓展，社会规范的约束力徒然减弱，从而使得已婚人士在一些偶发因素爆发时可以从容地选择和面对离婚（汪国华，2007：5~9）。

熟人社会的概念，是费孝通在《乡土中国》中总结提出的。他将"熟人"这个日常词语提炼为学术概念，从中国人在传统社会中村落聚居的生活方式出发，论述了乡土社会作为熟人社会的特征："他们活动范围有地域上的限制，在区域间接触少，生活隔离，各自保持着孤立的社会圈子。乡土社会在地方性的限制下成了生于斯、死于斯的社会。常态的生活是终老是乡。假如在一个村子里的人都是这样的话，在人和人的关系上也就发生了一种特色，每个孩子都是在人家眼中看着长大的，在孩子眼里周围的人也是从小就看惯的。这是一个'熟悉'的社会，没有陌生人的社会……熟悉，是从时间里、多方面、经常的接触中所发生的亲密的感觉。"（费孝通，1998，9~10）在"生于斯、长于斯、歌于斯、哭于斯"的熟人社会里，人与人由于"熟悉得到信任"，形成了"人和人相处的基本办法"（费孝通，1998：10~11）。

陌生人社会的概念最早来自齐美尔。1908年，德国社会学奠基人齐美尔写了一篇题为《陌生人》的文章，在文中，齐美尔对"陌生人"概念做了一个精妙的诠释。齐美尔说，"天狼星的居民对我们来说并非是真正陌生的"，因为他（它）们根本不是为了地球人而存在的，因而与我们之间"无所谓远近"。那么谁是"陌生人"？"陌生人"既然不是外星人，那么便是指地球上的社会的成员。"陌生人"之所以"陌生"，是因为有"熟人"这个概念。"陌生人"，与"熟人"不同，他们由外而内、由远而近、由动而静，与"熟人"形成对照。齐美尔指出：

> 陌生人是群体本身的一个要素……它的内在的和作为环节的地位同时包含着一种外在的对立……进行叛逆的和引起疏离作用的因素在这里构成相互结合在一起和发挥作用的统一体的一种形式。（齐美尔，1998：132~135）

从熟人社会向陌生人社会的转化是在工业化、城市化的过程中完成的。农业社会属于熟人社会，工业社会属于陌生人社会。农业社会虽然也会有陌生人出现，但这个陌生人主要是一个自然的陌生人，而且这个社会能够很快地消灭这个陌生人，熟人圈会选择接纳而使其成为熟人，或者将其驱逐。工业社会，大量存在着自然意义上的陌生人，而且随时随地地把自然意义上的熟人转化为陌生人。这个社会无时无刻不在制造陌生人，因为这个社会无法容忍熟人，它时时要求打破熟人圈子中的惯性、惰性和封闭性，它在何种程度上瓦解了熟人圈子，也就在同等程度上拥有了社会活力。

有很多学者从不同角度研究了熟人社会向陌生人社会的转型。早在 20 世纪 20 年代，美国社会学家路易·沃思就指出，"城市与乡村在当代文明中代表着相互对立的两极"（Wirth，1938：275）。叶南客（1996：145～147）认为，在中国，多年的城乡分治和巨大差异，也形成了两种不同的人格模式：都市人格和乡村人格。前者是与工业化和城市化相一致的价值观和行为模式，具体表现为精明、开放、享乐，自我取向，行为方式上的异质性、积极进取、业缘本位；后者则是与传统的小农生产方式和生活方式相吻合的价值观和行为模式，具体表现为敦厚、耐劳、封闭，他人取向，行为方式上的同质性、消极自保、血缘与地缘本位。

而张康之（2008）则从互动和信任角度分析了两种社会的不同（见图 4-1）。他认为，实际上人们互动方式的不同，人际交往和维系信任的方式的差异，是熟人社会与陌生人社会的主要区别。前者以人际关系的亲疏作为基准，后者则是靠契约、制度、法律来维系，所以，熟人社会的信任机制是习俗型信任，陌生人社会的信任机制是契约型信任。

无论如何，随着城市化、工业化和全球化的深入，开放成为一个不可逆转的现实，陌生人社会也不可逆转，从某种意义上说，"如果现代生活要持续下去，就必须保持和培养陌生关系

```
熟人社会 ────────────────── 陌生人社会

（习俗型信任）                          （契约型信任）
```

图 4 - 1　信任机制连续统

资料来源：作者根据张康之（2008）的观点整理。

（Strangehood）"（鲍曼，2003：187～188），所以，人们开始主动迎接陌生人社会的转型。

二　陌生人伦理的出现

陌生人伦理，包含人际交往中的"由熟变生"和"由生变熟"的双向互动，"由熟变生"是对亲近性道德的超越；"由生变熟"则是开启伦理现代化的序幕（程立涛、乔荣生，2010）。近年来，在欧美社会广泛兴起的"Free Hugs"一词和活动，一定程度上意味着陌生人伦理的加速到来。"Free Hugs"，中文名为"自由拥抱"，也有译为"抱抱团"。追溯"抱抱团"的来源可知，是美国人贾森·亨特最早向世界推行这个活动的。2002 年，亨特在母亲的葬礼上听到许多关于母亲的事迹——得到过亨特母亲帮助和关心的人回忆了从她那里得到的温暖。一方面受到母亲故事的感召，另一方面感觉自己需要借助他人提供的温暖来缓解丧母的悲痛，亨特做了个写着"真情拥抱"的纸牌走上家乡的大街。第一个与他"真情拥抱"的人是一位路过的姑娘，她停了下来，看了看纸板，毫不犹豫地向亨特张开了双臂。从那时起，"Free Hugs"这个关于爱和分享的运动开始在全美国蔓延。

2007 年，一位名叫曼恩（Juan Mann）的澳大利亚男子在悉尼闹市街头手举"自由拥抱"的牌子，将这项运动推向了全球化的网络世界，号称要传达这一种"快餐式情感"。曼恩说，这是让大家笑容绽开的一种方式，"因为只要有一个人跟我拥抱，就会带动从旁经过的五个路人脸上的微笑"。随后，美国、英国、加拿大等国的人们也陆续加入这一活动。活动中，曼恩一直坚持以下原则：不透露真实名字，不给电话号码，也不介入跟人约会或发生任何关系。

把"Free Hugs"带到中国的是一位名叫才子豪的年轻人，他在看到曼恩的活动后十分感动，于是和几个热心的网友在长沙组成了中国第一个"抱抱团"。他们于 2006 年 10 月 21 日下午 1 点，在长沙黄兴路步行街组织了第一次拥抱活动，并把当天的活动制作成视频上传到互联网。随着视频在网络的传播，抱抱团活动热潮蔓延全国。这一定程度上表征着学习接纳陌生人，建构"陌生人伦理"已成为现代文明的迫切诉求。①

然而，如图 4 - 1 所示，熟人社会向陌生人社会的转型，是文化、经济、心理等全方位的转型，特别是信任机制的建立和转换，是一个渐进的连续统（continuum），这个连续统的任何一点，都是两种社会形态的混杂、重叠和胶着。所以，熟人社会向陌生人社会转型的初期，往往伴随着一定的震荡和矛盾。

一方面，人们对传统的熟人圈有着习俗型的信任和依赖，林语堂在《吾国与吾民》中就曾指出，中国传统社会的家庭是一座堡垒，家庭之外的一切都是合法的可掠夺物（林语堂，2006：170~172），对于中国人来说，家庭、家族是最重要的社会支持网络，所以，经由熟人介绍的"知根知底"的传统式相亲和婚姻②虽然有一定的拥趸，但也经常让人感到尴尬和压抑，正如《春节自救指南》③

---

① 与此类似的还有广东卫视社会观察类节目《你会怎么做》，在倡导社会公德的同时，也在倡导陌生人之间要建立一种友好和谐的信任关系。

② 2007 年国家人口发展战略研究课题组发布的《国家人口发展战略研究报告》指出，到 2020 年中国将有 3000 万男性可能面临"无妻可娶"的事实，这可以看成官方首次对"即将出现的 3000 万光棍"这一数字的公开承认。

③ 2017 年 1 月 17 日上午，上海彩虹合唱团发布《春节自救指南》，迅速成为新年"第一神曲"。在自媒体平台推出这首"春节神曲"的数小时之内，微信点击量就已破 10 万 + ，微博转发量破万。《〈春节自救指南〉作者：网友曾建议"上春晚"》，搜狐新闻，http://www. sohu. com/a/124798841_118918，最后访问日期：2018 年 12 月 20 日。

中所唱，父母逼婚、亲戚围堵、熊孩爆炸、隔壁老王等春节顽疾形象地勾勒了中国社会常见的熟人圈对私人隐私空间的逼仄和绑架，"反感亲戚的根本原因"居然上了热搜。[①]

另一方面，随着工业化的发展，由生产和交换而结成的陌生人关系取代了亲缘关系，并成为社会关系的基本内容。人们享受陌生人社会的开放和自由。虽然大城市的生活成本居高不下，但还是会有很多年轻人前来闯荡，在陌生的世界中寻求发展机遇，遇见未知的自己（张德芬，2008），甚至寄放自己的爱情。然而"由于陌生人保持着陌生关系，冻结了距离，防止着亲近"（鲍曼，2003：187），陌生关系也先天带有心理上的隔膜与疏离。费孝通指出，中国的人际关系通过血缘、地缘的纽带联系而相互叠加，呈现以个体为中心由亲至疏的"差序格局"状态。中国社会科学院社会学研究所于2015年下半年开展的"中国社会状况综合调查"（CSS 2015）显示，发生在人际关系内的各类信任也呈现差序格局，但公众对陌生人的信任度远远低于其他类型的人际信任，出现巨大的人际断裂（邹宇春、周晓春，2016）。由陌生人之间邂逅、发展的爱情甚至婚姻，充满了城市浪漫主义的魅影，然而之后柴米油盐生活中的计较和盘算，还是会不时暴露出契约型信任在日常生活中的游移无力，城市离婚率的不断上升见证了一纸婚约的脆弱。

所以，无论是熟人社会还是陌生人社会，都有着让人既爱又恨、既喜又悲的固有文化因子，那么，在矛盾纠结中，如何游刃有余，进退自如？如何为自己辟出一个小天地，尽可能实现生活和情感的自洽？随着互联网技术的发展，社交媒体尤其是匿名陌生人社交媒体的发展，似乎提供了一种新的可能性选择。

---

① 参见中国青年报微信公众号文章《"反感亲戚的根本原因"上热搜，但不得不承认……》，最后访问日期：2019年2月9日。

第二节　陌生人社交媒体的流行

一　脱域化与网络社交

吉登斯通过创造"脱域化"这个概念准确地描述了从熟人社会向陌生人社会转变的特征。他说："脱域机制把社会关系和信息交流从具体的时间－空间情境中提取出来，同时又为它们的重新进入提供了新的机会。"（吉登斯，2000：18）时空转型与脱域机制一道，驱使社会生活脱离固有的规则或惯例的控制。现代制度的本质和影响的核心是社会关系"摆脱"（lifting out）本土情境的过程以及社会关系在无限的时空轨迹中"再形成"的过程。确切地说，上述"摆脱"即所谓的"脱域"，而由现代性所引入的时空分离加速进行，脱域为其关键因素。

在互联网时代，技术通过强调效率和控制产生了"驯服"时间和缩减时间的后果，产生了面向未来目标的可控制、可调配的时间单位，互联网技术以一种前所未有的连接方式将现代社会带入一个开放的、灵活的、时空延伸和重组的进程之中，成为一种新的时空转型和脱域机制。

在吉登斯看来，脱域机制可分为两种类型，象征标识（symbolic tokens）与专家体系（expert systems），两者合起来又可称为"抽象体系"（abstract systems）。象征标识是交换媒介，具备标准价值，可以帮助人们在多元场景中实现交换或交易。货币便是象征标识最典型、最重要的例证。专家体系则通过对技术性知识的利用将时间和空间连接起来，而这些技术性知识的有效性独立于利用它们的具体从业者和当事人。在现代性的各种条件下，这种专家体系无孔不入，渗透到社会生活的方方面面，从食品到药品，从住房到交通，不一而足。事实上，专家体系并不局限于专门的技术知识领域，而是能扩展至各类社会关系以及个人的私密关系中（吉登斯，2016：25）。

伴随着互联网的发展，人们的线下互动延展到线上互动，两种互动方式相互交合，专家体系和技术帮助人们形成了多元化的网络社交模式，重构了人们的亲密关系。"首先，在将互联网时代社交网站的相关功能高度整合的基础上，陌生人社交与熟人社交之间的界限变得模糊，社交范围空前扩大；第二，移动互联时代的社交空间具有类现实与超现实的双重特性，其便捷性与虚拟性所带来的使用快感空前膨胀，随之而来的则是超频繁互动的产生。第三，频繁的互动与大规模的能指狂欢激发了交往快感。"（农郁，2014：92）

总体来说，网络社交包括以下一些模式，这些模式各自都有代表性的产品。"匿名陌生人社交模式"（以下简称陌生人社交媒体）初期以 BBS 论坛、QQ 聊天室为代表，现在以遇见等为代表；"实名公共社交模式"以微博为代表；"实名熟人社交模式"初期以人人为代表，现在以微信为代表；"熟人匿名社交模式"则以"无秘"为代表。

"匿名"——在网络上并非一个新概念，但随着社交网络概念的流行和智能手机的发展，自 2012 年开始，匿名社交 App 成为热词。2012 年，Whisper 在美国上线，推出了纯陌生人的匿名状态分享服务；2014 年 1 月，Secret 软件提供了基于手机通讯录的匿名状态分享，网络社交进入了半熟人阶段。在 Whisper 上面，用户可以匿名发布自己的秘密，与附近位置的人分享，也可以查看应用内最新和最热门的内容。上线不到 1 年半，Whisper 就完成了 2100 万美元的 B 轮融资，估值高达 1 亿美元；2013 年，另一款匿名社交应用 Yik Yak 创立，该应用上线几个月内下载量便超过 10 万次，曾蹿升至美国版 App Store 下载榜的前列。[①] 据 360

---

① 参见钛媒体微博文章《"熟人匿名社交"这条路可行吗?》，https://baijiahao. baidu. com/s? id = 1623317635335583724&wfr = spider&for = pc，最后访问日期：2018 年 12 月 20 日。

发布的《360：2014 年 Q2 移动互联网 App 分发行业报告》，2014
年第二季度仅 3 个月的时间内，国内就有 20 余款匿名社交软件上
线，匿名社交 App 呈井喷之势。[①]

二 陌生人社交媒体的流行

陌生人社交软件的出现，跟工业化、城市化的发展是一体
的；陌生人社交软件的流行，跟人们活动范围的扩大、流动性
的增强息息相关。正如汉娜·阿伦特所说："自由人的生活需要
他人在场。因此，自由本身便需要一块可以把人们聚在一处的场
地。"（Arendt，1963：31）按照翟学伟（2011）对中国人关系原
理的分析，匿名的陌生人社交媒体给中国的人际关系带来由熟人
关系向陌生人关系的微妙转变，出现了时间上的短时效性与空间
上的高选择性的变化（见图 4 - 2）。中国人的熟人关系一开始就
建立在以血缘、地域等层面上，是一种长时效性、低选择性的固
定关系，具有很强的稳定性与持久性；匿名社交媒体使人际交往
较少受到时空限制，可以基于自我兴趣和偏好，随意选择交往对
象、交往方式和交往频率，可以建立一种短时间的约定关系和高
选择性的友爱关系。换言之，用格兰诺维特（2008）的强弱关系
理论去理解，实时熟人社交是一种基于强关系的社会互动，匿名
陌生人社交是一种基于弱关系的社会互动。

社会学大师齐美尔认为，在陌生人身上所显示出来的，是一
种既似近实远又似远实近的社会关系。他在分析现代人的羞耻感
时认为，羞耻感的诱发因素一是违反规范，二是预料到他人将会
把这种违规行为视作内在本性的表现。"当自我与他人之间的关
系处在中等距离时，羞耻感最有可能产生；而当个体之间非常熟
知、知己知彼，或者萍水相逢、素不相识时，羞耻感不大可能出

---

① 参见《360：2014 年 Q2 移动互联网 App 分发行业报告》，http：//www.199it.
com/archives/261830. html，最后访问日期：2018 年 10 月 10 日。

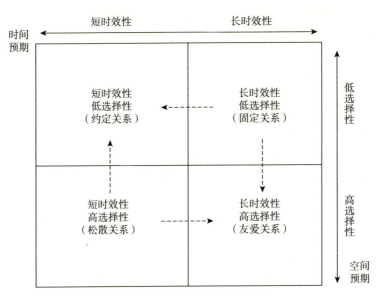

图4－2 关系向度及其特征

资料来源：翟学伟，2011。

现。也就是说，熟悉性和匿名性分别可以充当羞耻感的缓冲器。"（转引自成伯清，1999）弗洛伊德认为，压抑和宣泄是人的两种基本心理机制，人们需要向他人进行情感倾诉并从外界获得心理慰藉和心理依靠。人不仅是社会性的动物，也是情感性的动物，情感是人们生活中不可分割的一部分。然而，现实生活中由于社会规范等的限制，情感满足的表达也是被限制的。所以，与熟人社交相比，匿名陌生人社交中，"身体缺场"为人们的羞耻感提供了一层保护膜，规避了熟人社会的习惯、舆论以及面子等所给予的无形的监督，让传统意义上违反规范的行为在网络虚拟空间中变得合乎"游戏规则"。

匿名陌生人社交媒体扮演了一定区隔作用，当在现实生活中情感表达受阻时，人们就会从网络上寻求安慰。网络世界使情感的联系呈现"现实与虚拟互构""扩展与封闭并存"的格局。网络既隔离又联结人们的情感，恰好满足了人们情感自由与安全的需求（郭景萍，2008：77）。在陌生人的虚拟世界中，人们可以暂时忘却自己的各种社会角色，卸下面具的负累，最大限度地释放自我，可以在这里吐槽、窥视、期待艳遇，甚至谈性说爱，最让人轻松也最重要的是，"陌生人之间不管发生什么事情，都不会有长久的义务拖累他们"（鲍曼，2002a：147）。

随着互联网从 Web 1.0 发展到 Web 3.0，这样的"树洞"①也从"天涯社区论坛"、"漂流瓶"（微信、QQ）升级到了类似于刷来这样的社交 App。因此，网络中的陌生人关系，未必就像都市街头擦肩而过的陌生人那样毫不相干，网络用户不但更倾向于信赖陌生人，而且存在于陌生人之间的弱联系还有可能成为支持与认同感的来源（付仰止、王为蒨，2001），网友之间以"虚拟接近"（virtual proximity）的方式成为彼此"熟悉的陌生人"（张娜，2015）。网上缺乏现实社会线索反而为关系发展提供了更多的机会，交流者的视觉匿名性（visual anonymity）以及同时在场性（co-presence）的缺乏——由于物理上的隔离所造成的——增加了交互的可能性，并且对于一些人来说这些恰恰是在线关系的"魔力"所在（Lea & Spears，1995）。在此基础上，莉（Lea）和斯皮尔斯（Spears）在 1995 年提出了"少即是多"（less can mean more）的说法。通过掩盖自己的身份，网友之间能够在情绪上更加诚实和公开。所以，网络交流缺乏面对面交流所提供的很多物理的和非言语的线索已经是不争的事实，然而这种缺乏并不一定会对亲密个人关系的发展造成不可逾越的阻碍。在线关系可以和其他任何

①　"树洞"可以隐藏秘密，在网络用语中，指坦露心声的地方。其说法最早源于童话故事《皇帝长了个驴耳朵》。故事说的是一个国王长了一对驴耳朵，每个给他理发的人都会忍不住告诉别人，从而被砍头。有一个理发匠把这个秘密藏得好辛苦，终于在快憋不住时，在山上对着一个大树洞说出了这个秘密。结果，从此以后这树上的叶子只要放在嘴边一吹，就会发出"国王有驴耳朵"的声音。从心理学的角度来说，倾诉有利于身心健康，童话故事里人们可以将心事找个树洞倾诉，然后用泥封住，而现实社会中的人们也需要这样一个树洞来倾诉。

关系一样亲密、一样给人以满足感（Lea & Spears，1995；Parks & Floyd，1996）。

匿名社交消解了自我表露的需求与熟人社会压力之间的冲突，在强关系和弱关系之间界定出一个中度关联的社交层次，满足了人们对自我隐匿的需求和窥视他人的乐趣，也规避了暴露真实的麻烦。因此，一定程度上，匿名陌生人社交媒体可以被看作一种赋权机制，赋予了主体社交模式的多元化自由，让其可以在传统与现代、熟人与陌生人、强关系与弱关系的社交关系之间随意切换，满足自我的不同需求。在这个孤立个体集合体（stand alone complex）①的时代，人们彼此孤立却又相互聚合。人们无法满足于一种社交关系。如果说在工业化、城市化过程中所出现的那种陌生人是纯粹客观的社会运动的结果，那么在网络世界中出现的这种新的陌生人则是主观选择的结果，是拥抱陌生人社会的意向表征。

由此看来，不难理解，为什么基于实名熟人社交的微信、微博，及基于匿名陌生人社交的刷来、探探等都能拥有较稳定的用户黏性，而定位于熟人匿名社交、"窥探朋友的秘密"的无秘，昙花一现之后就尴尬地销声匿迹了。人们在微信中尚且通过将通讯录好友分组，设置区隔，严格限制自我信息的传播方向和空间，提升自己的网络自由度，增强隐匿性，显然这种半熟人社交软件的定位是尴尬的，它混淆了现代人对熟人社交和陌生人社交

---

① 《攻壳机动队》第一部最后一集，素子和笑脸男的对话中"stand alone complex"第一次作为台词出现。"stand alone complex"，有的翻译为"孤立个体集合体"，在动画中特指原先互无关系、各自独立的人们在有意识或者无意识的情况下，为了某个相同目的而统一行动的现象（笑脸男现象和个别的十一人）。DVD映像特典里，"stand alone"一词被解释为一些反对网络化、机械化，将自己脱离网络以外的人，但是因为全球的网络化与电子脑（cyber-brain）的盛行，这些"stand alone"的人在脱离网络之后，变成真的与世隔绝，连正常生活也出现了问题，从而感到失望。这种心理就被称为"stand alone complex"。参见360百科，https://baike.so.com/doc/552402-584767.html，最后访问日期：2020年1月12日。

的边界的需求，增加熟人交往的不安全感和心理负担，还不如纯粹的匿名陌生人社交更自由。① 根据全球领先的移动互联网第三方数据挖掘和整合营销机构 iiMedia Research（艾媒咨询）权威发布的《2016—2017 中国陌生人社交行业研究报告》，2016 年第四季度中国陌生人社交应用用户规模达 4.88 亿人，比 2016 年第三季度增长 3.61%。②

第三节　匿名社交媒体——刷来

如前所述，和实名制的社交软件相比，匿名陌生人社交软件制造了一个全新的社交模式。现在约有 1/4（23%）的异性恋者和大多数同性恋者（61%）在网上会面（Rosenfeld & Thomas，2010）。同时，由于科技进步，维持异地的亲密关系比过去更为容易。

刷来，是在中国较早将地理实时技术应用于陌生人之间社交网络服务的 App（对于刷来的简介可参见第三章第二节）。根据三年的田野观察，笔者认为，性驱动的算法（algorithm）是刷来保持较高用户黏性的核心因素，基于性驱动算法，刷来通过一系列专家设置制造能够产生欲望的若干能指，并形成能够满足欲望的幻像，吸引着用户粉丝，以此带来可观的利润（见图 4-3）。"资本在驱动生产满足于人原有的欲望之后，不再致力于满足欲

---

① 如匿名社交 App "马桶 MT" 的创始人王欣在接受媒体采访时透露，希望这款匿名社交软件能缓解一定的社交压力，像家里的马桶一样，你可以随便吐槽、大喊。"你的每一条动态，不会被亲友看到，呈现一个比微信朋友圈压力更低的社交广场。"具体可参见《三款社交 App 齐战微信？"马桶"上线一小时遭封杀王欣微博抗议》，https://mbd.baidu.com/newspage/data/landingsuper?context=%7B%22nid%22%3A%22news_9649150029084982047%22%7D&n_type=0&p_from=1，最后访问日期：2020 年 1 月 12 日。

② 参见《2016—2017 中国陌生人社交行业数据研究报告》，DT 电商｜行业分析，http://data2046.com，最后访问日期：2018 年 10 月 20 日。

望，而是开始大规模地制造欲望，以此制造出短缺。"（鲍德里亚，2001：66~67）"于是这个时候消费就进入了仿真状态，仿真不是通常意义上能体验到的'假'，而是'超级现实主义'。"（鲍德里亚，2001：78~79）

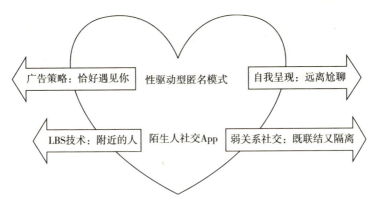

图 4-3　刷来性驱动算法模型

一　广告策略：恰好遇见你

在大众传播时代，不夸张地讲，人们呼吸的空气是由氧气、氮气和广告组成（陶东风，2001）。在日益性化的当今社会中，性，正在成为广告文本中一种新的隐喻和话语艺术，"性是符号的巨大坟墓，符号是脱离躯体的性"（鲍德里亚，2001：35），其所承担的功能可以说已经远离了性本身所承载的快乐功能，其承载的更多的是商业利润。CRT 市场研究的一项调查表明，2003 年所有的媒介广告中，内容带有性符号的几乎占了一半，一年的总值在 1000 亿元左右。[①]

在一个性化的社会，男女关系本身就是性符号，男女交往包含着很浓的性的蕴含。有些广告通过画面的转换、情景的切换以

---

① 参见成广庆《广告中的性文化》，中国人民大学性社会学网站，http://www.sex-study.org，最后访问日期：2015 年 1 月 10 日。

及语言的运用等来唤起受众的有关男女关系特别是恋爱关系、性关系以及暧昧的男女情感等方面的联系和幻想，带有非常明显的性暗示。在互联网中，很多类似的广告，用性幻想为诱饵，提高网站的点击率。正如托尼·阿纳特勒拉所说，人们对展示的性感都习惯了，尤其是对有些广告把人与日常用品的关系色情化习以为常了。色情主义不仅仅把人限于思想当中，它离开私人生活来到了大众的广场上。观者成为冲动的主体，看着在其之外发生的情境（阿纳特勒拉，2003）。

对于刷来来说，广告并非为了吸引点击那么简单，在其上线的很长一段时间里，刷来在市场投放的公关文和广告，都带有一定的暧昧和暗示。虽然后期为了吸引投资，刷来不得不显示其吸引新鲜的、"优质"用户的能力，开始"去""交友"化洗白之路，比如主打视频社交、上线直播功能。然而，一定时间内，其在"交友"方面留给大众的刻板印象还会发挥作用，吸引着相当一部分目的用户，对受访者的访谈也证实了这一点。

二　LBS 技术：附近的人

基于 LBS 技术，刷来先后推出"附近的人""附近动态""附近直播"三项功能，打开首页，界面就会呈现这三个主菜单。用户只要点击、浏览、评论、搭讪，就可以轻松建立跟陌生人的链接，一个新奇的陌生世界就此打开。

特别是，"附近的人"，所有三天内出现在附近的刷来用户会被由近到远地列出来，同时显示即时距离和上线时间。用户可以根据系统提供的搜索条件筛选查看"附近的人"，也可以选择"自定义"，自行设置搜索条件，比如性别（男、女）、年龄（可在 18 岁及以上的区间内自定义）、会员（是、否）、星座、出现的时间（15 分钟、1 小时、1 天、3 天）等。如果成为付费会员，还能够获得快速筛选到你最感兴趣的人、了解谁看过自己的信息等特权。

其实，几乎所有的社交软件都设有鼓励陌生人建立连接的端口，比如微信，QQ 的"摇一摇"、"漂流瓶"和"你可能认识的人"等功能。然而，LBS 技术，无疑使这种连接更加直观、精准、可控、便捷。有网友戏称，几乎不用穿越大半个城市，就完全可以就近解决，甚至可以实现"扫街式""约见"，就像一个销售员去扫楼一样，以精确的猎犬式的方式将周围可供选择的对象扫一遍。① 当然，不管用户出于何种目的，LBS 带来的效应是明显的、可检验的。截至 2014 年 9 月，刷来的"附近的人"列表每天刷新 1.67 亿次，建立了"基于 LBS 的兴趣群组"450 万个，月活跃群组 200 万个。哪怕是后来者——微信上线这个功能后，其用户也迅速从 1500 万个激增到了 5000 万个（王怡飞，2015）。

三 自我呈现：远离尬聊

传统农业社会的人所重视的是冥想内修，现代工业社会的人所强调的是行动成就。在传统的农业社会，为了使每个人都能与他人及自然维持和谐关系，在价值观念与教养训练上常是强调内在修养与自我抑制，而贬低外在行动（特别是莽动）与率直活跃，而生活在现代工业社会的人在这方面的价值取向则与此不同。在个人主义的影响下，人们重视外在的行动与内在的沉思与冥想；人们讲求快速行动与准确反应，以把握时机、追求效率；人应该努力完善自己的行为，装饰自己的外观，以争取别人的好感与人缘，换句话说，要努力将自己改进成人见人爱的"商品"，以使"社交商场"中的"消费者"争相"选购"。于是，现代工业社会的人易形成 E. Fromm 所说的"市场性格"（marketing character）（杨国枢，2013：335~336）。所以，在熟人规则下成长的

---

① 参见《曾小亮：和邻居"交友"：社交软件时代的高效性爱》，谈性说爱中文网，http://blog.sina.com，最后访问日期：2018 年 1 月 10 日。

中国用户，并不太适应和擅长与陌生人社交，聊天容易陷入一问一答、查户口本式的尬聊，彼此感觉枯燥乏味。为此，刷来通过一系列的技术设置，鼓励用户进行丰富的自我呈现（self-presentation）。Jones 和 Pittman（1982）认为，自我呈现是"调整自己的行为以给他人创造某个特殊的印象"的过程，它泛指一般人行事时表现自己的方式，是社会行为的普遍特征。戈夫曼则指出，自我呈现是人际互动的基本条件，为了更好地交流与互动，人们必须去定义情境和将要扮演的角色（Goffman，1959）。

在互联网中，对于陌生用户来说，自我呈现是他们建立社交形象和顺利互动的关键，所以，使用者在距离的远近、隐私信息的选择、信息公开与否之间寻找一种平衡（谢新洲、安静，2016）。帕克斯和罗伯特斯指出，网络空间的匿名性为人们提供了一个可以自我呈现的空间，在这个空间中他们可以展示出自己某些在面对面情境中不便展示的特质（Parks & Roberts，1998）。在此基础上，凯利和蒂博提出了"火车上的陌生人"理论，即人们在向自己今后很可能不会再见到的人敞开心扉时，会感觉更加舒服（Kelley & Thibaut，1978）。凯特琳·麦克纳的进一步研究则指出，与火车上遇到陌生人不同，"人们通常与他们在网上结识的人进行多次互动，所以早期的自我呈现为今后发展更亲密的关系打下了基础"（McKenna，Green，& Gleason，2002）。这些理论家特别关注哪种网上自我呈现更容易引向亲密关系（Bargh，Mckenna，& Fitzsimons，2002；McKenna，Green，& Gleason，2002）。相比于微信、QQ、探探等社交应用，刷来自我呈现的内容设置非常丰富，通过个人资料、动态以及视频，用户可以全方位地展示自己。特别是，采用标签的形式，可以简单而直接地将用户归类，使之迅速建立自我形象。

这些自我呈现，一是有助于用户构建虚拟社交形象，恰似雪莉·特克尔（2014：164）对 Facebook 的分析："我们貌似以真实身份出现，而实际上往往在简介上把自己美化包装成另外的人——

我们想要成为的人。"不可否认,也正如访谈中所了解到的,这些自我呈现资料不一定是真实的,用户会使用美图秀秀美化照片、将年龄写小、美化职业及头衔等,虚拟出理想中的自我,与此相伴而生的是想象性的快感,这种快感在好友间频繁地点赞、夸奖和互动中持续发酵升温,酝酿出交往快感。二是有助于为用户制造话题,基于系统的精准匹配,当一方通过附近的人或动态跟另一方打招呼的时候,系统会主动提示双方共同之处,如同乡、同行、同一天生日、共同关注的网络红人等,这为下一步的交流做了较好的铺垫,远离尬聊。可以说,多元化的自我呈现,相当程度上化解了陌生人对话的疏离感。

为了激发用户积极地进行自我呈现,刷来将此与等级以及等级特权挂钩。用户收到的招呼、个人资料被浏览的频次都是分值积攒、等级上升的重要依据。从 LV.1 到 LV.40,每五级都会跟不同的等级特权对应。当然,如果用户想提升自己的等级,拥有更多的特权,则其可以通过"活跃""魅力""财富"三个渠道来操作。

个案 M11、个案 M18,都是刷来最早的用户,有着 5 年多的使用历史,他们说一直玩刷来的乐趣之一就是浏览各种个人资料,头像或照片是吸引他们产生点击欲望的第一要素,他们也会发现一些有意思的签名、动态,再跟有趣的陌生人聊聊天。诚如雪莉·特克尔(2014:165)所言:"我们开始把其他人视为实用性的客体而去接近,并且只愿意接近对方那些实用、舒适和有趣的部分。"

四 弱关系社交:既隔离又联结

市场自然是需要演变的,现在有三种软件最流行——QQ、微信和刷来。刷来只是一个聊天平台,QQ、微信呢,变成了一个亲人之间、同事之间联络的世界,那么,很多人

渴望到一个陌生的、没有人认识的平台里去聊，那么很多人就来到刷来……（M02）

定位于熟人、强关系的社交媒体，如微信，线上互动基本都是线下关系的延展，且在互动设置上，具有一定的封闭性，无形中造成了信息区隔。比如，微信主要根据手机通讯录更新好友，主要是通过面对面或名片推荐添加的，必须经过对方验证才能成为好友；二者不是微信好友的时候，除了最多查看十条朋友圈动态之外，是没有任何线上对话、朋友圈互动权限的；对同一朋友圈动态的评论，只有互为好友的人才可互见评论。正如格兰诺维特在《找工作：关系人与职业生涯的研究》中的研究所揭示的，这种基于熟人的社交平台固然有利于朋友之间情感的联络，但也会造成信息高度同质化的问题。

跟微信不同，刷来是基于陌生人、弱关系的平台，它遵从格兰诺维特的强弱关系分析，致力于满足用户了解信息、拓展社交和猎奇的期待。它在权限设置上更鼓励开放和自由，主要表现在以下几方面。

（1）添加好友设置。系统会根据两个陌生人的对话频率，提示可以"关注"对方；"关注"对方无须验证，单向"关注"叫"粉丝"，双向关注叫"好友"；互粉成为"好友"后，系统会自动推送好友动态（比如去了哪个城市、发表了什么动态、加入了哪些圈子等），鼓励互动。双方互粉为"好友"后，权限随之升级，会增加阅后即焚[①]、语音、视频通话等特权功能。

---

① 阅后即焚功能最具代表性的是照片分享应用 Snapchat，所有的照片只有 1～10 秒的生命，到期自动销毁，照片接收方如果试图截图，用户也将得到通知。美国手机应用软件 Tinder 的创始人肖恩·拉德（Sean Rad）曾经直接在访谈里吐槽 Snapchat 的无用："没错，阅后即焚就是我用来发小黄图和写羞羞文字的。"参见《把妹应用 Tinder 创始人：我约炮 我诉讼缠身 但我依然是个棒棒的 CEO》，虎嗅网，https://www.huxiu.com/article/137973.html，最后访问日期：2018 年 12 月 15 日。

（2）动态查看设置。双方互不"关注"的情况下，最多可查看对方十条动态；单向"关注"时，粉丝可以订阅被关注者的动态，且无查看条数限制。无论是粉丝还是陌生人，在浏览对方动态的同时，不仅可以看到动态内容，还可以看到所有相关评论，哪怕评论者跟浏览者是陌生人关系。同时，发布动态的用户，对于别人的评论，可以选择公开回复，也可以选择秘密回复。

（3）隐私设置。网友聊久了，可能成为虚拟社区的"熟人"，然而，不用担心产生新的线上"凝视"，刷来在位置显示方面给用户提供了极大的自由，他（她）可以选择"默认（对他人显示距离）"、"不出现在附近（对他人显示距离，不出现在'附近的人'）"、"只对好友可见（只对好友显示距离）"、"只对特别好友可见（只对特别好友显示距离）"和"关闭距离（对所有人关闭距离）"。这些设置，一定程度上摆脱了强关系的桎梏，使得主体和他人之间的社交距离可近可远、自由可控，行动者的主观能动性得以强调。

这种既亲近又遥远的特性，黄厚铭（2000）称之为"既隔离又联结"。如他所说，网络不仅有联结的效果，还有隔离的作用。利用网络，使用者可以隐匿真实世界的身份，拉开与真实世界的距离，卸下真实世界人际关系的牵绊之后，反而能够建立一些极为特殊的人际关系。而且，这些人际关系在真实世界中反而是条件不足而无法发生的。网络中的陌生人关系是充满变动的，网络中的人来去自由，可以选择发展人际关系也可以选择不发展，可以选择在线也可以选择离线，可以选择沉默也可以选择发言。

正如法国社会学家埃吕尔所说，技术是"时代的赌注"，是人与他尚未理解的力量之间的一场赌博，对技术的反思与批判在近百年来一直是讨论现代性的前沿命题（Ellul，1980：20）。麦克卢汉（2011：3）最著名的观点就是"媒介是人身体的延伸"，在此，媒介似乎只是一个供人使用的客体化工具而已，而他的学生尼尔·波兹曼发展了媒介环境学。波兹曼（1992）站在发展的

层面上，将文化分为三类：工具使用文化、技术统治文化和技术
垄断文化。在工具使用文化里，技术受到社会体制、宗教体制的
管束，发明工具必须适合其中的意识形态。在技术统治文化里，
工具在思想世界里扮演着核心的角色，社会世界和符号象征世界
都服从于工具发展的需要，但因为产业主义狂热刚刚出现，不可
能影响人们的内心生活、驱逐留下来的记忆和社会结构，所以没
有摧毁工具使用文化的世界观。技术垄断文化兴起后，传统世界
观消失，它重新界定宗教、艺术、家庭、政治等的意义，成为极
权主义的技术统治（波兹曼，1992）。

　　笔者认为，人们对于技术崇拜仍然具有一定的反思性，虽然
没有尼尔·波兹曼说得那么悲观，但从以上对刷来的分析来看，
社交媒体也绝不能被简单看作一个客体化媒介工具，它背后有资
本逐利的逻辑和思想。马克斯·韦伯（2007：247）对此早有预
见，"工具理性的发展已经达到了这样一个阶段，专家没有灵魂，
纵欲者没有心肝；这个废物幻想着它自己已达到了前所未有的文
明程度"。网景公司创始人马克·安德森（Marc Andreessen）就
不带烟火地宣称，"一款应用程序能盈利，并不一定意味着它符
合道德或是履行了社会责任"。① 刷来，在性驱动算法下，通过广
告策略、LBS 技术、自我呈现、弱关系社交等一系列专家技术设
置，极大地激发和满足了使用者的探索欲和猎奇心态。从某种意
义上说，它是刷来用户建构、实施性脚本的共谋者，双方共同制
造了这个场域内独特的惯习和互动规则。因此，有学者认为，在
网络的参与之下，一夜情正以几何级系数的速度和频率发生着
（刘中一，2011）。

---

① 参见《匿名社交应用真的能做到匿名吗？》，http://chuansong.me/n/364175，
最后访问日期：2018 年 9 月 10 日。

小 结

转型期中国，是熟人社会向陌生人社会转型的混沌地带，身处其中的人们，时常感受到两种社会互动模式和信任机制的冲突，心态复杂而微妙，既好奇向往，又疑虑害怕。在此背景下，互联网技术、智能化手机的发展和普及，网络社交模式，特别是与陌生人建立"既联结又隔离"的关系，似乎为现代人纠结的情感找到了新的寄托点，网络像一个新的乌托邦，给关系冷漠、迷离现实中的人们提供了一个自洽之地。所以，社交媒体逐渐成为主体探索陌生世界的窗口，成为吐槽的"树洞"，也成为感情和性的出口。于是，在这样的社会背景下，诸如刷来之类的匿名社交媒体通过广告策略、LBS技术、自我呈现、弱关系社交等一系列专家技术设置，成为帮助用户主体建构、实施"交友"性脚本的重要共谋者。这样的发现，有助于我们客观看待互联网技术与现代人生活之间的相对复杂的互构的关系，更加理性地使用社交媒体工具。

第五章　显规则与潜规则

> 我们时常感到孤独，却又害怕被亲密关系所束缚。数字化的社交关系和机器人恰恰为我们制造了一种幻觉：我们有人陪伴，却无须付出友谊。在网络世界中我们彼此连接，同时也可以互相隐身。
>
> （特克尔，2014：10）

受访的已婚男用户，选择刷来作为自己实施婚外性脚本的工具和舞台，或者直接冲其名气而来。如此，他们携带着怎样的性脚本？进入刷来这个特殊舞台之后，他们又会构建出怎样的性脚本？本章以显规则、潜规则作为分析切入点，特别讨论了潜规则是如何形成的，这些潜规则又映射了主体怎样的性脚本。

第一节　显规则与潜规则

社会学的不同流派，对规则与行动之间的关系，各有不同看法。在功能主义看来，规则是先于行动存在的，并且始终对行动者发挥着重要的规制作用。符号互动论、常人方法学、社会交换论等理论流派，则共同强调行动者对规则建构的能动性，认为规则并不是独立于行动者而存在的，行动本身先于规则（郭茂灿，2004）。吉登斯将规则定义为"类似于一种程式或程序，一种关于如何行事的想当然的知识"（参见沃特斯，2000）。这种程式既可以是外在的规则内化于行动者的意识中的，也可以是行动者在情境中的创造。在此基础上，吉登斯的"结构化理论"对两种对立的立场进行了弥合：规则和行动相互依存，是一种互动过程；规则的产生是由于"社会行动在不断地循环重现中体现出了某种形式化的过程"（杨善华，1999），它一旦出现，就会对行动者产生影响。所以，研究受访者的行为，必须理解在刷来中流动的规则。

需要说明的是，本研究中的"策略""规则"是从社会学者的视野出发的一种归纳和总结，依照常人方法学的观点，是主体在日常生活中维持网络性活动的努力、方法和过程。对于主体来说，是浸润、镶嵌在其日常生活中的，理所当然，见怪不怪。笔者通过约三年的研究发现，在刷来平台中，存在着显规则和潜规则共生的现象。

一 显规则和潜规则

显规则其实就是指正式规则，也被称为明规则。规则，具有公开性、强制性、规范性和普遍性，是"就某一或某些事项所制定的书面文件。国家机关颁发的规则，是法规的一种，具有法律效力。社会团体、企业事业单位等根据需要制定的规则，在本组织与本规则的范围内有约束力"（夏征农、陈至立，2013：16～26）。在规则之前加上"明"字，一是为了强调本意，二是为了区分概念。在我国社会转型期，一些传统的道德和价值观念受到前所未有的挑战，国家机关和社会组织制定的正当的行事规则受到前所未有的冲击，相反一些另类"规则"却在现实生活中大行其道，规则的社会用语环境发生了变化。"潜规则"便是对这些另类规则形象而准确的概括（陈红艳，2011）。"在这种情况下，挽救'规则'于颓势之中的唯一途径就是使它标记化，即在它前面加上'明'这个限定性标记词，说成'显规则'，使它与'潜

规则'在形式上形成鲜明的对称关系。"（王灿龙，2009：108）

潜规则，由字面意义解释，"潜"即"暗中""隐而不露"，潜规则即隐藏的、看不见的规则。这一概念最早由社会学家吴思提出，后来为社会学界所引用，一些学者完善了这一概念并产出了一系列研究成果（施一公、饶毅，2010；徐芳艳，2009；陈红艳，2011；易成非、姜福洋，2014）。吴思于 1999 年在《上海文艺》上的一篇思想随笔中最早提出了"潜规则"一词，经过近十年的研究，其在《潜规则：中国历史中的真实游戏》一书中对"潜规则"做了具体形象的阐释（2009：2）。

吴思这样描述潜规则的特征：第一，潜规则是人们私下认可的行为约束；第二，这种行为约束，依据当事各方的造福或损害能力，在社会行为主体的互动中自发生成，可以使互动各方的冲突减少，交易成本降低；第三，所谓约束，就是行为越界必将招致报复，对这种利害后果的共识，强化了互动各方对彼此行为的预期的稳定性；第四，这种在实际上得到遵从的规矩，背离了正义观念或正式制度的规定，侵犯了主流意识形态或正式制度所维护的利益，因此不得不以隐蔽的形式存在，当事人对隐蔽形式本身也有明确的认可；第五，通过这种隐蔽，当事人将正式规则的代表屏蔽于局部互动之外，或者将代表拉入私下交易之中，凭借这种私下的规则替换，获取正式规则所不能提供的利益（吴思，2009：193 ~ 194）。

在刷来平台上，显规则表现为官方的、正式的、自上而下的《刷来管理规范》；潜规则表现为用户在互动当中自发形成的非正式规则，具体来说就是一套较为稳定的"交友"流程。这两种规则共同存在，但发挥的作用并不一致。潜规则作为主体在显规则的基本规制下形成自觉实践的结果，是真实意思的表达，对于观照主体性脚本的构建更具有研究意义。

二 显规则:《刷来管理规范》

根据有关规定,在我国,刷来之类的移动应用,从上线到运营推广,要受到工信部、国家互联网信息办公室、文旅部等多个政府部门的监管,必须在合法合规的前提下进行。所以,按照相关规定,刷来建立了一套制度,即正式规则。

在苹果 App 商店的产品说明中,刷来的类别为"社交",年龄分级为"17 +",对"17 +"的说明是"偶尔/轻微的色情内容或裸露""频繁/强烈的成人/性暗示题材""偶尔/轻微的亵渎或低俗幽默"。[①]

在政府相关部门的检查中,刷来曾经多次被罚款,并被要求整改。在整改的同时,刷来也开展过自我审查和整顿,出台了《刷来管理规范》。根据《刷来管理规范》,刷来划分出了用户行为的警戒线。如涉嫌欺诈、博彩赌博等行为属于红线区域;对用户构成性骚扰,发送不雅语言、图片等信息的属于黄线区域。面对有威胁的用户和语言,刷来鼓励用户及时举报,并仔细核查带有威胁性的语言及用户检举,查明对用户和公众有严重威胁的人,轻则将会予以扣除星级积分并限时封禁账号处罚,重则将会予以封禁账号处罚,情节严重的将上报有关部门。

那么,《刷来管理规范》对不遵守规范的用户的实际约束力如何呢?受访者 M23 与笔者[②]最初有这样一段对话[③]:

---

① 2013 年开始,苹果在应用的开发者信息之下增加了一个小信息框,突出显示应用的推荐年龄分级,此举是为了缓解父母对于应用内容的担忧。参见 IT 之家,https://www.ithome.com/html/it/41709.htm,最后访问日期:2018 年 9 月 1 日。

② 访谈笔录中,笔者简称为 A,全书同。

③ 表情是网络语言的一种重要表意符号,但出于匿名的原则,本书进行了一定的技术处理。同时,网络语言中,标点符号被省略是一种常态,本书在不破坏原意的前提下,为了阅读的需要,进行了标点符号添加处理。

M23：约吗？1000。

A：为啥两个词中间要加问号？

M23：显得有诚意。

A：哦哦哦，我以为是怕平台处罚？你被举报过吧？

M23：被举报过 N 次。

A：然后呢？

M23：封几天就好了。

A：多久能恢复啊？

M23：3 天吧。然后继续约。

A：刷来对你也是够宠的。

M23：（OK 的表情）嗯嗯，是的。

A：有没有人骂你？

M23：有（人）发"滚"。

A：然后你呢？

M23：就不回了啊。

A：心里没有任何震荡？

M23：没有。

A：这心理素质。（点赞的表情）

M23：（得意的表情）

…………

张娜（2016）对某高校 BBS 性版面的研究发现，站长在谈及执行规则的时候，实际上对男女实施的约制是不同的，相对而言，女性更受优待。站长对此的解释是，第一，鼓励女性参与讨论，因为在性话题上，女性的活跃程度不如男性高；第二，抑制男性在性方面的炫耀。在刷来中，是否也存在类似的逻辑？因为缺乏可靠的信息渠道，笔者不得而知。但类似于 M23 这样，屡次被禁言，三天甚至一天之后又重获自由的，"换个马甲，又是一条好汉"，似乎提供了反向的暗示。那么，应该如何理解这样的怪现象呢？为什么这些违反了平台规范的用户并不会得到实质性的惩戒或禁用？这个现象，用经济学的产消合一原理来解释也许更为合理。

互联网自出现以来，不断冲击着传统产业，如淘宝、京东等电子商务对百货零售业的绝对性颠覆，同时，也改写着传统的生产和消费方式。马里兰大学社会学教授 George Ritzer（2015）从产消合一（prosumption）视角出发，将消费和生产看作产消合一的两个"理想类型"，提出了"产消合一连续统"（the prosumption continuum）概念，并以此为理论工具，考察并发现了产消者资本主义（prosumer capitalism）的魔法在于：产消者被作为免费劳动力，为资本家贡献剩余价值和巨额利润。刷来是用户生产内容（User-Generated Content，UGC）的平台。刷来用户是内容的生产者，他们在自我呈现和互动中，用文字、语音、图片、视频等基本数据材料生产了媒体内容，营造了陌生人社交的诱人氛围；同时，他们又是自己生产的内容的消费者，通过浏览网友资料、选择搭讪目标、热络联系互动，享受着蒙面舞会似的刺激和愉悦。随着通信和计算机技术的聚合，消费者成为创造者，"现实"与"虚拟"的边界变得模糊。

所以，从"产消合一"的视角来看，刷来用户这些免费劳动力的大量存在，恰恰是刷来公司盈利的秘密所在。也许，正是基于这样的关系，虽然不时担心被政府处以高额罚款、吊销营业执照，刷来公司对越轨用户的态度却不得不暧昧，不得不复杂，以《刷来管理规范》、刷来官方声明为代表的那套正式规则，能否形成有效的约束和规制，上文中 M23 的回答已经足以说明它的乏力。所以，相对而言，这套显规则是唯上导向的、官方的，其更大的作用在于从政府主管部门争取经营的合法性。

三　潜规则："交友"流程

笔者在刷来中长期参与观察，并通过访谈，逐渐将用户自发形成的潜规则梳理了出来。这里的潜规则是指在刷来上，受访者与潜在目标在互动过程中、以特定网络经验和知识为基础所形成的互动规则，是一种内生的、建构的规则。作为一种非正式规则，其对用户的规制并没有那么明显。他们可以采取较为模糊、暧昧，甚至有点情色艺术的个性化手法来表达。访谈中，并不是所有受访者都能够用准确的语言文字来对它进行严格的界定和表述。在某种程度上其类似于一种实践意识（practical conscious-ness），行动者知道自身实践是怎样的，但是无法用话语形式表述。正如舒茨（1991）在探讨行动者对行动赋予意义时所说的，受访者往往沉浸在这些非正式规则中，因此无法对规则做出清晰的辨认。

根据访谈，笔者试图将这一套路用流程图的形式呈现出来（见图5-1），从安装刷来到发展线下的婚外性，再到两人渐无联络，"交友"流程大致包括七个主要环节。

①安装刷来。基于自身对艳遇的期待和匿名陌生人社交App的存在，用户选择安装刷来，刷来有手机版，也有电脑版，出于便捷性考虑，手机版显然下载率更高。②浏览资料。通过附近的人/附近的动态，或者自己设定搜索条件去浏览异性用户的资料。用户丰富的自我呈现资料既提供了个性化的形象展示，也为异性浏览资料提供了便利。③锁定目标。根据自己对异性年龄、职业、相貌、身材的喜好，通过个人资料浏览初步锁定交往对象，即潜在"交友"对象。④搭讪。开始跟目标对象打招呼，有人采取开门见山的直接策略，询问约不约，有人采取先聊天后相机而动的间接策略，即迂回策略。这两种策略一般产生三种结果：互相添加刷来好友、添加微信好友、无下文（对方无回应或拒绝）。⑤线下约见。与好友进行热络的线上互动，包括闲聊、交换照片等，一段时间后，有人会不满足于这种"虚拟亲密"，开始酝酿浪漫的线下约见。⑥发生关系。有人经过线上的铺垫，第一次线下约见就直奔主题，发生性关系；有人则会先采取吃饭、看电影

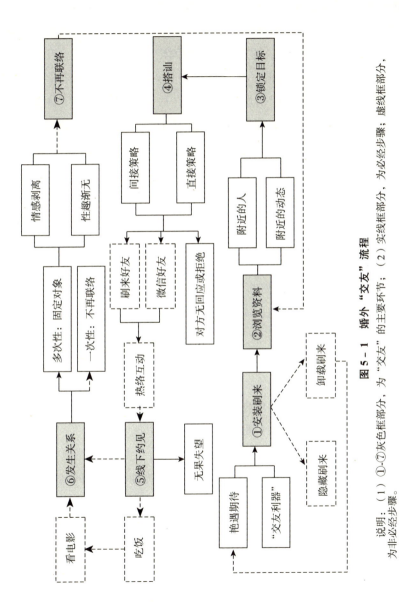

图 5 - 1 婚外 "交友" 流程

说明：（1）①-⑦灰色框部分，为 "交友" 的主要环节；（2）实线框部分，为必经步骤；虚线框部分，为非必经步骤。

等约会形式,双方感觉良好后才会发生性关系,约会几次之后才发生性关系的也有。⑦不再联络。两人发生性关系之后,无非两种结果,要么是一次性关系,二人从此不再联络,这在出差途中的"交友"较为常见;要么彼此成为固定对象,以后多次发生性关系。会产生哪种结果,一般是由主体对收益(如性体验)和"交友"的成本进行权衡后决定的。在后一种情境中,主体基于维护婚姻稳定的考虑,会努力进行情感剥离,将情和性分开。当然,这种纯粹的性欢愉的追求,在经历了多种性交方式的尝试和刺激后,双方也会慢慢相互失去兴趣,联络渐冷,或不再联络。

如图5-1所呈现的,因为用户的个性化,"交友"的实际操作中会有反复、交叉、叠加等情形。反复,比如有受访者,在经历了一次性关系或与撩友相互失去"性趣"不再联络之后,再次开始浏览资料,锁定新目标,进入新的循环(见图5-1中"⑦不再联络→②浏览资料"虚线部分);有受访者,因为害怕被配偶发现,会尽量隐藏刷来,甚至卸载刷来,但是按捺不住对艳遇的期待,等到相对安全的时期,又会选择去安装刷来(见图5-1中"卸载刷来→艳遇期待"虚线部分)。还比如,有受访者会在空窗期,与一个好久不联系的撩友,重新建立性关系;也有受访者甚或可以在同一时期,与不同的女性处于不同的环节。笔者尽量采用实框线、灰色框和虚框线来加以区分。

美国社会学家瑞泽尔(2006)在韦伯工具理性的思想基础上,提出了"社会的麦当劳化"概念,认为速食餐厅的准则,即效率、可计算性、可预测性、可控制性,正逐渐支配着美国社会和世界其他地方越来越多的层面。"社会的麦当劳化"是否会溯及人类的性和情感?刘米娜(2002)通过质性研究,得出了青年白领"网络一夜情"麦当劳化的结论。但是很遗憾,她对"网络一夜情"麦当劳化的分析并不是很深入。

如图5-1,本研究部分印证了刘米娜(2002)的研究。本研究发现,比起Web 1.0、Web 2.0时代通过QQ漂流瓶、聊天室搭讪而发展起来的"一夜情"，Web 3.0时代，借助社交媒体的"交友"更加"速食"。首先，社交平台丰富直观的自我呈现技术，将貌似海量的女性光鲜立体地展布出来，刺激着受访者；其次，在"性驱动"本质的IT算法及技术的加持下，其搜寻出轨对象的效率大大提升，概率也大大增加；最后，借助社交媒体匿名、即时脱域、虚拟性等特性，受访者得以在线上、线下自如游走，"交友"的经济、情感、风险等综合成本因此变得更加可计算、可控制。可以说，在消费主义和媒体技术的驱动下，"交友"呈现越发严重的态势。

然而，跟刘米娜（2002）的判断不同的是，本研究认为，从形式上看，图5-1呈现了"性的麦当劳化"倾向，但这种形式上的倾向需要更为严谨和深入的研究，正如笔者在本章第二节所呈现的，如果深入到主体体验，则会发现这种形式的趋向蕴含着主体不同类型的性脚本。比如，在本研究的受访者中，有非常认可纯粹性的"性速食"、既"交友"也嫖娼的人；也有对嫖娼这种非常麦当劳化的婚外性非常排斥、倾向于通过刷来找能聊得来的"良家"的人。[①] 所以，笔者强调图5-1是用具象化、简约化的模型描述了在刷来中运行的潜规则，对它的分析必须结合多元的主体性脚本来进行，这一点将在第六章中呈现。

第二节 刷来婚外"交友"的比较分析

上一节主要呈现了已婚男用户在刷来中互动所必须遵循的显规则和潜规则，当然，后者作为主体自觉的行动结果，在刷来这个舞台上发挥着更大的作用，换言之，显规则和潜规则在刷来平台中的实际作用恰恰是反转的。本节试图分析的是，有着不同性

---

① 网络语言，大致指结过婚的、非从事色情服务的女人。

脚本的刷来已婚男用户（参见第八章），为何会选择"交友"这种形式作为婚内性的替代或补充？除了第五章呈现的刷来提供的算法和技术支持，还有没有其他的、主体方面的原因？

一 常见婚外性的形式

鉴于婚外性对婚姻家庭稳定性的影响，以及逐渐增多的趋势，我国社会学家对常见的婚外性做过一些研究。婚外性的形式，在不同时期，会被冠以不同的称谓，比如以前一直被叫作"通奸"，后来有人又想出了一些隐晦的词语来代表这种现象，如"搞破鞋""偷情""戴绿帽子""第三者""外遇""二奶""小三""情人""婚外恋""婚外情"等（潘绥铭，2004）。出于学术伦理的考虑，从这些称呼中，本书选择"包二奶""第三者""嫖娼""交友""网络性爱"指代相应的婚外性形式。同时，笔者特别强调，对于这些约定俗成的词语的选择，只是为了方便读者理解，本研究是客观中立的，对这些词语的选择和使用并不包含任何情感倾向和色彩。同时，鉴于婚外情和婚外性之间的复杂关联，本书并不对这些词语所指代的是婚外情还是婚外性加以严格区分，而是着重从婚外性的角度进行分析。

（一）"包二奶"及相关研究

在21世纪的中国，"包二奶"因为媒体的频繁曝光，逐渐成为社会公众话题。2003年商务印书馆出版的《新华新词语词典》收录了"包二奶"和"包养"这两个词条。"包养"是指，把生活资料或生活费用等全部承担下来，特指为婚外异性（多为女性）提供房屋、金钱等，并与之长期保持性关系（《新华新词语词典》，2003：9）；而"包二奶"是派生概念，指"在外包养情妇"（《新华新词语词典》，2003：10）。鉴于"包二奶"对婚姻家庭稳定性的影响，2001年修订的《中华人民共和国婚姻法》

[以下简称《婚姻法》（2001 年修订）] 将"禁止有配偶者与他人同居"明确写入法律条文。《婚姻法》（2001 年修订）第四十六条规定，有配偶者与他人同居而导致离婚的，无过错方有权请求损害赔偿。[①]

研究"包二奶"的主要是港台地区的学者。他们主要是从人口学和经济学的角度研究两个迁移群体，即从台湾和香港来大陆的有钱男性和从农村进城务工的打工妹，以此解释"包二奶"形成的原因（Lang & Smart，2002）。谭少薇对香港媒体关于香港男人在内地的婚外包养的报道话语进行了分析，发现港媒在宣扬男人天生就是花心的论调，一定程度上免除了男性外遇的责任，将他们的行为正当化（Tam，1996，2005）。肖索未基于在广州和宁波"二奶村"的田野调查，关注了"包二奶"现象。跟上述学者不同，她试图突破"钱色交易"的工具性解释框架，从包养关系的内部差异入手，细致考察包养关系中主体的经验和视角，试图倾听"二奶"的声音。在她看来，包养关系是一种不同于交易性性关系的亲密关系（肖索未，2018）。事实上，与性交易区分开来，正是包养关系中的人们进行带有伦理意味的"关系管理"（Zelizer，2007）的起点。

（二）情人及相关研究

跟"包二奶"研究不同，现实中，"第三者""情人""小三""情妇"都可以指代婚外性关系对象。"小三"一词作为"第三者"的时代化称呼，在民间的使用频率很高。笔者在知网上的文献检索结果显示，跟上述称谓相关的研究并不太多，其中，关于"第三者"插足的法理讨论是主流，社会学相关研究基本没有（罗丽，1997；周安平，2001；叶名怡，2013；严桂珍，

---

① 参见《新婚姻法草案第二稿明确表态：包二奶违法》，东方网，http://news.eastday.com/epublish/gb/paper134/22/class013400002/hwz288645.htm，最后访问日期：2001 年 1 月 9 日。

2014)。这些研究中，"第三者"被看作与已婚夫妇的一方恋爱或者发生性关系，从而妨害他人正常婚姻关系或试图取代另一方的人（包连宗，1992）。所以，"第三者"的概念具有较为鲜明的批判立场，同时鉴于本研究的研究对象都是男性，所以本书选择采用"情人"或更具体的"情妇"的概念。

潘绥铭（1992）研究了北京人说的"傍肩儿"。这个词是用来指代社会下层已婚者所有的"不以结婚为目标的较长期的情人"。他概括了"傍肩儿"的基本特点。第一，"傍肩儿"特别强调志同道合，必须是共同从事某种事业或经营活动。这就不同于简单的寻欢作乐或互相解闷的"泡妞"或其他。许多人的"傍肩儿"是他们的同事、助手、帮工、关系户，甚至是客户或老板。第二，"傍肩儿"之间并非单纯的精神恋爱，常有共同生活和性关系，一般也有经济互助或金钱往来。不过，虽然也有人"倒贴"或"养活"对方，但他们都认为是某种"感情表达"，不是"生意经"，更不是卖淫或嫖娼。第三，"傍肩儿"之间的关系一般都保持相当长的时间，有较大程度的依恋，并不是偶然的"外遇"或"寻花问柳"。第四，"傍肩儿"并不是"第三者插足"。他（她）并不强求对方破坏现有婚姻而与自己结婚。

宗剑峰（2002）发现在案件侦查过程中，选择"情人"为突破口，巧妙运用策略，常常能取得很好的效果。他将"情人"归纳为以下几种类型。一是感情结合型。其特征是以双方的感情需要为基础，没有或少有金钱和其他因素夹杂其中，具有"无私"的特点。二是感情寄托型。这一类是准"情人"。这类"情人"的实质是：虽然也以感情为纽带，但绝不是以感情为基础的。双方感情的因素，比之感情结合型的来说，要稍逊一个层次。通常，这类"情人"的家庭并不特别糟糕，有的家庭甚至还很和睦，社会评价也不错。在外有"情人"，主要是为了弥补自己感情深处的某一块"荒地"。三是金钱结合型。这类"情人"关系是以金钱为基础建立起来的。既然是建立在金钱基础上，那么由此而形成的男女关系，实际上是不能以"情"字来联系的。四是相互利用型。相互利用型的"情人"，通常是指为了某一目的，与能够促成达到这一目的的人结成"情人"关系。当这种"情人"关系确定以后，可以源源不断地给自己带来好处。五是复合型。这类"情人"是以上几种类型中的两种或两种以上组合而成的。其特征是处于不断变化之中，"情人"的心理变化微妙，方向极不确定。经过一段时间的整合、调整，有的可能固定成某些复合型的结构形式。

虽然学界对情人的研究有限，但结合研究文献和民间使用情境，情人和"包二奶"还是有一定区别的。情人之间，可能有的相互间有金钱授受关系，但与"包二奶"的包养关系相比，方式上更为隐晦，相互责任上也较为模糊和暧昧。相同的是，这两种婚外性可能都会出现主体情感勾连不清、复杂变动的情况。

（三）嫖娼及相关研究

嫖娼经常和卖淫一起被作为研究对象。从现有的研究文献来看，新闻学（杨洸，2016）、法学、医学和社会学等不同学科对此都进行了研究，最主要的是在法学学科（鲍遂献、魏东，1999；李振权、王彦，2000；岳平，2007；王申，2013）和医学学科领域（于建华、程何荷，2001）。

"卖淫嫖娼"指的是以金钱、享乐为目的的男女之间的肉体交易（王灿龙，2000）。在我国，卖淫嫖娼是不合法的。所以，现有的社会学相关研究基本上以对策分析为主。宏观分析方面，徐沪（1993）从七个方面分析了20世纪80年代至90年代初十余年来对卖淫嫖娼人员处罚越来越严厉的情况下，卖淫嫖娼现象仍未能禁绝的原因，并就此提出了自己所主张应采用的对策建议。梁灿（2012）对造成卖淫嫖娼现象的社会原因和文化原因进行了分析，以武汉市的社会状况以及卖淫嫖娼治理现状的相关具体数据为例证，对比和分析了我国当前卖淫嫖娼全面禁止治理政策与卖淫嫖娼合法化对策的优缺点。微观分析方面，杨师、陈巍（2001）通过对嫖娼人员进行修订卡氏十六种人格因素测验，评价其人格特征，试图为疾病预防、行为干预、犯罪预防、健康教育及相关政策制定等提供参考意见。

如果用性的快速消费主义标准来看，嫖娼无涉情感，基本上是为了解决生理需要的钱色交换，跟情人、"包二奶"相比，嫖娼无疑是最具麦当劳化特征的，比如喧嚣一时的东莞非法色情服务，曾经被曝实行一条龙 ISO 标准服务流程。[①]

（四）网络性爱及相关研究

网络性爱，即 cybersex，是指两人或多人借助互联网的多媒体手段，比如通过文字调情、传送图片、视频、音频等进行热聊（hotchatting），通过轻浮的挑逗以换取更进一步的交流，这种热聊一般伴随着自慰行为（惠蒂、卡尔，2010：29）。这种伴随着网络发展而来的性爱方式，使人们可以在虚拟和匿名双重面具的掩护下，将现实社会中必须遵循的社会角色规范轻松抛却，可以暂时忘却束缚，纵情声色，还可以瞬间变换各种虚拟脸孔，扮演不同地位、性别、性取向、年龄甚至单个或多个善恶美丑等各类角色，把内心在现实生活中无法为外人道的最隐秘、最荒诞甚至兽性的部分淋漓尽致地展现出来（任苇，2005）。在 Web 1.0、Web 2.0 时代，聊天室、论坛、QQ"漂流瓶"一度是寻找网络性爱对象进行婚外网络性爱的主要途径。在 Web 3.0 时代，社交媒体和智能手机移动终端的结合，开放了更多的发展网络性爱的可能空间，比如 QQ 的"漂流瓶"，微信的"摇一摇""附近的人"，刷来的"附近的人"等功能。

如上所述，这些都是婚外性的常见形式，那么我们需要思考

---

① 参见《管不住的"莞式"服务》，央视新闻频道 2014 年 2 月 9 日《焦点访谈》专题节目。

的问题是，受访者基于怎样的考虑，或者说基于怎样的性脚本，选择刷来作为自己性实践的主要场域，并最终形成了一定的潜规则。

二 刷来婚外"交友"的比较分析

（一）理性选择视角

在《欲望中国》（*Desiring China*）一书中，罗丽莎探讨了中国社会转型中"欲望主体"的生产。自 20 世纪 90 年代以来，在新自由主义思潮中，与全球资本主义相连接的代表"普遍的人之本性"的新自我被打造出来，逐步取代计划经济时代的政治文化和与此相关的社会实践。"欲望"正是普遍人性的核心（Grillot，2010：23）。对于受访者来说，"交友"就是个体欲望和理性计算之间的一个平衡性选择。

基于性行为的理性选择模型，理查德·A. 波斯纳在其著作《性与理性》一书中提出，不同的性实践有成本的差别，也有收益上的差别，并对性实践进行了成本－收益分析。波斯纳的成本一词有三种不同又互有重合的用法：一是实际支付的成本（或者叫作费用），二是机会成本，三是预期成本。如对于"包二奶"这种性实践的选择，提供给"二奶"的开销属于实际支付的费用，与原配妻子及儿女享受天伦之乐的幸福以及与其他女子调情的快乐属于机会成本，可能受到的法律干预甚至惩罚属于预期成本。

人的理性根植于生活，历史上从来不存在超越现实生活的道德。已婚状态对涉足婚外性关系的人影响重大：首先，它影响到男女双方的关系能否升级；其次，它影响这一恋爱关系的动机；最后，它给人们对这一关系的期望设置了界限。对大多数人来说，婚外性关系并不是有长期感情卷入的"外遇"，而是一种偶尔为之的行为，原因是人们大多没有足够的时间、精力和资源来

维持长期的婚外性关系。要构成一桩真正的"外遇"会面临很多
问题：恋爱关系通常要求频繁的约会、费力的追求，尤其当这一
关系发生在单身女人和已婚男子之间时更是如此。单身女性在这
种关系中，总是期望得到同未婚男性恋爱相似的效果，虽然她们
明知这种可能性不大。过了一段时间之后，单身女性就会认识到
这种关系的限制：她们不得不习惯于放弃星期六晚上与情人的约
会，为了保持关系，她们也许还不得不放弃自己喜爱的与他的妻
子不同牌号的香水（盖格农，2009：207）。

所以，相较而言，刷来"交友"这种方式对于已婚男用户，
具有独特的优势，比如成本投入较少，特别是风险指数（包括被
配偶发现的风险、触犯法律的风险）较低，然而收益却很大：可
以与多个异性"交友"且不固定，所以能够得到最大的性刺激，
性体验也许会最佳。在本书第六章、第七章将有更多论述，此处
不展开讨论。

其实，很多受访者自己对此本身就有理性的、明确的比较和
认知。虽然在媒体报道和公众认识方面，"二奶""小三""情
人"等词几乎无差别，但受访者对此有着清晰的界定。

> 你研究（指本研究）是站在一夫一妻是合理的基础上
> 的，互联网、移动互联网只是降低了人去"交友"的成本，
> 提高了效率而已。（M12）

> （找到）什么都能聊的聊友，也不容易，尤其不是很外
> 向的人，更难，所以网络世界是个途径，陌生人更有神秘
> 感，俗话说太熟悉了不好意思下手……实话说我不是不想
> （下手），（但）男人好色必须有原则，我拒绝办公室恋情，
> 以前有过很多办公室的机会我都拒绝了，工作和生活最好分
> 开，何必让自己的私事成为熟悉人的谈资。（M19）

固定情人，多少对生活带来影响和麻烦。因为对于已婚男人来说，稳固的家庭关系是最重要的。我拒绝家外有家的行为。我不喜欢也不接受"情人"这两个字，其实更好理解的应该是"性伴侣"，仅此而已……（M03）

其实吧，我更倾向于"约友"。因为情人会动情，动情会影响家庭……就算遇到真的很喜欢的，我也要克制啊，要不然影响家庭。（M09）

"小三"，充满活力，能让人神魂颠倒，同时数量不限，风险带有不确定性；"二奶"，估计也就是情妇，老婆以外比较长睡的女人，相对比较固定，或许会为其男人承担一部分的家庭职责。"交友"其实是一种行为，一种结果！和一夜情差不多吧！我没有倾向性！（M04）

按照波斯纳（2002：152）的分析，搜寻、城市化、收入、伴侣婚姻的价值取向和妇女就业水平是影响性成本的主要因素，搜寻成本是性实践的核心。对于任何类型的、互动的性行为来说，搜寻成本都为正值，并且有时——对于任何类型的性行为来说——搜寻成本会无限大。一般来说，特定类型的潜在性伙伴的数量越多，搜寻者越容易得到，搜寻成本就越低。所以不难理解，在城市，性行为不轨者的各个群体都趋向于聚集起来，以便减少搜寻成本。比如，哪怕是城市没有有关分区的规制，也还是会出现"红灯"区，并因此使这些不轨者更为显著（波斯纳，2002：176）。类似于刷来这样的匿名陌生人社交媒体，也正在产生这样的聚集效应，甚至形成了约定俗成的流程，或者叫套路。

（二）个体化视角

1. 网络性爱

沿着理性选择的思路，有些受访者有时会采取一种成本最少、体验也许还不错的婚外性形式，那就是网络性爱（cybersex）。M02有时很享受这种低成本的方式，也会在不同的社交平台上尝试。对他来说，跟对方有可能是一次性的偶遇，再无联系，也可能是先由网上性爱开始，慢慢发展到线下性爱。

> 深夜的时候呢……我有时候直接用漂流瓶放出去，（问）有没有一起……的，她们捞到瓶子的话，会自动回我。这种就不需要花太多，就会直接的……网络和现实不一样，它不需要真得见面去做；真得那样会尴尬，有些女人是不愿意的，在网络上，彼此看不到，自慰的话，很多女人是可以做到，放得开的……一般的话，我们都会在网上先做，除非是条件不允许的……她会觉得不是在真做……她会心里容易接受一点，而且在彼此不知道长相的时候，网上自慰是最好的，也（是）最安全的。我喜欢这样，喜欢网上自慰……所以网上做，最大的好处就是这个，不需要长相，我也不要知道你长相怎么样，只要知道你是个女的就行，大家一起来配合，一起来做这个事情，做完了，删掉也好，留在那边隔三岔五地做一次也好，就这样。但是要现实中交往的话，那就要长相、品味、方方面面的了，那会比较麻烦。（M02）

M23婚前有过"交友"经历，但结婚后没有。访谈时宝宝出生不到一年，妻子选择做全职太太，专心在家带孩子，是典型的"男主外，女主内"的家庭分工模式，为了照顾他的睡眠和休息，夫妻二人分房睡。妻子带孩子睡卧室，M23睡书房。虽然妻子时不时会翻他的手机，但分房而眠，给他提供了一定的时空便利。

利用微信小号，他跟在老家工作的女同学保持了一年多这样的关系，通常是提前约好时间，上线、热聊、自慰。在他看来，自慰的安全度较高，而且不算真的做，可以减轻对妻子的愧疚感。M21 的文笔不错，喜欢跟豆瓣好友文爱，如果感觉好，就约好线下见面并发生关系。

埃尔·库珀（Cooper）和斯波托拉瑞（Sportolari）指出了在线关系和在线性事的许多积极方面，但他们还是认为网络关系极易出现"非成即败现象"（Cooper & Sportolari，1997：7 – 14）。"非成即败现象"，即亲密的自我暴露的快速过程，导致萌芽阶段的关系很快变得过于强烈的现象。正如库珀和斯波托拉瑞所说：

> 这样一个加速的暴露过程可能会产生一系列连锁反应，即关系在一开始让人感到兴奋，继而迅速情欲化，最终却难以维持。这是因为相互之间缺乏基本信任和真实了解来支持这样的关系（Cooper & Sportolari，1997：12）。

虽然网络性爱成本低廉，体验也许较好，有较高的安全性，但也是脆弱而易逝的。主体在网络性爱之外，还会去发展线下性爱，去"交友"。就此看来，波斯纳（2002）的理性选择显然并不能完全解释这一点，所以我们还需要借助多个视角，特别是个体化视角来理解受访者不同的性脚本。对于进行网络性爱的受访者来说，网络性爱虽然是"速食"，但是纯粹的生理宣泄，缺少了情感的交流和互动，让他们感觉不够满足，所以在机会合适的前提下，他们还会寻找其他性的替代物。

2. 对嫖娼的态度

在本章第一节，笔者提到，刘米娜（2002）所认为的"网络一夜情"麦当劳化的判断较为轻率，需要对主体进行更为细致深入的研究。如果说性的麦当劳化，嫖娼显然是一个最具快餐特征的婚外性形式，那为什么受访者们基本都不选择嫖娼呢？在访谈中笔者发现，除了理性选择的考量，受访者对性的个性化体验的追求也是一个非常重要的原因。跟嫖娼相比，他们更倾向于和"良家"展开你情我愿的、金钱无涉的、个性化的性爱实践。

消费主义和个体主义在嫖娼问题上出现了交锋，首先，消费主义将性完全物化为生理需要，将性的追求和满足麦当劳化，一定程度上忽视了人的个性化体验的差异。

> 你不觉得职业化的太假吗？……所以我们一般不找，除非迫不得已！（M01）

> 她们已经麻木了，性也要彼此很投入的……她们应该是靠技巧来刺激你，让你满足。（M25）

> 专业的那种在一起能有感情和感觉啊？（M26）

其次，性的消费主义改变了刷来平台的生态环境，使其渐渐成为一个灰色地带。借助互联网，传统色情交易在衍变，一方面，组织化的淫秽色情直播及招嫖卖淫开始出现；另一方面，也便捷了个人发起的、无组织的性交易，比如，一些女性会通过网络展示自己，提供伴游陪聊等擦边球服务，以此换取一定的金钱收入。

M11 作为最早的刷来用户之一，自称眼看着刷来的"沦陷"：

> 之前的刷来很纯粹，就是约，高素质的白领也多，现在什么都有，乱七八糟。

M15 也觉得：

> 最近一两年，刷来上的人越来越杂，无业游民蛮多的，

看动态，以前打开都是美女（偷笑的表情）。现在呢，什么
人都有，还有假冒空姐的，我看过她的直播，普通话都说不
清楚，土里土气的，哈哈哈，随便看看啦。

然而，值得注意的是，传统色情业的衍变也许不只 M11 看到
的那么简单。赚钱和获取经济资本的能力是男性个体素质的一
种重要表现，这种能力可极大地增加其在（异性）亲密关系中的
吸引力（徐安琪，2000；Farrer，2002；Osburg，2013）。事实上，
除了专业提供性服务的女性，刷来平台也吸附了一些目的并不那
么单一的"良家"。除了"交友"，她们还会以此来挣点零花钱
（或获得衣服、化妆品、包包等实物）。或者对某些"良家"来
说，这就是她们"交友"的主要目的之一。对于这些"良家"，
受访者的态度并不一致，比如 M03 排斥跟钱有关的"交友"，并
极为鄙视这样的她们。

　　A：那你认为什么是沉稳的（撩友）呢？

　　M03：看她对"交友"的态度和目的。如果是为了钱，
那么就敬而远之。我要的是享受性的欢愉和心情的释压。

　　A：你会怎么试探？有什么策略？

　　M03：不，通过聊天就基本上可以辨别。为了钱的人，
不会安心和你说话聊天，而是找各种话题把你往钱上面带。

　　A：嗯，比如，怎么带？

　　M03：比如她在哪里看到什么漂亮衣服等。

　　A：哦，这个指征很明显，会直接让你买吗？还是等你
反应？

　　M03：有直接的，有含蓄的。

　　A：一般金额？

　　M03：几十到几千上万（元）。

　　A：这种是"良家"还是"暗娼"？

M03：这种比暗娼还要卑劣。之所以是娼，是因为她们会直奔主题，只为交易。其实，你做的这个课题非常不错，我一直在计划拍摄一部这样的片子。

A：你有试过跟这种女人长期"交友"吗？

M03：没有，对这样有经济目的的，我绝对是敬而远之。

A：那你对确实颜值高的，是否会接受花钱？

M03：……我还不需要到买春的地步。

A：颜值再高也不行？

M03：不行。

A：这对于"良家"来说，也许就是换点零花钱？不算卖春？

M03：对于男人来说，只要给钱了，都是。我个人观点。

…………

在市场社会中，经济资源可以通过各种消费行为转化为社会场域中的地位，获得他人的认可和看重（Thai，2008）。但是在感情和性的问题上，这种体验并不会让所有人感觉很好。M24 承认，"聊过几个最终都谈到了钱，觉得是交易，一下子没了兴趣……有的开口每月，有的开口单次，有的要求物品……性简单，钱就可以解决，我的收入可以支持解决，但真不符合我的价值观"。M09 对于钱的付出没有 M03 原则性那么强，态度温和一些，但也会感觉有点"不舒服"。

A：你会给她们花钱吗？

M09：会给。

A：主动给？为什么？

M09：不是主动给，如果真的需要送什么礼物，我会送的。

A：不是上完床就完了，要礼物干吗？

M09：有的会要。

A：主动要？你当时什么感觉？

M09：第一次觉得不舒服，后来想了想，算了。

A：这么辛苦，为什么不去找专业的（指小姐）？直接简单。

M09：专业的害怕危险啊。

A：专业的（安全）措施很好啊。

M09：我更喜欢自己内心想要的女人，专业的（我）内心不是真的想要。

…………

在消费主义日益兴盛的当今社会，情感的表达已经越来越被市场所主导，形成一种高度依赖于商品的"爱的物质文化"（Illouz，1997；Miller，1998）。M26 则观察得更仔细，显得较为理解。作为一个商人，他对这些"良家"看到的不只是钱那么简单。

刷来上还有专门卖的，这种女人我都不找，专业的一般的男人都不喜欢，稍微有档次的男人不会去找，人和人还是有感觉和感情才好，有共同话题、品味……"良家妇女"，是看人，不仅仅为了钱。这种女人也不是要一次性给多少钱，就是要对她好，买些衣服、发个红包，（陪她）过节过生日。那种女人也是自己有工作的，个人条件不错的，比如白领，这个也隐蔽，她周围也不知道，遇到好的人去做下……

在消费社会，传统的纽带正在瓦解，个体进入了"一系列变动不居、变化不定和反复无常的组织关系"之中，这些个体"最终只能通过一系列残缺偏颇的角色与彼此相连"（Beck & Beck-Gernsheim，2001：23）。在这种脆弱的联系中，受访者在付出寻找"交友"对象的搜索成本的同时，还需要增加防止被骗的成本。M21曾提醒笔者，可以对刷来中男人被骗红包的现象做一个研究，据他所知，自己身边的朋友经常会遇到这样的刷来"老油条"。

M08在笔者访谈时50岁，是一家国企的后勤人员，面对笔者的访谈，他显得有点不自信，言语中表示自己一来工资不高，没有太多钱，二来年纪偏大，所以在刷来中"交友"好像没啥市场，很少有女人愿意搭理自己。有好几次，他都是把红包先发给对方，结果对方要么收到钱就把他拉黑，要么就是临时放他"鸽子"。现在他也"学乖"了，要必须见了面再给对方发红包。M26则聪明得多，他会慎重地选择"交友"地点，"现在酒托也多，女人如果执意去指定地方（我）不会去的，女人要带男人去她的地方做的，不是专业的就是搞仙人跳的"。

作为工具理性对立物的浪漫，越来越多地与商业文明绑定在一起。性欲是消费社会的"头等大事"，它从多个方面不可思议地决定着大众传播的整个意义领域。当然，性本身也是给人消费的（鲍德里亚，2001：158）。然而，对于一部分受访者来说，他们并不认可消费主义导向下的性的麦当劳化，较为排斥和反感嫖娼或暗娼的色情交易，更喜欢追求和"良家"之间的两情相悦、两性相吸，对他们来说，"交友"是一种个体化的婚外性形式。所以，在这些不同态度的背后，是一系列价值判断的混合，即主流性道德、对浪漫爱情的迷思、"左派"社会学浸染下形成的"弱者"立场，以及对消费主义的批判（肖索未，2018：186）。

小　结

在刷来这个特殊的网络场域中，有两套互动规则在运行：一套是刷来基于官方规定出台的正式的显规则，即《刷来管理规范》；另一套是自发的、非正式的潜规则，即"交友"流程。基于用户生产内容的平台（UGC）的"产消合一"的产消者资本主义魔法，刷来公司的显规则对越轨用户的惩戒稍显乏力，潜规则作为用户在互动中形成的群体性脚本，实际上发挥着更大的作用。本研究尝试对经济学中经典的理性选择理论进行拓展，从成本和效益的角度分析常见的婚外性行为，同时，也采用了个体化理论等不同的视角，比较分析了用户为何在常见的婚外性形式当中选择刷来进行婚外"交友"。研究检验了刘米娜（2002）关于性的麦当劳化的判断，并对这一判断进行了一定的矫正。研究发现，这种看似流程化的"交友"背后，蕴含着多样化的个体性脚本。从群体性脚本来看，"交友"流程化的形式表现出一定的性的麦当劳化趋势，但这种趋势有个渐次衍化的过程。在此过程中，个体性脚本具有丰富多样的社会、心理意涵，对于这些多样化的性脚本的呈现和梳理具有特别的现代性意义。

第六章　构建性爱乌托邦

> 自我实现可被理解为机遇与风险之间的平衡。人们通过不同种类的技巧使个体从压抑的情感习惯中解脱出来，从而让以往随时间逝去，这也为人类的自我发展创造了多样化的机遇。个体现今已能以实验的方式对世界进行改造，就这个意义而论，世界充满着生存及行动之诸多可能。
>
> （吉登斯，2016：78）

在图 5-1 中，笔者为已婚男用户借由刷来平台进行婚外"交友"的流程建立了简约模型，这可以视为受访者群体性脚本的基本图式。本章将就其中的重要环节进行具体阐述，详细呈现受访者是如何在实践中演绎这些性脚本，从而构建自己的性爱乌托邦的。

第一节　个人资料与自我呈现

本书第四章论述了刷来是如何通过系统化、标准化的技术设置，协助用户进行丰富、立体的自我呈现，进而推动用户之间展开热烈互动的。从流程来看，是否拥有吸引人的个人资料是一个较为关键的开始，本节将对受访者个人资料的呈现特征及其背后的性脚本进行分析。

对已婚"交友"者来说，基于已婚的身份和"交友"的目的，他们并不愿意过多地在网上展示自己，所以其自我呈现的信息量并不丰富，且有一定特殊性。他们需要设计一种身份伪装，然后以最具创造力和最有吸引力的方式，把这一伪装的人格展现给他们欲望的客体。一方面，极力避免暴露自己在现实生活中的真实身份，如工作单位、姓名、电话号码等具有极高辨识度的信息是绝不会放到个人资料中的，聊天过程中一般也会回避；另一方面，试图传递有关性的讯息，个人资料中带有较为明显的性暗示。

一 照片的自我呈现

沃尔瑟提出了超人际交流的理论框架，相比于那些参与到面对面活动以及其他非计算机中介的交流的情境中的人，计算机中介的交流用户有时能够感受到更多的亲密、友爱和人际间的相互评价（Walther & D'addario，2001：109）。这一理论也强调，计算机中介的交流用户会有选择地进行自我呈现。尽管在现实中，人们确实会采用某种策略来展示自己，但在线交流中的印象管理则更具可控性和灵活性。这些研究者称"在线交流者可能会利用以文本为基础的、不可见的交互来形成在现实交流中少见的不同层次的亲密关系"（Tidwell & Walther，2002：110）。有研究认为在线交流会导致非语言线索的缺失，从而使亲密感下降，躯体重构是弥补身体缺失的重要方式，最常见的手段是选择一种吸引人的照片来代表自己（惠蒂、卡尔，2010：59）。

然而，美国有互联网研究者发现，如果照片的存在先于或与在线交流同时存在，则照片将对短期在线交流伙伴间的亲密友爱感及社会影响力产生正面的影响。此外，与那些从未看过彼此照片的长期在线交流伙伴相比，一旦有照片的出现，那些通过网络相识的在线交流伙伴所感受到的亲密友爱感以及社会吸引力将减少。具有讽刺意味的是，同样一张照片，"既可以帮助逾越非个人化的障碍从而促进交际，又可以削弱个人化的优势从而阻碍交际"（Tidwell & Walther，2002：110）。虽然刷来系统允许编辑、上传 8 张图片或个人照片，但受访的"交友"者多以一两张风景照或带有性暗示的图片（如腹肌、春宫图等）代替；如果有个人头像，则会同时设置为对陌生人"隐身"状态。对本研究的受访者来说，婚姻状况大多直接注明"已婚"或不予说明；动态发表基本没有或只显示足迹变化（去过哪些国家和城市）。虽然缺乏对已婚用户在自我呈现方面的总体统计数据，但以上特征多少代表了相当一部分已婚男用户的偏好。

二 网名的自我呈现

丁道群（2005）通过网名研究了网络空间的自我呈现特征，结果发现，人们视互动的具体情境使用相应的网名，以使自己的言行符合该情境的特点；通过网名呈现出来的自我，较少表现为与现实生活中一致，而多为"表达理想的自我形象"、"表达另一个真实的自我"和"表达内心的真实欲求"。

受访者中，M01 经常修改网名，基本上是对性或性交的一种隐晦描述，M07 的网名是"69"，也有一些稍微委婉些的，如"品味男人"（M26 网名）、"猥琐的胖子"（M11 曾用网名），都是在强化自己的性别身份，并带有一定的性暗示。为了达到调情的目的，一个人会让自己的网名显得比较特别，甚至非常具有挑逗性，以此表征自己的一些个性特点，从而可以吸引有相似特点的人。

在刷来这样的匿名陌生人社交平台，ID 这一面具可以使人们摆脱现实生活中身份与关系的束缚，在网上自由地呈现自己设想的自我形象，但那时这种自由并非没有限制。建构虚拟角色，互相成为刷来好友后，又诞生了另一种意义上的熟人，也可能产生另外一种凝视。基于 LBS 技术，刷来可以实时显示上线情况，包括距离、时间等。所以，在此情形下，两人共同在线的时候要不要打招呼？如果不打招呼，对方心理就会产生隔阂；一旦有隔阂了，以后要约就不那么容易了；如果打招呼，对方可能又会问自己去哪里了，出差还是玩，和谁一起，等等。这样的对话又跟老婆差不多了，缺少了新奇。为了获得更多的新鲜感、安全感，最常见的选择是，设置为"隐身"状态、"换面具"更改个人资料，于是不停地逃离熟人，不停地将自己隐匿得更深，以守护自己的私人空间。受访者中，M01、M03、M04、M11、M12、M15、M18、M20都换过名字和头像，每次跟笔者打招呼的时候，笔者都要重新确认下是哪位受访者。所以，在匿名的社交环境中，一个人通过自我呈现获得了表达的多样性，获得了挖掘多层面自我的机会，在把玩、享受自己身份的同时，也在共同书写着一套独特的性脚本。

除了网名，个人签名和个人说明也会被用来直接表达"交友"的诉求。个人签名或说明要很直接，比如：

人生得意须尽欢……（M01）

有兴趣的女人联系我。（M07）

说明，说不明。（M10）

再不疯狂就老了……（M09）

同时，不约而同的是，受访者的年龄都会有所美化和掩饰，一般会将个人资料中的年龄改小一点儿。

对于有"交友"想法的刷来已婚男用户，他们之所以在个人资料的自我呈现上附着了各种性暗示，或者通过浏览用户资料去主动搭讪异性，都是因为预设了在刷来场域中有着一套特殊的群体性脚本。

刘中一（2011）对网络一夜情的研究发现，网络一夜情确有一套性脚本以提供当事者双方辨识对方的期待。M01 认为，"交友软件，基本上目标不外乎……这都心知肚明嘛，不用说得很清楚"。受访者 M25 将这个性脚本称为"暗示"，认为"上刷来的人都了解刷来"。

> M25：其实刷来也好微信也好，都只是交友平台，关键在于人心，当然刷来上的男人肆无忌惮了些。
>
> A：嗯嗯，那是的。
>
> M25：当然你肯定遇到很多跟你约的人，所以很反感。
>
> A：我不反感，他约他的，个人自由。
>
> M25：说的也是，世界这么大，当然什么人都会有。
>
> A：你不约？
>
> M25：遇到合适的或许会，当然彼此的尊重还是要有的，可以暗示，但赤裸裸的有点恶心。
>
> A：暗示？
>
> M25：其实都是明白人，有时候一句话就能表达意思。当然很多事情都是两相情愿的。
>
> A：心知肚明的意思？
>
> M25：是啊！上刷来的人都了解刷来。
>
> …………

第二节　目标筛选

在传统的婚外性中，出轨对象往往来自社会网络。美国性学家劳曼最早将社会网络理论应用于性社会学研究，他在其与他人合著的《美国人的性生活》一书中强调：当我们选择谁做伙伴时，社会网络发挥着无声却是强大的作用（参见迈克尔等，1996）。然而，互联网，特别是陌生人社交媒体的匿名性、隐秘性特点，使用户得以打破传统的血缘、地缘、业缘界限，结识不同阶层、地域、种族的人。它在摆脱了社会控制对个人性行为的约束时，是否也赋予了主体性选择的权利？

从理论上讲，在刷来平台上，有海量的异性，或潜在"交友"对象，男性受访者在从浏览个人资料、搭讪，到发生性关系，发展成为"朋友"的过程中，会如何筛选目标，有什么样的标准？这些筛选规则指涉的是什么？关于"交友"对象的选择，受访的男性都比较强调"有感觉"，但"有感觉"是一个较为模糊和抽象的概念，笔者尝试引导他们进行具象化的描述，并对访谈内容进行了梳理，大致可从审美性、可行性和安全性等几个方面去理解他们的"有感觉"。

一 强调自我审美偏好

在访谈中，笔者发现，受访者对于"交友"对象的期待和想象并不止于生理层面的"性刺激"那么简单，他们有较为多层次的、细腻的精神和心理层面的需求，有自我复杂的审美偏好，所以，也许这个发现挑战了社会上特别是女性群体中流行的"男人都是下半身动物"的刻板印象。大多数受访者对异性有着比较清晰的审美倾向，比如：

> 我一般选个年龄范围，35～45岁，我更倾向于价值趋同，能对现实和情感（进行）交流的人……（M24）

> 我是个矛盾体，我要既清纯，又知性，年龄30（岁）以上，35（岁）以下。（M04）

"良家"，不会天天约。一来没时间，二来没自由，所以相对来说比较干净。（M06）

我有一个癖好，就是喜欢研究各种不同女人……的表情，看着贤淑的，其实骨子里是……看着豪放的，其实骨子里有一种小女人的温柔。（M07）

我还是要有眼缘的，先聊聊，看一眼就走的也有。（M08）

我不怎么看颜值，我看聊得来聊不来。（M09）

我喜欢年纪跟我相仿的，身材还可以的，至少是白领吧……主要是（看）气质了……还要看谈吐。（M14）

（女人要）保持年轻，嫩嫩地（的），看着水灵，男人喜欢，男人喜欢年轻女人是普遍性，40 岁以上的女人，一般男人不怎么喜欢；40（岁）以下的，很多男人还是喜欢的，30~40（岁）是成熟的、有味道的女人，阅历丰富，开明智慧，经验丰富，不少男人也喜欢……我现在是喜欢有味道的。（M22）

这些审美偏好一定程度上彰显了男性的性别身份，也折射了男权主义的思想。有些受访者的审美偏好不乏对女性服从地位的预设，在跟笔者阐述的过程中，会显示出对曾经的"朋友"的鄙夷，形容现在的"良家"也很"乱"，甚至会得意有"朋友"被自己"征服"，经常主动来找自己。在马克思主义女性主义者麦金农（Mackinnon，1989：124）看来，这就是女人最现实的状况，这就是这个社会在性别问题上的最后真理。性别就是女人的性的客体化（sexual objectification）的结果。换言之，所谓性别身份就是男性把自己的性要求强加在女性身上。两性的差别成为女性屈从于男性的借口。"这种差异就像戴在统治铁拳上的一双天鹅绒的手套。问题并不在于这种差异是毫无价值的；问题在于它是由权力来定义的。无论这一差异被承认还是被否认；无论差异的性质是被褒扬还是被贬抑；无论女人因此是被惩罚还是被保护。"（Mackinnon，1989：219）

然而，笔者认为，麦金农的观点似乎有点儿过于激进和悲观，一些受访者的审美隐约体现出了男女平等的倾向，他们开始强调男女的阶层相当，在颜值和年龄之外，欣赏女性的能力和知识，甚至欣赏女性在性方面主动的自我愉悦。

M14 认为，"一般胸大比较有优势，但那不是全部，我觉得看整体，气质、影响、修养"，承认对"有文艺范，自信有魅力的女人"比较欣赏。M26 是一个民营公司的老板，经济条件较好，他认为"女人的长相、身材和气质很重要"，但他同时认为，有钱有闲更重要，因为"有钱有闲人才想那个事情啊！女人每天为工作忙得不得了，家务繁杂事情多，哪有心情？饱暖思淫欲！每天累得一米（一米，NJ 方言，表示'很'的意思）的人能有心思去爱爱吗？所以见面看看就大概知道了哦！人的内在气质，才反映出（混得好不好）"。所以，他在刷来有过两次成功的"交友"经历，后来发展为情人，一个是大学老师，一个是银行职员，都属于"有钱有闲"的阶层。这种情形跟吉登斯对激情之爱（passionate love）的描述非常相似：

> 在前现代的欧洲，大部分婚姻都是契约式的，是以经济条件而不是以彼此间的性魅力为基础的。在贫困者的婚姻中，有一种组织农业劳动力的手段。那种以永不停息的艰苦劳动为特征的生活不可能激起性激情。只有在贵族群体之间才存在性放纵，这种性放纵在"体面的"妇女中间被公开地认可。性自由与权力互为因果，而且性自由就是权力的一种

表达；在特定的时间地点，贵族阶层的淑女们充分地从生殖要求和恒定的日常俗务中解放出来，能够去追逐她们独立的性快感。（吉登斯，2001b：52）

M19 同样看重女人的阶层和品位，"上次约一个女的，太装了，一看就不知道怎么喝咖啡，（我）买了单就拜拜了"。一如布迪厄所强调的，不同群体之间生活方式之差异便是社会分层基本的结构性特征，而不仅仅是生产领域阶级分化的"结果"（Bourdieu，1986）。M21 的审美较为复杂，"美女帅哥，都是普世价值，没得说……优雅大方成熟，我喜欢的型……超喜欢有智慧的女性，凤毛麟角，除了性爱，我更喜欢向她们索取智慧。（但）这种女人不容易驾驭，不能一概而论，男人也是复杂的动物"。M21 自认为是一个很有征服欲的人，工作上也非常强势，却惊喜地跟笔者分享他在刷来上遇到女网友的经历，包括经过美图秀秀处理过的二人的聊天记录，他将这个女网友称为"女猎人"。

> 敢于释放自己的……还是少数，喜欢啊，超级欣赏这样的女人……我欣赏这样的女孩，她知道如何愉悦自己……了解自己并且知道如何满足自己……

在西方，自 20 世纪 60 年代以来，性的问题逐渐成为一个政治问题，男女两性的关系往往被视为斗争的关系，比如麦金农的观点。女性主义者也分成了两派——自由派和激进派。自由派更看重释放女性的性能量，而激进派则致力于压抑男性的性能量。两派在对待性的看法上的分野实质上是赞成性（pro-sex）和反对性（anti-sex）两种态度。在中国，基于阴阳调和、阴阳互补的传统观念，虽然经历过"文革"时期两性差异被政治话语所遮蔽的阶段，但今日女性全方位的解放是有目共睹的。笔者认为，上述男性受访者复杂、多元的审美偏好，反映了转型期国人性观念的转变。

二　强调对方"交友"的可能性

正如波斯纳（2002）分析认为的，搜寻成本是性实践的核心。对于已婚男性来说，因为工作、家庭的羁绊，能够用于搜寻潜在性伙伴的时间、精力是有限的。所以，他们会强调可行性，即用较少的时间和精力搭讪到合适的对象。

M10 喜欢用发送搭讪信息的方式来试探，"发消息，露骨一点的，能回复的就是蠢蠢欲动的"。当然，搭讪失败，一般就会选择放弃。M21 的评论比较中肯："今天撩不动，明天就换人，男人的目的性很强，猎人；女人安全感最重要，守护……"同时，他也发现，"有照片的反而不好约，她可能只是撩骚并不约，喜欢被追求的感觉，缺关怀，大部分都是缺少关怀……（所以）不要抱着约的心态去约人，往往就约到了"。M06 的选择基于理性的观察和思考：

> 我会挑选 30～40 岁阶段的……这个年龄段的女人，一是安全，二是魅力……
>
> 会挑选 30～40 岁阶段的，一般会把我（的）真实情况（指已婚，但婚姻不幸福的情况）告知对方……我约的这个年龄段，都有家庭啊，她们也会非常理解啊……这个年龄的女性之所以（可以）约，是因为她们过得不满意。一是生活，二是情感，三就是性……这样的女人要花时间，（很容易）走进她的内心。觉得你是懂她们的，是她们觉得可以信任的，一般都可以。

M02 很早就用 QQ 的"漂流瓶"、微信"附近的人"功能"交友"，刷来对于他来说，就是多了一个渠道和平台。因为被公司派驻 JS 省 HA 市，所以时间和空间相对自由，笔者对其访谈时，他与三个漂亮女人保持着性伙伴关系，同时也有点儿苦恼，不知道自己是"桃花运"还是"桃花劫"，感觉这样下去"迟早要出事"。作为一个"老司机"①，他在言语之中，表现得似乎很了解女人的心理。

> A：哎，你说这点倒是有点道理，其实最终目的是一样的，但是就是方法上面、策略上面可能有差异，是吧？你有什么诀窍吗？
>
> M02：女人的话，大多都是这样子的，只有偶尔一小部分，直截了当的就上来，也有非常缺少爱的，也有，我也遇到过。但是，大多数女人，就像你说的那样的，顺其自然，特别是第一次的时候，开始还有一点点的矜持，就不太好意思，但是一旦你开始……女人就会动情了，就会愿意了。其实是这样子的，我现在发现，只要我在意的这个女生，我是不急的，哪怕内心再想，也不会急，因为我知道女人她是要顺其自然的，所以我会等，等一个恰当的机会，一个恰当的时间，恰当的地点……然后她顺理成章地就会愿意。因为一般这个女人愿意和你独处的话，她是对你比较放心的，那你只要方法得当，她是愿意跟你做那种事的。嗯，有些男人上来就直奔主题，那种男人其实是玩的，他也没抱什么希望。有些女的可能，特别少特别少，就是那种特别需要的女人，她也不会接受那种男人的，很少的。除非就是喝酒了可以，正好特别想，又喝酒了。我曾经碰到一个就是，我在宾馆里用微信搭讪附近的人，我说睡不着，她说为什么……然后我们一起去喝酒。
>
> …………

---

① 2016 年网络十大流行语之一，意为行业老手，具体可参见百度百科，https://baike. baidu. com/item/老司机/19298122？fr = aladdin。

所以，就受访者看来，使用刷来的女人多少都是有点儿需求的，或为情或为性，或寂寞打发时间，这本身就为"可约"奠定了基础，但是能否真正约到对方，还是跟个人"撩"的水平有关。

三 强调"朋友"关系的可持续性

"交友"虽然成本较低，但并不意味着无成本，所以为了防止成本沉没，时间、精力、金钱有限的"交友"者会比较倾向于发展多次性，即与对方建立长期的"朋友"关系，成为"绿色安全"的性伙伴。对于已婚男性而言，因为他们本身可以选择的安全的婚外性关系是有限的，这种"绿色安全"很大程度上取决于"朋友"目标的筛选，家庭婚姻稳定的已婚女性或者没有再婚想法的离异女性是最佳的人选，也容易形成最稳固安全的"朋友"关系，盖格农对此有着透彻分析。他认为，在婚姻状态下能够形成的异性婚外关系无非有以下三种（盖格农，2009：208）。

（1）已婚男性与已婚女性。在这种关系中，双方一般都比较克制，因为双方都有配偶及子女对他们的感情期望，还有他们自身对配偶子女的眷恋。双方都理解自己处境的尴尬，并要求对方承认自己的家庭及子女的地位。由于事情的隐秘性质，双方都把这种关系中的性活动看得很重要而且令人满意。但是如果发展到一方想离婚的程度，这种关系就会发生危机，因为它将破坏这种关系的稳定性。

（2）已婚男性与单身女性。这种关系常常很不稳定，因为女方总想使关系升级，而且因为必须常常服从他的日程安排而不满；她也不能往他的工作地点和家里打电话；由于事情不得不秘密进行，她在非性方面的要求大多难以满足。她会为此脱离婚姻市场达数年之久，这会令男方感到歉疚。双方都明白，离婚的费用可能会使他破产，而且离婚之后的他，也许就不那么吸引人了。

（3）单身男性与已婚女性。男性一般认为，这种关系的好处是，女方对男方不会有太高的感情要求，关系常以性内容为主，而且男性对其后果不必负责任。

M02 曾与一位已婚女邻居通过微信一起在线自慰过，但在风险的权衡考量下，他守住了最后一关。

> 我现在这个小区后面一栋楼就有一个女的，说实话吧，我跟她自慰（指网络性爱）过，她老公不在家的时候，我们两个自慰过，但她来找我，我就没有，真的没有……白天我有事的时候，她居然发微信视频给我，我很反感这样，你知道吗？我还没跟她怎么样呢，如果真的跟她做的话，那以后肯定会出事，太近了。……其实我心里是很清楚，一定不能碰她的，碰她一定会出事情，我跟她只是微信上做了下，而她是想真的做的，我问过她。但是她的一些行为举止，已经超出了我的底线了，所以我果断地不能跟她，但是我没有恼她（恼她，NJ方言，"得罪她"的意思），我就跟她直接说的，我说我们两个人是真的不能迈出那一步，我说我也希望，但是一旦迈出了，就会出事情，你距离我太近了，一旦你老公知道的话，就大家都会完蛋，两个家庭都会完蛋。她说是的是的，所以，我呢也不想她太伤心或者怎么样，就婉转地跟她说了一下。

刘中一（2011）对网络一夜情发展过程进行了质性研究，发现网络一夜情也不全然是偶遇的关系，其发展也需要双方可以达成某种共识或默契。那么，根据本研究所进行的访谈，在这种可持续的"交友"关系中，安全就是最重要的共识和默契。相互不打听姓名、单位、电话，尽量不留开房记录、不一起过夜，是基本"游戏规则"，在此视角下，女方的"独立""不缠人""默契""懂事理""沉稳"尤其成为一种褒奖。M03 认为，"凡是沉稳的女性，是不会轻易暴露自己的"。M02 则对自己交往过的一位离异女性念念不忘：

> 她最好的地方就是很独立，平时不缠人，我们在一起的话，很默契，真的，很有那种默契。我离开，比如说我回家了，她从来不会给我发任何一个信息或打一个电话，不会的，她很遵守这种规则。然后我到了南京了，她确定我比较安全了，才会跟我联系。所以，我很喜欢这种比较懂事理的女人。她跟我说过，"真的，感觉上像有个完整的家了，但是我知道，我不会影响你的生活"。

综上所述，笔者尽量将受访者所谓的"有感觉"进行具象化的呈现。值得一提的是，受访者强调的"有感觉"，其实并没有完全脱离社会网络的影响，看起来有筛选的绝对自由，其实仍然是在既有社会网络和阶层的文化偏好、性偏好内做出的。"人们通常只跟那些与他们在年龄、种族和文化程度等方面十分接近的人发生性关系。所谓与任何人性交的自由，只不过是一个幻觉罢了。当我们遇见吸引我们的人时，可能会有放电现象，但我们只能遇见已经被筛选过的人。"（迈克尔等，1996：59）"社会背景方面的任何微小的相同之处，都会有利于建立性关系，尤其会在发展亲密伙伴关系的过程中发挥突出作用。"（迈克尔等，1996：74）所以，仅从此而言，线上互动一定程度上是现实生活的投射，主体的线下和线上生活存在一定的互构关系。

其实，除了强调"有感觉"，"看缘分"也是受访者会强调的一个标准。传统中国人的宿命观是很强的，宿命观作用于人际关系方面，便形成了"缘"的观念。"缘是中国人心目中的一种命定的或前定的人际关系，是对各种人际关系最方便的解释。"（杨国枢，2013：1）

第三节 搭讪

一 搭讪的重要作用

从流程上看，搭讪其实是"交友"非常重要的一个环节，是开启异性互动的第一步，所以，搭讪技巧非常重要。笔者注册刷来近三年，因为设置了自动刷新，活跃度较高，收到的打招呼的信息也很多，平均每天有 8 人与笔者打招呼，年龄为 18 ～ 48 岁。

M11 虽然使用刷来的时间较长，但对于如何搭讪，什么样的搭讪容易博得对方的回应，依然觉得有点儿"头疼"。

> 我很少遇到主动和我打招呼的，我打个招呼都没人理的……我一般都是发"你好"，使用的都是套路型招呼，比如"签名棒棒的，我喜欢""你好，虽然你叫陌路人生，但我感觉我们似曾相识"……实际上我不大会找话题，我喜欢被问……我变得佛系了，心情好的时候会根据签名或昵称想一段开场白，但是你体会过吗？你辛辛苦苦想的开场白，最后石沉大海后，你会变得越来越绝望。

那么，到底如何搭讪？怎样搭讪才能开启互动，最终实现"交友"的目的呢？在对网络关系研究的早期，一些理论家认为，非言语线索（通常存在于面对面的交互中）在网上的缺乏使网络成为一个抹杀个性的媒介（如 Kiesler, Siegel, & McGuire, 1984），因此，"真正的"、名副其实的关系是不可能形成的。然而，这些研究结论没有预料到网民强大的创造力，网络特有语言、符号、表情成为灵活的表意符号，为用户的个性化表达和关系建立提供了便利。

二　搭讪的互动符号

（一）语言的使用

从符号互动论的角度看，刷来平台中，搭讪是一连串的人们的互动，包括人们对他人目的的观察、诠释和反应，人们也学习如何对事物赋予意义。随着网络的进一步发展，网络社区逐渐发展出一系列的"网络语言"，这主要是指网友上网聊天时临时"创造"的一些特殊的信息符号或特别用法（郑远汉，2002）。

网络语言已成为一种与在现实世界中日常所使用的语言既有联系又有区别的全新语言形态。在现实空间中，人们以口语或者书写的方式进行沟通，而网络语言则是具有口语特点的书面语言。在网络空间中，较难区分语言（口语倾向）和文书（文本倾向）的区别，人们常常使用一些口语化的词，如"呵呵""哈哈""哦哦"等。尤其是参与者会通过运用简写、首字母缩略词、隐语来表达观点、事实和感受，共同在一个虚拟空间中营造出一个文字交换与意义诠释的环境。"性"对中国人来说从来都是一种禁忌，不能公开讨论，涉及性的事物或活动通常是以非"性"的形式出现（阮新邦等，1998）。而潘绥铭、黄盈盈（2011）也认为，中国传统社会对性的控制是靠着"不可言传"来抹杀性的文化显现，这种"不可言传"是通过上流社会把几乎所有的性词语统统贬低为"脏话"，从而使人们基本上"无词可用"来实现的，最终抑制了性可能出现的任何变异，达到对性的控制。

在刷来平台上，用户使用的语言，大都是经过主体对性文书和性语言的改造、缩写，以及对一些与性无关的符号和文字的挪用、意义异化，从而构建出独特的性语言。比如，在搭讪中，他们喜欢将"交友"简化为"约"，将网络性爱形象化为"撩""聊（撩）骚""滚床单"等，本来与性无关的文字被挪用来表达性交的意思。从语言风格上说，"交友"显得直接而老套，"撩""聊（撩）

骚"显得暧昧和戏谑。

(二) 表情包的配合

用户会配合使用刷来系统自带表情和自创表情包来搭讪,增加一些沟通时的动感,活跃交流气氛,淡化彼此间可能存在的差异与陌生感,从而营造较友善和轻松的沟通气氛。

三　搭讪的段位

建构主义者认为,语言具有分类和定型的能力,性语言的运用,也将用户进行了分类,所以,对于刷来互动符号的使用娴熟与否,多少反映了主体对"交友"话题或活动的熟悉程度。M02 认为:"其实男人啊,他只要遇到那种他有感觉的,就是说,长得还不错,或者说印象挺好的女人,他都希望上床的,最终的目的其实也都是上床,怎么说呢,可能就是过程不一样,方法不一样,有一些方法看起来自然,让女人觉得自然,她愿意跟他上床,对!"那么,M02 所说的这个"过程不一样,方法不一样"是怎样的呢?笔者根据观察,将搭讪的水平大致分为四个等级。

门外汉级搭讪:这类受访者冲着"交友"软件的名头而来,期待艳遇但并不擅长网络聊天,习惯于将线下聊天方式照搬到线上搭讪,从家庭住址到工作单位再到经济收入问个遍,容易让被搭讪者有被查户口的窥视感,所以得到的回应相对比较少。

初级搭讪:倾向于单刀直入,发出邀约。一般会选择群发周围女用户,搭讪语如:"约?""约不?""约吗? 有偿。""想约,可以切入正题不?""美女,发张照片看看呢?""美女,撩不?""可以撩会儿吗?""约? 聊骚?""可以交个朋友吗?"有的甚至会直接发送含有性挑逗的文字和图片。相对而言,直接的招呼方式,特别是报价、发红包等,呈现了网络空间里对女性赤裸裸的性骚扰。

然而，与张娜（2016）的研究发现相似，女性在网络空间中面临男性的骚扰，大多数人都选择沉默以对，而较少与男性有正面的冲突，只有少数会直接拉黑、向平台举报。在刷来中，女性会受到骚扰，已成为一种默认的脚本被集体认同。这个脚本一旦确定，刷来平台就形成了一种僵化的性别规范，一种男主动、女被动的互动方式逐渐被建构起来。网络空间中的"骚扰"再次显示了日常生活中男主宰、女屈从的关系，从而也建构了刷来中"高性别化"的特点。正如有学者所指出的，性骚扰本质上不一定是性，而是权力的运作（Herring，1997）。可能也正是基于此，那位主动出击、愉悦自我的"女猎人"才会让阅历丰富的M21啧啧称奇。

中级搭讪：相比于初级，邀约较为委婉，具有一定的语言表达技巧，但是目的性依然较为明显。类似于M10跟笔者的这两段搭讪。

（时间：2018 - 08 - 01，22：00）

M10：你好，可以聊聊吗？

A：说。

M10：忙什么呢？

A：听歌。

M10：一个人吗？

A：嗯嗯，是呀。

M10：孤单吗？

A：偶尔。

M10：身体呢，想吗？

A：不，谢谢。

（时间：2018 - 08 - 02，9：00）

M10：起来了吗？

A：？

M10：你不讨厌有肌肉的男生吧？

A：没怎么见过。

M10：见一下试试？直奔主题。

A：呵呵，太直接，谢谢。

M10：……

高级搭讪：比中级更为迂回，自称慢热型的被访者喜欢这种策略，"交友"的目的非常隐晦，往往从对方的线上展示，如签名、头像、动态等寻找话题，搭讪聊天，有感觉的话慢慢发展到线下见面、发生性关系。M20 的诀窍是，"条件允许的情况下可以花钱适当送些小礼物，这样她会觉得欠你些什么，你便有了议价权，约她出来也变得事半功倍。钱真是太好用了，大实话"。M27 是访谈时五年多的刷来老用户，他最开始的一段搭讪，充满了真诚，时刻站在被搭讪者的角度，无形中会催生被搭讪者受到异性重视的价值感和满足感，堪称高级搭讪。

M27：你好！

（系统提示：M27 关注了你）

A：？

M27：打个招呼，闲聊聊。

A：哦哦哦。

M27：你不也闲聊？哈哈，你在忙啥？我们很近，两公里。

A：休息。

M27：在家呀？金鹰看个电影去不？

A：你不怕遇到骗子？

M27：骗子看电影？我主要不想一个人去！

A：怎会一个人？

M27：这个咋解释呢？结婚了，老婆忙她的，我忙我的。我在值班，无聊，所以……

A：哦，很直白。

M27：是的呀，绕来绕去更无聊。

A：最终目的是"交友"？

M27："交友"这个看感觉，暂时不太有兴趣，吃吃饭、聊聊天不是更好，"交友"基于双方都感兴趣才可以，不然也没意思。

A：哦，我就问问。

M27：嗯嗯。

A：你跟一个陌生女人看电影，不怕老婆知道吗？

M27：她应该不会管我。

A：不会吧？

M27：差不多，如果管也不会无聊，就和她去看电影了。

A：开放式婚姻啊？

M27：基本上吧，也不是你想象的那种开放，各忙各的，不算各玩各的。

A：那么忙？

M27：是的，我是搞建筑（的），她做小孩培训。

A：我看你有点蠢蠢欲动了。

M27：我还好，还算淡定，蠢蠢有点、欲动倒还好。

A：为什么呀？

M27：欲动要先有欲望，还没有欲望出来呢！不过下雨了，你愿意估计也会黄，现在不能开车，没法去接你。

A：呵呵呵，我会开车，但却没想法。

M27：所以，基本没法欲动。

A：呵呵，我笑笑。

M27：笑笑就呵呵就行。

A：强调下。

M27：这样强调？心碎。

A：明白了。

M27：以后下手轻点，来接我吧，一起吃个火锅，这天（吃）火锅还不错。

A：不想吃。

M27：那你想吃啥？鱼四季？

A：没胃口。

M27：说不定看到我有胃口呢！

A：你秀色可餐？

M27：我吃饭比较香，秀色不可餐。"三年前，她高考失败。但是，她发誓：一定要把有钱人踩在脚下！3 年后，她真做到了！果然，心若在，梦就在……"（发送给 A 一张泰式按摩的照片）

A：哈哈哈，这个不错。

M27：金鹰有 SPA，去不？

A：跟你啊？好怪异。

M27：把我当道具。

A：怎么？

M27：咋地去不去？

A：不去哦。

M27：那你想干吗我都陪，不然我无聊，其实看电影最好，《邪不压正》。

A：看过喽，无聊可干的事很多啊，你干吗陪人乱跑？

M27：今天（可干的事）真不太多，好吧！

A：嗯嗯。

M27：是的呀，你真没啥想做的事情？让人陪的？

A：你雷锋啊？

M27：必需的！

…………

从互动的视角看，搭讪具有一定的艺术性和科学性，尤其是高级搭讪，涉及对异性心理和行为的精准把握，付出的精力和时间更多，需要较强的耐性。这种搭讪自带浪漫面纱，而浪漫之爱从根本上是一种女性化的爱（吉登斯，2001b：82）。

> 所以较能为女性接受，"交友"成功率相对较高，即使没有这些软件，该"交友"的也会约，现在社交软件，对于女性的改变很大，对男人吧，只是换了种方式。平常女性不敢在陌生人面前谈性爱的，现在有了社交软件，她可以想聊什么聊什么，再丑的女人，也有一大把的男性陪聊，信心增加了，欲望出现了……（所以有时）不要抱着约的心态去约人，往往就约到了。（M21）

总体来看，从门外汉级搭讪到高级搭讪，大体上无非直接和迂回两种，后者的层次更为丰富一些。刘中一（2011）研究发现，聊天、见面、喝酒（或吃夜宵）、上床是网络一夜情的四部曲；网友则戏谑地总结了"'交友'三部曲"：吃饭、看电影、上床；笔者基于刷来平台的访谈和参与式观察似乎有着相似的发现，"其实吃饭看电影然后……是一个很美妙的过程"（M02）。

> A：见面时知道互相已婚未婚吗？见面前先发过照片？
>
> M09：知道呀，都已婚，我刷来里有照片，她也给我看过照片。
>
> A：嗯，会讨论各自家庭吗？
>
> M09：嗯，她跟她老公关系不好，她老公天天打游戏，不上进。
>
> A：你第一次见面就有推倒的想法吗？为什么第三次见面才"滚床单"？
>
> M09：（微笑）说实话，我有呢，但是我不能在人家没

有想法的时候那个吧。第一次吃饭，第二次看电影的，第三次是中午在五台山里面，在我车里聊天的。

A：见面之前有设计吗？比如故意选晚上见？选离宾馆近的地方见面？

M09：那倒没有，我们第一次是在车里。

A：哦，那第三次见面，你怎么确定对方也有想法了？

M09：嗯，车里面。她跟我接吻了，然后很主动。

…………

四　搭讪和网络调情

再来反观 M11 的困惑。其实，这并非个案。在访谈中，也经常有男性在搭讪失败后，失望地跟笔者抱怨，"这个'交友'App是骗人的，自己从没约到过"。就此来看，近年来 PUA 兴起，甚至有很多人愿意花重金接受 PUA 培训，与此有一定的关系。

正如有西方学者所说，人们忽略了求爱过程中很重要的一步——调情（flirt）（Whitty，2003）。范伯格（Feinberg，1996）认为，调情往往是介于搭讪和发生性关系之间的一个重要环节，或者说很多搭讪本身就已经成为一种调情。人们调情的主要原因有三个：表达性吸引；试探对方是否认为自己有吸引力；打发时间。调情包括打趣和沟通，这是建立亲密关系的快捷方式（转引自惠蒂、卡尔，2010）。"与其他类型的打趣一样，调情所传递的也是一种隐藏信息。这种隐秘的沟通的目的就是想知道一个人是否愿意建立亲密关系或者想建立何种程度的亲密关系。"（Whitty，2003：40）阿伦·本泽维对调情是这样定义的：

> 调情并非总预示着性交互的发生；它只不过是一种比较隐秘的性交流。调情可能会包含着温柔的身体接触，但是通

常并不包括性交。调情可能发展为性关系，但到了这个阶段，它就不再是前述意义上的调情了……在调情的时候，我们并不会把自己强加到别人身上。它是一种有着舒适气氛的令人愉悦的游戏，这种气氛常常暗示着性行为发生的可能。调情同样也包含着与性相关的神秘性和不确定性。（Ben-Ze'ev，2003：455）

很多西方学者通过观察和记录当事人的行为，发现了调情中一些值得考察的基本元素，这些基本元素涉及动力学、外表、体味、发声、个人空间和身体触摸，认为调情行为通常由这些基本元素的组合所构成（Eibl-Eibesfeldt，1973；Perper，1985；Zuckerman & Miyake，1993）。跟传统调情不同的是，在网络空间中，无法否认躯体的缺失，所以，在网络调情中，身体的重构对于关系的形成具有至关重要的作用（Whitty，2003）。在许多在线热聊（hot-chatting）中，身体在在线交互中得到表征，比如人们会询问（或描述）对方（或自己）的身体看上去和感觉是怎样的，可以挑选一些照片或视频来代表物理的自我——即使这些照片上的人并非他们自己，可以用语音消息或音频通话建立自己的声音形象。当然，最常见的就是跟对方索要照片。

除了躯体重构，传统的用于调情的肢体语言可以在网上找到替代物，如带有勾搭色彩的表情包。这些俏皮而又带点勾搭色彩的表情包，传递和塑造了暧昧的聊天基调，在网络调情中的使用频率很高。

第四节　边界

对于大多数受访者来说，选择刷来"交友"，本来就是看重它的简单便捷，所以感情成为他们无法承受之重，为了家庭和婚姻的稳定，他们需要为自己划定安全边界，甚至进行情感剥离。

一 婚外"交友"的底线

经过搭讪、热聊以及伴随其间的调情，线下见面、发生性关系往往就水到渠成了。那么，发生性关系以后，就结果来看，无非有两个：一次性或者多次性。一次性类似于一夜情，双方尽兴之后彼此不再联络，就是一次性的邂逅，通常发生在一方或双方的出差或旅途中；除此之外，也可能产生这样的结果，即对彼此的性表现不够满意甚或嫌弃。多次性，发展为相对固定的性伙伴，是受访者比较愿意采用的方式，对此，M25 的观点较有代表性："性也要彼此很投入的……性需要时间磨合……应该是彼此的感觉跟配合，然后很放开很投入……"

基于波斯纳的性行为的理性选择视角，笔者认为，除了 M25 所说的磨合问题，在刷来中，来自女方的默契和共识以及在此基础上的多元性体验是最大的收益，当然，也需要一定时间、精力、金钱的投入。对于受访者来说，为了防止成本沉没，或付出额外的成本，他们一般会选择将二人的婚外性关系维持一段时间。

然而，固定的性关系有一个重要的产出——两性情感。两性情感也许不是人类的本能需求，但供给却会创造需求；当人们从固定性关系中体验到性满足之外的情感满足的时候，就会引发真实的情感需求（李拥军、桑本谦，2010）。这种感情，在一夫一妻的婚姻制度下，显然是岌岌可危的，尤其当其被与家庭稳定一起放在天平两端的时候。

汤姆森（Thompson）将婚外性关系分为三类：有感情无性（性关系）、有性无感情、有感情亦有性（参见潘绥铭，2004）。这三种情况在受访者的经历中都曾经出现过，但他们最终的选择是不约而同的，通过剥离情感，实现"走肾不走心"的"交友"，或者确切地说，是寻找有性无感情的性伙伴。一些受访者从一开始就定位清晰，严格把控性和情的边界。

> 现在社会约出感情，成本太高！（M12）

> 这个年龄，再控制不了自己的情绪，那还能混吗？……分不清楚会出问题的，我只想找个同好的人交流下，不影响家庭，这是底线。（M01）

> 为什么大家都在平台上？这个平台的好处就是说，在没有进入真的感情的时候，我随时都可以离开，不需要负任何责任。（M02）

那么，对于这种把控较好的、默契度较高的"朋友"关系，是否有终点呢？换言之，这样的关系何时结束呢？

> 后来就不聊那么多天了，一次性的多，一般都几次之后大家没兴趣了就不联系了……也不是厌倦了，就是没有新鲜感了……结束一个再开始下一个。（M09）

电影《手机》中，费墨感叹"二十多年都睡在一张床上，的确有些审美疲劳"，形象地描述了夫妻之间缺乏性吸引、性快感而面临的尴尬，然而正如M09所描述的，长期的"朋友"关系依然逃不过这样的"宿命"。很有女人缘的M02曾经因为脚伤，在租住的公寓休养，其间一个"朋友"经常来照顾他，给他带饭吃。他用阅后即焚的方式跟笔者分享了这位女性的性感内衣照，然而，他的内心是这样的：

> 我其实对自己在性生活方面，很自信的，女人基本都会被我拿下，真的……但是今天的话……就提不起那个兴趣，

她说可能是最近因为脚没好嘛，然后饮食啊，包括吃药啊，这是肯定有的，但我心里知道，有更大的原因就是视觉疲劳了，因为她天天在这边……天天见，那跟老婆有什么区别呢，对不对？……所以说，我还是喜欢在网上做，彼此不认识……挺怀念网上那种感觉，一段一段的，再漂亮的女人，天天在一起的话，也没有太大意思。

婚外性关系的初期，总是充满刺激（欲望、犯罪感）。一是因为双方在一起的时间很短暂，就必须充分加以利用；二是双方总是看到对方最美的仪态和最好的表现，而不会看到对方疲惫肮脏的样子，照料孩子、做饭或做其他平庸琐事时的样子。他们待在一起的每分钟都是不同寻常的，因为双方在偷尝禁果。犯罪感和刺激感的结合造成了不寻常的效果，这也许就是人们总认为婚外性关系和性快感给自己感觉更加强烈的原因（盖格农，2009：209）。然而，随着固定性关系的延续，主体从中获得的性满足可能会逐渐降低（基于有机体的脱敏反应），对性的多样化渴望却可能会趋于强烈。按照这个逻辑，绝大多数固定性关系应该是短寿的（李拥军、桑本谦，2010）。

当然，根据访谈，特别是 M02 的自述，笔者认为，这里的"短寿"是一个相对的概念，跟双方性活动的频率和机会呈反向关系，性活动频率越高、机会越多，越早容易出现性满足的减弱，性关系会比较短暂；性活动频率越低、机会越少，越能延迟性满足的减弱，性关系会相对久一些。所以，对于性伙伴关系的存续来说，时间不是最重要的变量，性的满足感才是关键变量。

二 情感剥离

当然，也有受访者并不认同情、性可以分开，他们强调有感觉，喜欢有感情的性。

> 我也喜欢拥抱，从后面，两个人紧紧地……如果我们再聊个一年，彼此互相了解默契，喜欢上对方，约出来……这算情和性分开吗？……很多"交友"，都是聊过了一段时间。（M22）

李银河（2002a）研究发现，人们对有爱的婚外性关系比对无爱的婚外性关系的容许程度要高一些。这两种婚外性关系的当事人有一些不同的特征，他们对这种越轨行为的看法也不相同。这些受访者强调自己进行的是有感情的婚外性，到底是出于社会舆论而进行的自我修饰，还是真实的自我想法，笔者并不太能准确判断，但是能感受到他们在阐述中传递出来的矛盾心理。

> 都过了冲动的年纪，很多事情需要理性对待。我想不管什么样的朋友肯定是希望彼此开开心心的……我也希望能遇到一个像红颜一样的知己，而不是只为了生理上。（M25）

M11 自称是一个喜欢女人甚过事业的人，曾经有过一段越线的关系。

> 只有一个算是真正超出普通朋友界限的，只不过后来我们都各退了一步，保持一个正常的距离了。但是我还是挺想她的……回归家庭，如果再玩下去，比较危险……她的容貌、气质、思想，是我见过的女人里最好的……她比我大五岁，都有家庭的，都知道自己的底线，不可能结合的。

幻想中的"浪漫"以偷情的面目把爱情从道德社会矩阵中移除，成为一种跳脱的经验领域，并以情色和游戏伎俩作为中心。性欲不仅是一种行为；作为一种存在，它定义了我们是谁。对于偷情的主体来说，他们不仅受限于社会纽带与义务的蛛网之内，也自缚于力比多的茧蛹之中。性和情的关系交错复杂，情感的剥离并没有想象中轻松，因为"一般这么理智的很少，尤其是女性，女性的要求会慢慢地越来越多。男的容易控制情感。男人嘛"（M01）。M16 就"出过事"：虽然开始时女方明确提出三个原则——AA 制、互不影响家庭、互不约束彼此，然而后来女方爱上了他，"闹"着要和他各自离婚后重组家庭，他最后花了不少钱才"摆平"。M06 跟现女友是从"朋友"开始，各自离婚后在一起的。M17 的现任妻子，是他原来的"朋友"，被前夫发现后离婚，嫁给了他，然而直到结婚，他才知道妻子跟前夫还有个孩子，言语之中多少有些不平和悔意。

第五节 "战略"与"战术"

对已婚者来说，出轨毕竟是违背了夫妻性忠诚义务，要背负一定的道德谴责，所以，如何巧妙地不让妻子发现，是婚外性得以进行和维系的关键。做到这一点，需要一些"战略"和"战术"。

一 "战略"与"战术"

"出轨"的机会在以往研究中被认为是一个很重要的变量（波斯纳，2002）。要创造出轨的机会并维系它，对于受访者来说，除了要像前文所述的那样，主动出击，搜寻潜在的"交友"对象，还必须时刻提防来自配偶的凝视。因为婚姻作为一种性道德，"将不信任和统治的种子撒入男女之间的性关系之中，这已经成为一种极为有效的手段，它使男女之间的这种亲密关系以及其他一切关系，都处于普遍的紧张或不信任之中"（艾斯勒，2004）。所幸的是，在庞大、流动的都市中，人们可以进行多重生活实践，特别是互联网的嵌入，深化了这种生活领域的多重性，而"多重生活领域是当代重要的隐私建制，这些生活领域基本上互不交集相通，只有八卦耳语可以穿透不同的生活领域"（卡维波，2001）。

在戈夫曼的拟剧论基础上，有学者提出，在互联网时代，网络与现实生活，均是受访者生活中的表演舞台，两者互为前后台（任珏，2014），在网络与现实生活中，在前台（front stage）和后台（back stage）中，人们会呈现真实自我的不同面向，也会按照特定的社会角色建构、维护自我形象，真实和虚幻彼此交错。所以，对于受访者来说，往往需要采取一定的"战略"和"战术"。

战略和战术，这两个引用自军事的术语，被法国当代著名思想家米歇尔·德·塞托（Michel de Certeau）赋予了全新的社会学意义，具有可操作性，现今已成为社会学领域中的一个常用分析工具。米歇尔·德·塞托在他的《日常生活实践》（*The Practice of Everyday Life*）一书中对二者进行了区分和论述。

> 我将力量关系的计算称为"策略"，从意志和权力的主体与"环境"分离开的那一刻起，这种计算就具有了可能性。策略假设存在一个场所，可以被限定为"专有的"场所，因此能够为其与外部建立联系奠定基础。政治、经济或科学的合法性都建立在这个策略模型之上。相反，我将这样一个计算称为"战术"，此计算既不能依赖于专有，也不能依赖于将他者作为可见的整体区别开来的界限。战术只能以他者的场所作为自己的场所。它成碎片状地渗入进来，无法整体地把握这个空间，也无法远离此空间。它并不拥有一个基础空间以便在其中拓展自己的优势，准备自己的扩张，相对于周围的环境而言，保持自己的独立。"专有"是空间对时间的胜利。相反，战术由于自己不拥有空间，它便依赖于时间，细致地"捕捉"机遇的"翅膀"，它必须不断地对它们进行加工。弱者必须不断借助于强大的异己力量。（塞托，2015：39）

塞托关注的是，人们每天如何在已经规划完善的城市及其生产物中寻求变通，比如在井然有序的街道中进行各种活动，或者在法律体系中运用语言使自己获得利益。也就是说，在由社会科学编织的传统、语言、符号或者艺术不断产生交流的时候，人们有充足的机会去扰乱这个系统，重新寻找使用系统的可能性，这便是文化产生的缘由。然而，在通常认为的"实践"过程中，这一点往往被忽略。

塞托指出了"实践"过程中的两种不同的行为，即战略与战术。战略通常被认为是一种由权威制定的系统组成。它可以是任何与规划设计者的部署相吻合的行为，大到政府活动，小到个人活动与行为。战略作为一种支配事物的秩序，显然是由其所赋予的权力所决定的。它关注如何提前安排合理利用可支配的资源。换句话说，战略是相对稳定不可变的，因为人们必须坚持战略的"正确性"以达到可实际操作的目的。而战术，则是产生于当个人或小群体分散于未确定的场所时，根据需求而改变对策的能力。因此，战术的存在是为了满足不可预知的需求，需求对其起到了促进作用。艾伦发展了塞托对战略与战术的定义，他将战略描述为提前进行的规划行为，它与现场发生的事件保持一定的距离，而战术则是在现场进行的即时的策略选择，它表现为对不断改变的现场条件所做出的反应（Allen，2006）。结合战略和战术的论述，本章对受访者围绕前台和后台的日常实践进行分析。

二 "战略"：借助常态表征的保护

（一）常态表征

主体首先要在多维的时空里用各种手段切割出一个灰色地带，然而，这个地带是不可视的，更是变动不居的，它在线上与线下、家庭生活和私人生活的交合之处灵活游移。当配偶的不信任增加、监督力度加大（如翻手机、加班查岗等）时，这个灰色地带就会缩小。所以，为了保护好这个合法之地，除了防御性的工作，受访者还会扩展这个飞地的空间，提高自己的自由度，受访者会寻求常态表征（normal appearance）的保护，不让配偶感觉自己"有异动"（M11）。

> 我现在经常面对三个女人，再加上自己的老婆，就是四个，那就要撒谎，就要每天安排，可能刚开始是觉得有点儿刺激，但是现在有点儿害怕了，这东西，时间长了总要穿帮的吧？（M02）

吉登斯在《现代性与自我认同》中，阐释了戈夫曼所说的"常态表征"。他认为，常态表征是社会互动的日常场景的构成部分（吉登斯，2016）。常态表征即（受到严密监控的）身体的习性，借助这些习性，个体得以在"常态"情境中主动地再生产保护壳。"常态表征意味着个体可以在安全且无损的情境中继续其手头的活动，而无须对周遭环境之稳定性投入太多关注。"（Goffman，1959）一如日常生活中互动的所有方面，人们需要极为小心翼翼地控制好常态表征，即使这种谨小慎微在表面上的缺失恰是其重要特征。常态表征以一种与个体生平叙事相一致的方式持续下去的程度，对本体安全感来讲具有决定性意义（吉登斯，2016）。对于受访者来说，作为已婚者，常态表征就是继续扮演好自己的好丈夫、好父亲的家庭角色。

> 我是有家庭的，我爱我的老婆，爱我的女儿……我回家就是陪我老婆，陪我小孩。就像两个世界一样，不会有人去骚扰我……（M02）

> 心可以在家啊，人需求多样啊，基本家里该做的都要做

强，之外的是情人之间啊！（M26）

我对她（指老婆）很好啊，这些年家里的钱都是我挣的，她大学毕业就没工作过，连还房贷的银行在哪儿都不知道。过年过节，都是我提醒她给父母打钱……（M20）

M11虽然经常"把妹"，但得益于他的日常表现，妻子对他很信任，这一定程度上拓展了他释放自我的时空。

A：你怎么看离婚？

M11：离婚？那肯定是因为某一方受不了另一方才提出的吧？正常啊，实在过不下去了，与其吵吵还不如离婚。

A：（离婚）离你很远？

M11：嗯。

A：你经营得很好？

M11：嗯，是的。

A：老婆很信任（你）？

M11：是的。

A：你怎么做到的？有诀窍？

M11：因为我上下班回家规律，休息天基本上在家，经常做家务，因为我（觉得）自己对家庭做得还算不错。

A：那你怎么腾得出时间（"交友"）？

M11：时间是挤出来的，比如上班溜个号，请个假什么的。

A：然后干吗去了？

M11：有可能在和妹子喝茶，有可能就在钟点房。

…………

当然，笔者认为，常态表征的概念带有他者化的倾向，对于受访者来说，他们对于家庭和家人的情感相当程度上是真实的、自发的，在抱怨家庭琐事甚至抱怨配偶的同时，也会描述家庭带给他们的安全感和舒适感。如有西方学者研究发现，甚至是婚姻中的角色——妻子、丈夫、父亲或母亲——本身都是这种感觉的来源（Cooney et al.，2010；Levinger，1976）。

（二）独角戏或双簧

有意思的是，上文呈现出来的维护婚外"交友"合法性的实践看起来是单方面的，也比较辛苦。但是，通过对受访者的深入访谈，笔者发现，它也可能是夫妻双方互有默契的共谋，这种默契产生的原因可能是多方面的。

可能是彼此互留余地：不少受访者跟妻子保持着一定的空间和默契。

> 我不管她，她也不管我，她和我说她闺蜜偷情去啊。现在社会女人或男人还就玩过一个人的（会）被人笑啊，落伍啊！（M26）

> 我从不看她（指妻子）手机，也不过问，这是理智的一种。不打开盒子！（M21）

> 我们（夫妻）双方都不用对方手机，因为男人有秘密，女人一样有秘密……
> 我老婆自己也说，她就是一个演员嘛……（M01）

可能是妻子贪恋丈夫的"好"而装傻。

> 我有负罪感，结果就是我会对她更好……（M04）

我如果做了，一定会有愧疚感，我觉得这种愧疚感可以是生活的调味剂，可以对她更好一点儿作为补偿……装傻的女人最聪明。（M03）

离婚是不会的……婚姻是主线……（M09）

可能是"聪明女人"的自我保护：是否知道丈夫有外遇，采取什么态度对待丈夫有外遇这件事，似乎也成了考量一个妻子智慧的标准。M01 认为：

有的（女人）是装傻，有的（女人）知道了真要出事。真不知道（丈夫有外遇的）的，反而是天天吵架的。她总要疑心嘛，但又没有证据，所以就会吵。所以，但凡好的，反而可能是不在意的，或默许的，只要不出什么事……女人在婚姻中通常都是弱者，所以她害怕失去……打个比方说啊，34 岁的两口子，假如离了婚，男人可以很快搞定一个，可以更好。但女人呢？可能找不到更好的。

又如，M02 认为：

……做好保密工作很重要：人呢，就是这么一回事，哪怕有一次，对方就不会相信，那么只要一次都没有，她心里就比较放心。很多女人说，"啊，我老公不会，我老公不是那种人，不会在外面，别的女人也看不上"。其实呢，我知道（的）这种（有）很多，其实在外面有很多女人，跟别的女人也做过，但老婆不知道……像这种事情你只要不让你的爱人、对方发现了，那它就是没有的事情，懂不懂我说的意思？那么就是做事情，像我，就是比较谨慎。那么首先，第一，我是要安全，百分之百的安全。在这样的情况下，才能做事情。一旦让对方知道了，那就是一种伤害，那不知道的情况……

M21 则对此有一套综合性的分析和解释：

> 你知道宇宙当中有暗物质不？暗物质到处都是，上一秒你的身体里就穿过几亿的暗物质粒子，但你完全感觉不出来，"交友"就是暗物质，没有女人能坦然接受。只要"交友"不影响家庭生活，不管经济上还是感情上，那就说明，没有"交友"这回事。薛定谔的猫，打开这个盒子之前，是介于出轨和没出轨两种结果的叠加状态，合格男人做的，就是尽一切可能盖住盒子。……我遇到过，非要看老公手机，非要问个底朝天（的女人），这种女人，是笨蛋。打开盒子之前，没有人想过后果，就算看到了，你想怎么样，最后就是离婚。你查查现在离婚率就知道了。我聊过几个女人，都是离异。一问，全都是老公出轨，自己受不了，情急之下，离！过了一年，发现自己太冲动。所以呢，不要打开盒子，作为男人，不要留下证据，吵到离婚的，都是智商和情商都堪忧的。高学历的成年人，对这个问题往往更理智……理智就是把人的欲望作为一个谈话基础来聊。默认每人都有出轨的可能性……她（指妻子）要是跟我坦白她有"交友"，我肯定觉得她脑子坏掉了。

正统的婚姻道德要求使男性的性与情感的专一与蠢蠢欲动的男性欲望之间构成了明显的张力，调节这种张力的，是"识趣"的妻子一起配合的表演，扯上一层婚姻忠诚的面纱，但忠诚本身并不构成男人在婚姻中的实质性责任（肖索未，2018：152），婚姻的"定海神针"仍是基于性别分工的各司其职。所以，如此看来，维系婚外"交友"合法性充满复杂性，它可能是已婚男性防御性的"独角戏",也可能是默契的"双簧"。

这种默契的"双簧"近似一种特殊的秘密约定。这类秘密约定常常以不爱上别人为限。这种约定是为了解决性生活方面的冲突,而婚姻的其他方面仍是幸福的。这种解决冲突的方法也许并不多见,但它比人们想象的要频繁一些(盖格农,2009:214~215)。

中国学者章锡琛(1926)标榜的功利主义道德哲学跟盖格农的观点相似,他认为对社会和其他个体不造成伤害之物,不可能是不道德的。成年男女经双方同意而结成的性关系,是一项私人事务,应该留给双方自行处理。如果一位不忠的伴侣应允他或她的配偶同自己离婚,或者一段三角恋的三方达成了某种让各方都满意的安排,而对社会和其他个体都不造成伤害,那么他们也不应该被认定为不道德的人(章锡琛,1926,19~20)。

如上所述,这些观点的提出有其特定的时代背景或文化背景,在今天看来有点非主流,不仅在中国人听来像是奇谈怪论,不少西方人也是难以接受的。然而,潘绥铭(2004)惊讶地发现,有过婚外性行为的男女,婚内性生活反而更加丰富与良好。在性生活的大多数方面,他们都显著地超过了那些保持专一的男女,例如性生活频率、接吻与爱抚的频率,采用多少种不同的方式,在性生活里兴奋舒服满意的程度、性高潮的频率、对方性技巧的多寡等。更加有意思的是,哪怕是对方有婚外性行为,而且自己至少已经猜到,他们的婚内性生活,与那些保持专一的夫妻相比,也仍然在许多方面要丰富和良好一些。出现这种情况的原因在于,遭遇了婚外性的夫妻能够做到性与爱的相对分离(潘绥铭,2004:272)。

在本研究中,对受访者的访谈也在一定程度上印证了以上学者的观点,虽然这有点儿突破大众的日常认知和主流道德话语,但确实提供了一个理解婚外性行为的新思路。

三 "战术": 逃避配偶凝视的手段

正规的日常生活规律使得婚外性行为多发生于某种"开放空间"或"开放时间"中, 例如外出开会或度假时。在新环境中, 人们脱离了惯常的生活节奏, 性关系"就那么发生了"。这一类的婚外性关系发生后, 无论男性还是女性都很少纠缠对方, 因为这种行为(不论有多么热烈)只不过是"正常"生活之外的枝节, 一种暂时的不检点或放纵, 也因为卷入事件的双方都不愿陷得太深(盖格农, 2009: 205)。所以, 已婚成年人较难拥有婚外性关系所需的固定空间与时间, 为此, 受访者会采取一系列的战术, 拓展自己"交友"的自由时空。

(一) 隐藏、卸载刷来

大数据时代, 互联网和智能手机在给"交友"提供便捷的同时, 其留下的电子痕迹也容易制造麻烦。从理论上说, 与对方网络互动的信息、图片, 即使在手机终端删去了, 后台的数据依然存在, 通过一定的技术手段仍然可以进行备份和恢复。这样的软件和服务其实有很多, 比如苹果恢复大师、刷来恢复大师, 都可以恢复删去的微信聊天记录、刷来聊天记录。同时, 智能手机的强大也让人的隐私难以遁形, 美国的离婚律师开始用"查找我的iPhone"等基于移动网络与智能手机的应用展开调查; 苹果公司推出的 IOS9 手机操作系统, 甚至可以统计用户的性生活, 一旦伴侣发现对方发生性行为的时间自己并没参与的话, 就意味着问题来了。事实上, 使用高科技监督配偶的情况现在并不鲜见。在著名的情感热线广播节目《叶文有话要说》中, 不少打来电话的女性反映自己是通过在车里放录音笔、房间里装摄像头、手机定位等方式, 确证了老公出轨的事实。当然, 时不时翻翻配偶的手机更不算新鲜, 虽然夫妻之间互看手机算不算侵犯他人隐私一直是个有争议的问题。鉴于刷来"交友"App 的大名，受访者会小心地、及时地处理这些"电子吻痕"，常见的做法如下。隐藏刷来：不让刷来应用的图标直接出现在手机主界面上，而是将它隐藏在文件夹里，比较不容易被发现（M14）。卸载刷来：出差在外安装，回家卸载（M01）；上班时安装，下班时卸载（M05）；需要约时安装，约成功后卸载（M09）。

（二）转移联络平台

对于一些受访者来说，不时卸载、安装刷来比较麻烦，也难以跟对方快速建立虚拟亲密感。所以，在刷来互相认识后，有的受访者建议改用微信联系，因为微信作为现代人工作、生活必备的熟人社交工具，比较中性，不易受到伴侣怀疑。值得一提的是，微信小号在现代出轨行为中也是值得关注的。微信大号用于日常工作中的熟人互动，微信小号用于谈性说爱。受访者 M23、M01 都有微信小号。M23 的微信小号诉求简单直接。微信大号，头像则是个人的生活照，动态基本上都是和老婆、女儿一起游玩的视频、文字，呈现了城市中产阶层家庭的标准幸福生活图景。

（三）约定联络暗号

在有固定"朋友"期间，为了"不出事"，双方会形成一种特殊的默契，形成特有的联络方式。M03 从事文化传媒工作，他表示，"不怕（配偶查手机），我们微信不会发那些敏感词。因为工作原因，我的微信朋友圈，女性很多"。

M16 的秘诀是，平时绝不联系，想约时试探性地只给对方的微信发一个笑脸，然后等待反应。他的解释是相比于文字，笑脸的意涵模糊、用途广泛，哪怕被对方丈夫看见，也猜不出双方的关系远近。

M02，家在 K 市，曾与一位 S 市的女性保持了长达一年的"朋友"关系，二人从未"出过事"，秘诀在于暗号约定。每次女方用手机发送一条房地产广告信息，如果 M02 安全可约，就会正常回复；如果 M02 不回复，就代表目前不方便。K 市距离 S 市仅半小时车程，确认安全后，M02 都是以出差的名义到 S 市，买好吃的喝的，与对方在酒店待一天，傍晚时分各回各家。

当然，有时也会出现不守规则的"队友"，对此 M02 巧妙地利用线上、线下的区隔，辗转腾挪，把她"清理"掉。

> 其中有一个（女的），我说我回家的，不要发信息给我，后来其实我已经到 HA（指 M02 工作外派的市）了。她没忍住，给我发了一个短信，问我回 HA 了吗。我就假装用我老婆的名义，给她回个信，我说"你是谁，而且你的头像怎么在他微信的第一个，还是个美女头像"。后来我就说我老婆知道了，我们在吵架呢，我说我要把你删掉了，暂时不能联系，以后再说吧，后来再也没联系过。

（四）避免留有开房记录

在很多离婚官司中，酒店开房记录是证明对方过错的一个重要"罪证"，所以，对于受访者来说，单身独居的女人，是比较理想的"交友"对象。M10 从事 IT 工作，电脑里藏着从网络黑来的一些酒店的开房记录，平时和同事也会以此为乐，所以，他对开房记录问题格外在意。他跟一个离婚独居的女人保持了一段"朋友"关系，他一般晚上去对方家，完事了就回自己家，从不留宿。因为 IT 业加班很正常，所以妻子基本从不怀疑。笔者在使用刷来之初，也经常被陌生的刷来男用户搭讪，问笔者是否一个人住，在访谈了 M10 之后，才真正明白其用意所在。

M20、M26 选择在外面租一套房子，定期跟对方在这里幽会。M09 是公司的大区营销总监，经常去辖区各个城市出差，所以，他会带着"朋友"一起出差一起玩儿，这样比较"尽兴"。一般他先一个人去前台办理入住，然后再出来把女方悄悄地领进房间。除此之外，去 24 小时开放的桑拿会所订个包房，也是较为安全的办法。M28 因为经常接待业务单位，对此方法的运用较为娴熟，产生的消费还可以开票，到公司报账。

综上所述，受访者通过一系列的"战略"和"战术"，控制、管理着自己的性欲和情感，进而，在线上与线下之间，在理性和感性之间、在真实和虚幻之间，努力实现"N 重自我的放肆表达"（李永刚，1999）。

小　结

对于婚外"交友"者来说，刷来不是一个天然的性爱乌托邦，而是他们通过对一系列重要环节的精心操纵建构而成的。个人资料作为一种重要的自我表现渠道，既是展示自我的重要平台，也是选择搭讪目标的主要前提。对受访者来说，他们的个人资料既要传达"交友"的信号，又要保护真实身份，因而表现出特殊性。在目标筛选上，一个理想的"交友"对象必须符合自我的审美要求，"交友"的各种成本不能太高，要容易"交友"，最好还能形成高度默契，让二者的性伙伴关系可持续。搭讪是互动和婚外性的关键节点，所以，如何运用好搭讪的各种符号成为很重要的内容。在长期的婚外性关系中，已婚"交友"者会选择克制自我，在维护家庭稳定的前提下，将情感和性剥离。同样，也是因为已婚的身份，他们还要注意避开配偶的凝视，因之，不得不在借助常态表征的保护"战略"下，采取卸载、隐藏刷来，约定联络暗号，避免留有开房记录等"战术"。有意思的是，笔者发现，婚外"交友"可能并不是受访者的独角戏，妻子有时会基于不同的原因，选择默许而成为丈夫婚外"交友"的共谋者。婚外"交友"维系方式的复杂性，恰恰映射了现代婚姻及性爱形态的复杂性。

第七章　自我建构婚外"交友"合法性

> 我们富有经过磨砺过的好奇心，富有经过强化的探索
> 冲动。好奇心和探索冲动与陋习和偏见相抗衡，由此而产
> 生的平衡具有创造奇迹的潜力。
>
> （莫里斯，2003：111）

在一夫一妻的现代婚姻制度下，通过社交媒体"交友"作为婚外性的一种形式，本质上是一种越轨行为，对于已婚的行为主体来说，要承受法律、道德、经济等诸多方面的风险，那么，他们又为什么要"以身犯险"？他们如何解释自己的婚外性行为？如何为自己有悖于主流道德的"出轨"行为辩解？如何为自己构建婚外"交友"的合法性？本章通过了解受访者辗转腾挪于婚姻、家庭和婚外性之间的经历、感受和认识，呈现其为自己建构"交友"行为的合法性机制，从而厘清个体与家庭、婚外性与婚姻制度之间的张力，以及隐含于其中的性别规则和阶层符码。

第一节　婚外"交友"的合法性问题

一　合法性概念

如前面所分析的，受访的男性选择通过社交媒体"交友"作

为追求婚外性的主要方式，是一个理性选择的过程，最重要的原因在于这种"交友"是跟陌生人之间的性游戏，免除了熟人社会特有的凝视压力和面具烦恼。所以，就此而言，受访者不是生活在真空里，传统性道德、性话语对他们有较大的规制力量。确切地说，这些对他们的规制力量要远大于那些选择熟人追求婚外性的已婚男性。换言之，他们更在意自己线下的社会名誉和形象。所以，在从安装刷来到形成稳定"朋友"关系的过程中，他们需要将自己的行为合理归因，为自己构建"交友"的合法性（legitimacy）。

合法性，是社会学理论的核心概念之一。韦伯首先提出此概念，并阐释了个人或领袖魅力、传统、理性制度三种合法性机制。在新制度主义学派看来，组织或个人面临的环境可以分为两种——技术环境和制度环境，前者追求效率，后者追求社会公认的合法性而不在乎组织或个体的行动是否有效率。而组织或个体行为不仅仅是技术需要的产物，更是制度环境的产物。组织或个人会不断地接受和采纳外界公认的、默许的形式、做法或"社会事实"（周雪光，2003：74）。所以，合法性也是制度主义学派的一个关键概念，"主要是强调在社会认可的基础上建立的一种权威关系，这里的合法性不仅仅是指法律制度的作用，而且包括了文化制度、观念制度、社会期待等制度环境对组织行为的影响。合法性一般通过合法性机制发挥作用，合法性机制是指社会的法律制度、文化期待、观念制度成为人们广为接受的社会事实，具有强大的制约力量，成为规范人的行为的观念力量，能够诱使或迫使组织或个人采纳与这种共享观念相符的组织结构和制度行为"（周雪光，2003：72）。

如此，我们可能观察到一个完全社会化的合法性机制，其对组织或个体行为的影响可以从两个层次上进行：一是"强意义上"的合法性机制，它是指组织行为、组织形式都是制度塑造的，组织或个人本身没有自主选择权；二是"弱意义上"的合法性机制，它是指制度环境通过人的利益动机，鼓励人们采取被社会广泛认可的行为和做法（周雪光，2003：75）。周雪光（2003：78）指出，道格拉斯（Mary Douglas）从"强意义上"讨论了合法性机制如何规范人们的行为；迪马奇奥（DiMaggio）和鲍威尔（Powell）则从"弱意义上"讨论了合法性机制。然而，不管是"强意义上"的还是"弱意义上"的合法性，都使用制度环境，即社会共享观念来解释组织或个人的行为，相同的制度环境决定了组织或个人的行为趋同性（周雪光，2003：87）。

也有其他学者对合法性进行了本土化研究和解释。对照中国的现实，高丙中把合法性分为社会（文化）合法性、法律合法性、政治合法性和行政合法性。第一，社会（文化）合法性是指符合文化传统、社会习惯等民间规范而具有合法性。第二，法律合法性是指由于遵循了法律规则而获得的合法性。第三，政治合法性是指由于符合国家的思想价值体系而被承认享有的合法性。第四，行政合法性是指遵守行政部门（国家机关或具有一定行政功能的单位）及其代理人确立的规章、程序而拥有的合法性（高丙中，2000）。方刚（2012：9～11）在对多性伙伴进行研究时，对主体与社会控制之间的博弈进行了深入剖析，将社会控制看作解构多性伙伴现象的一个重要切入点，并将社会控制分为自我控制、非正式控制、正式控制，并侧重研究了自我控制与非正式控制对主体的影响。

鉴于既有研究的成熟性，本研究遵循新制度主义学派的传统，将合法性概念作为婚外"交友"现象研究的"杠杆"。其实，笔者认为，虽然概念不同，但思路有暗合之处，上述四分类中，社会（文化）合法性可以视为对应着非正式控制，法律合法性、政治合法性、行政合法性可以视为对应着官方的正式控制。

二 婚外"交友"对社会规范的背离

如上所述，从合法性及其作用机制来看，"交友"作为一种婚外性形式，从多个层面背离了社会规范。

（一）政治层面

性问题是社会政治生活中的重大问题，有关性行为的规则成为政党与政治家政策立场的组成部分（盖格农，2009：34），在中国尤其如此，梁漱溟（2011：76～79）认为，"伦理本位"作为中国文化的"要义"，在政治上表现为"一切政治皆伦理"，政治与道德不可分，而非纯粹的"现代""理性官僚制"。

婚姻家庭作为社会的基本细胞和社会安宁、生产力发展的重要因素，直接关系到国家政权的稳定与巩固。新中国成立初始，就废除了一夫多妻制，倡导并建立一夫一妻的婚姻制度。无论是计划经济时代，还是改革开放之后，特别是老龄化社会的到来，婚姻和生育作为社会稳定、人口生产的重要策略，自始至终都是国家宏观调控的重要内容，家庭特别是家风建设成为国家积极倡导的行为，与性相关的生活作风问题也不是小问题。

改革开放后，一个突出的变化是社会对于婚姻制度的控制在不断减弱，婚姻关系的确立和取消受到的政治影响也相应减弱，个人在婚姻中的自主性不断增强。在"单位社会"的集体主义时期，单位掌握了几乎全部资源，因此可以对个人进行完全的控制，而个人在单位面前毫无私人空间，结婚和离婚，甚至确定恋爱关系都要经过单位批准（周翼虎、杨晓民，2002）。直到2003年10月施行的《婚姻登记条例》，与之前的《婚姻登记管理条例》相比，少了"管理"二字，这直观地表现出条例修订的一个最基本的原则，即婚姻制度中的"国退民进"，对私生活的社会控制大大减少。明确规定公民只需持本人的有效证件就可以申请结婚，而之前必需的单位开具的婚姻状况证明、婚前体检证明等其他手续，通通取消。随着市场经济建立、劳动用工制度改革和人口流动加强，越来越多的"单位人"变成了"社会人"（王俊秀、邹珺、邓万春，2003）。然而，近年来，在构建社会主义核心价值观的大背景下，国家对公民私域生活特别是党员干部"八小时以外"的道德及行为表现提出了较高的要求。婚外性有违国家倡导的家风建设。从国家所认可的思想价值体系来看，婚外"交友"是一种违规行为，特别对国企职工、公职人员来说，这样做的后果在未来可能会更加严重。2018 年《公务员法》修订草案特别增加了"违反家庭美德"等禁止性规定，以及被依法列为失信联合惩戒对象者不得录用等条款。

（二）法律层面

在福柯看来，性压抑假说建立在一种权力的法律模式之上。在这种模式下，权力被理解为强化社会秩序与控制的法则和禁忌，而性欲则外在于这种权力。由此推演出的论点便是，性解放的发生，必将紧随对于法律的拒绝以及资本主义、道德、家庭等压抑机器的崩坏（福柯，1988）。

从法律层面来看，婚外"交友"面临违法。《婚姻法》（2019年修订）第一章总则第四条规定，"夫妻应当互相忠实，互相尊重；家庭成员间应当敬老爱幼，互相帮助，维护平等、和睦、文明的婚姻家庭关系"。"夫妻应当互相忠实，互相尊重"，意味着婚外"交友"本身已经违背了法律规定的夫妻性忠实的义务。那么，夫妻之间如果一方违背了性忠实的法律义务，是否有法律可以约束呢？

就儒家文化圈而言，继韩国废除通奸罪后，我国《刑法》中有妨害婚姻、家庭罪①，没有通奸罪。然而，《婚姻法》（2019年修订）第五章救助措施与法律责任第四十六条规定，"有下列情形

---

① 妨害婚姻罪，主要包括暴力干涉婚姻自由罪、重婚罪、破坏军人婚姻罪；妨害家庭罪，主要包括虐待罪、遗弃罪、拐骗儿童罪。

之一，导致离婚的，无过错方有权请求损害赔偿：（一）重婚的；
（二）有配偶者与他人同居的；（三）实施家庭暴力的；（四）虐
待、遗弃家庭成员的"。

根据《最高人民法院关于适用〈中华人民共和国婚姻法〉若
干问题的解释（一）》第二十八条的规定，《婚姻法》（2019 年修
订）第四十六条规定的"损害赔偿"，包括物质损害赔偿和精神
损害赔偿。也就是说，在离婚案件中，无过错方根据《婚姻法》
（2019 年修订）第四十六条要求赔偿的，既可以要求物质损害赔
偿，也可以要求精神损害赔偿，还可以两者同时要求。所以，在
很多离婚官司中，无过错方会据此条款，通过提交对方出轨的证
据，向法院争取离婚损害赔偿；或者在协议离婚时，借助对方出
轨的证据，占据道德制高点，争取对自己最有利的有关孩子抚养
归属、财产分割的方案。

在出轨成为当前离婚案件最常见诱因的情况下，搜集出轨证
据的需求已经衍生出一定的产业链，成为律师事务所的重要业
务，各类律师网上都有详细的合法搜集出轨证据的教程，并提供
相应法律咨询、代理服务。

（三）社会层面

性欲在 18、19 世纪的欧洲浮出水面，并在 20 世纪扩散至全
球；在此之前，绝大部分性与欲的经验，都编织在善与恶、救赎
与罪孽、秩序与混乱、统治与离析、健康与衰败的道德、神学与
医药理论之中。正因如此，当福柯转向古希腊与古罗马去探寻
"渴望性的人"的历史时，他发现自己所写的已经不再是性欲，
而是伦理。他解释说，自己对于性欲本身并不感兴趣，并认为
"性是无聊的"（福柯，1997：253）；他更为关注的是，性事务如
何被建构为一种"伦理实体"，即一个人的自我中成为伦理工作
核心的一部分（李海燕，2018：200～201）。所以，"性和社会常
处于冲突的地位。我们稍一注意就可以见到社会对于性的歧视和

防范了……社会对于性的歧视是有原因的，这原因就在于性威胁着社会结构的完整性，性可以扰乱社会结构，破坏社会身份，社会对此实感两难"（费孝通，1998：140）。

婚外"交友"与现行的文化传统、社会习惯等民间规范背离，因而陷入社会（文化）合法性危机。虽然中国封建社会，直至民国初，在男权主义思想的统摄下，存在着一夫多妻的婚姻制度，嫖娼也曾经是婚内性的合法补充形式，但是随着男女平等思想的崛起、国家对娼妓业的取缔、一夫一妻的现代婚姻制度的建立，关于婚姻和性的评判标准和道德话语也在转型、重塑。一对一的、平等的、基于爱情的浪漫之爱成为人们进入婚姻的唯一理由，因之，破坏婚姻、家庭稳定和完整的婚外情、婚外性尤其受到社会的痛斥。

虽然性学家潘绥铭教授认为，20 世纪 90 年代，中国开始出现所谓的"性革命"，舆论对于婚外性行为的态度是在不断变化的，从名称上说，逐渐具有中性的味道，但是他也承认，中国传统文化下对私人性行为的社会控制一向十分严格（潘绥铭，1995：2～31），民间文化和社会习俗对婚外性的包容度依然是非常低的。

我国《民法通则》第一百零一条规定："公民、法人享有名誉权，公民的人格尊严受法律保护，禁止用侮辱、诽谤等方式损害公民、法人的名誉。"据此，从法律层面上看，原配侮辱、殴打"小三"的行为已经涉嫌侵害了"小三"的合法权益，然而大多数侮辱、殴打"小三"视频中的受害人很少向司法部门主张自己的合法权益。

在出轨成为当代高离婚率主要诱因的背景下，"第三者"作为婚姻制度的破坏者，依然受到大众的谴责；原配作为婚姻制度的坚定捍卫者，依然得到较为广泛的同情和支持。国家审查通过的、热播的家庭伦理影视剧作品，在情节、情绪和结局上也在传达着类似的价值观念，比如韩国热播电视剧《妻子的诱惑》，中国引进版权后改编为《回家的诱惑》（上部）、《回家的欲望》（下部），原配和"小三"、渣男前夫斗智斗勇的曲折情节，创下了"收视神话"①；《我的前半生》中，因为丈夫出轨，而由全职太太逆袭成功的罗子君（马伊琍饰），引发了全社会对已婚女性自立自强的反思；《离婚律师》中，在律师罗郦（姚晨饰）的帮助下，原配苗锦绣举办的离婚仪式，不仅感化了出轨的前夫董大海，也感动了众多观众。甚至，中国台湾地区有 IT 公司，受偶像剧《犀利人妻》的启发，开发了"抓小三"软件。泰国 Vervata 公司所提供的 FlexiSpy 软件，前期主打的宣传就是"抓小三"功能。然而，这款软件因号称是世界最强的监控软件而颇受争议，也被一些安全公司视为木马间谍程序②。这在一程度上显示，在婚外性的问题上，民间道德的批判力量依然非常强大，哪怕这种自发的批判僭越了法律。

所以，如同福柯所认为的，权力无所不在，如毛细血管般浸入人们的日常生活。"性是权力得以实施的手段"（福柯，1997：42），从"禁止乱伦起，性欲就再也无法摆脱权力的笼罩"（谢里登，1997：243），"权力可以如水银泻地般得到具体而细微的实施，而又只需花费最小的代价"（福柯，1997：158）。

---

① 根据央视索福瑞 25 城市数据，在湖南卫视晚间黄金档（22：00~0：00）中，《回家的诱惑》最高收视率达到 5.23%，最高收视份额超过 25%（也就是说，当晚所有打开的电视机，每四台就有一台电视机在播放《回家的诱惑》），是所有同时段上星频道中最好的成绩。在收视人群分布上，也打破了湖南卫视女性年轻观众居多的格局。央视索福瑞的统计数据显示，在《回家的诱惑》超 25% 的收视份额中，男性观众贡献了近 10%，女性观众贡献了近 16%，二者之比接近 2：3，远远超过湖南卫视同时段男女观众性别比；而在 45 岁至 54 岁的中年观众中，收视率更是达到 6.24%，占整体的 30% 以上。参见网易娱乐，《收视神话的诞生——〈回家的诱惑〉三类收视行为分析》，http://ent.163.com/special/hjss/。

② 参见微信公众号"百家好"的原创文章《最强反"交友"抓小三神器，世界最强的监控软件！快看看你手机有没有被女友安装！》，2017 年 4 月 25 日。

第二节 婚外"交友"者自我建构合法性

像非性事件的变迁一样，在性的领域，某种性行为方式的意义，也始终处于变化之中。就像跨文化的区别一样，历史也为人类生活中的性关系做出了不同的设计。这一点给予我们的启示是：必须注重性行为的原因，即它对实行者的意义。人们为自身性行为赋予的意义的重要性远远超过行为本身的重要性（盖格农，2009：17~19）。

一 合法性建构方式：行动归因

在正统性话语和道德的规训下，负罪感一直被认为是出轨主体应该有的。负罪感在婚外性关系中起着复杂的作用。有人做这种事没被抓到会感到兴奋，因为自己成功地逃过了惩罚；而对另一些人来说，由于自知违反道德，因此会感到不堪重负。性解放主义者不愿承认或提及负罪感问题，因为人们一向认为，每个做这种事的人都会有负罪感，或都应当有负罪感（盖格农，2009：211）。然而，这种负罪感是可以适当削弱和克服的。

正如吉登斯对福柯的批评那样，福柯过分地放大了权力的规制作用，而忽视了主体的自我认知在权力对性的规训过程中的中介作用，也就是说，"全景敞视监狱"必须通过受监视者的自我认知的内化，才能真正起到监视和控制的作用。反言之，如果主体能够建立起一套自我行为逻辑，就能够相当程度上抵消权力对婚外性的规制作用。从访谈来看，受访者主要是将自己婚外"交友"的动机进行合理归因，赋予意义，从而建构"交友"的合法性，这样的自我催眠，能够帮助他们"躲进小楼成一统"，抵消道德通过负罪感施加于自己的压力。

在现象社会学大师舒茨看来，"目的动机涉及人类能量的主观方面。它指的是行动者实际看到的，赋予自身进步行动的意义。这种动机只不过是目的动机。它的目的是创造所涉及的情况，并实现预先设想的目标"（舒茨，2012：124）。与此相似，伯克给出了动机的社会学角色解释：

> 动机并不是一种固定的东西，例如一张桌子，人们可以围着看。作为一种解释术语，动机自然而然地在我们的世界观结构里占据了一个非常有利的地位……人们用以解释自己离婚行为的少数动机归因，实际上是这种大量倾向性的一个组成部分（Burke，1935：25）。

伯克认为，动机不是促使行为发生的脑力或者体力方面的原因，而是赋予各种情形以意义的社会行为。在正常的社会生活表象下，隐藏着许多伯克认为的"差异和矛盾催化剂"的东西，然而，行为者试图通过赋予身边的人和事以意义，通过互相讨论社会生活的模式来协调他们的活动。动机是赋予社会生活以意义的社会行为，人们通过归因于动机建立了秩序。无论行为的真正原因是什么（甚至我们可以想象出这样一件事），无论引发人们行为的"内在根源"是什么，当我们说到动机，我们就是在说社会生活的象征性现实秩序（Burke，1935）。动机不是行为动作的原因，对于某一观察者来说，动机能够帮助我们判断行为是如何变得可以理解的（霍珀，1993）。

Williams 和 Burden（1997：46 - 137）提出，"动机是一种认知和情感的唤醒和激发，它赋予决定以意义，并促使人们沿着特定目标，在一段时间内持续付出脑力或体力。其中，决定居于核心地位。换言之，动机从根本上说是行动的选择或决定——决定是否做某事、决定付出多少努力和时间等"。

维纳对此做了进一步研究，提出了归因理论（Weiner，1992：26）。"归因理论有三个基本假设。第一个假设是，寻求对事件的解释是人们行为的最基本动机。第二个假设是关于归因分析的性质。行为的根本原因是极其复杂的，归因是根本原因。第三个假设是，未来的行为部分取决于对先前行为结果的感知归因。"（成晓光，2005：66）所以，从建构主义的视角来看，"交友"者作为社会行动者，能动建构"交友"的动机，并进行行动归因。

二 受访者常见的行动归因

"婚姻不幸"和"男人本性"往往是男人解释自己婚外性关系的主要说法，然而，笔者访谈发现，受访者对婚外"交友"性脚本的解释并不仅止于此，事实上更加复杂多样，也出现了一些新的归因。人们仍是自己目的的因徒，仍在为自己的行为辩护。

（一）行动归因一：圈子文化论

福柯（1997：263）曾言，"我们的感觉"向来都是"道德的主要领域，是我们自己与道德最为相关的部分"。福柯（1997：263）在后来的作品中把性也引入进来，作为我们自己与道德最为相关的部分之一。可不论是性还是感觉，其实并不向来都是道德的主要领域或伦理的根本质地，也并没能在"普世"的范畴内与自我或身份的话题绑定在一起。在儒家为人之道的模型中，就基本缺失了情绪与身份之间的联系。无论是在中国的经典叙事还是在西方的经典艺术中，都不存在作为"感觉的主体精神深度"的爱情；爱通常只是与"感官享乐"相联系的一种附属特性（黑格尔，1978：55）。

这类受访者通过将性与感觉"去道德化"，将自己的行为合理化。在 M12 看来，外在环境通过道德对人的规制是可笑而荒谬的。

M01 强调"道德无用论"：

> 我觉得这个社会，道德……我觉得吧，这（指"交友"）

还是一个社会现象。主要是因为现在道德丧失，没有信仰……男人无所谓忠诚，忠诚是因为背叛的代价太大；女人无所谓忠贞，忠贞是因为受到的诱惑不够……其实我的很多朋友都是已婚人士，首先从这个层次上讲，（"交友"）是不符合道德的，对吧？但是，现在这个社会谁在乎……人的圈子呢，说实话，很重要。我们这个圈子，有些人这样子，很多人这样子，这样就慢慢慢慢形成一个小圈子……男人是个社会性的动物。有时候一起喝酒，他不参加，不去（"交友"），就显得不男人。他更着重于社会行为。

据M01说，他的圈子很大，有男有女，也有人相互勾搭，但谁都不会去捅破，还会相互打掩护，就像电影《手机》里的严守一和费墨；也有一个朋友喜欢"交友"，有一次看对方发来的照片，以为约的是个女大学生，结果最后约来了个"老阿姨"，这件事一直成为圈里相互取笑的梗儿。正如肖索未（2018：168）所说，"在男性欲望显性化和女性身体商品化的性别话语的支持下，拥有漂亮女人成为彰显身份、权力和优势的重要手段，也成为商人阶层的一个群体性实践"。

同是做生意的私营业主M26，也强调自己的圈子，他甚至会和圈里朋友各自带"情人"一起出去聚会，互相保密，各有默契。"与商业化的性消费相比，拥有情人更能彰显男人魅力和社会地位"，因为"不用直接和赤裸裸地付钱就能吸引到漂亮女人的能力无疑是对其男人味和社会地位的终极证明"（Osburg，2013）。

A：吃饭唱歌会朋友，这个可以？不是见光了吗？

M26：我的朋友她可以见啊，她的朋友我也可以见啊，但是都是自己最好的朋友，她朋友也有情人，我朋友也懂。

A：不会吧，漏了风怎么办？

M26：怎会啊，（你）把人想得也太傻，太可怕哦。

A：再好的朋友，我都觉得够呛，除非是一起带情人的状况下。我意思就是大家都有的情况下。

M26：肯定啊，朋友怎会说你这个啊，彼此都有啊。嗯嗯，一起带情人出去玩很好的。我的圈子都是做生意的人多。

…………

正如方刚（2005）在对中国多性伴侣的研究中发现的，性可以成为个体身份的一个暗标记，同时，在消费社会的背景下，性开始逐渐成为一种富有社会结构的领域。与女人的交往成了男性的一个符码和标识。由此，性扩张成为个人身体个性化的表征，成为个人身份和个性特征的基本标识。带着这个基本标识，一方面，人们聚类为一个社会圈子（或网络族群）；另一方面，对独特标识的追逐成为进入社会圈子（或网络族群）的"投名状"。在受访者所描述的社会圈子中，性、"交友"，不仅仅是身体的快乐，也是彼此交换权力、利益和增进友谊与信任的工具。通过模仿和"抱团取暖"，这个圈子内部逐渐形成了特殊的性文化，抵御并消解着传统性道德对个体的压力。"找小姐实在算不上一件特别的事情，和吃饭时多点了一道菜没什么区别。说白了，小姐只是饭后的一道甜点。吃饭时多点了一道菜，这就是不觉得丢份的真正原因，因为在此时，找小姐不仅不是做爱了，甚至连性行为都不是了，只是'释放'，也是男人间沟通感情、拉近距离的一种手段。"（方刚，2005：344）

在 M26 的圈子中，还存在一种普遍被认可的价值观念："现在社会这么好，开放包容……（不找）说明你混得不好啊"，因为"（只有）有钱有闲的人才想那个事情啊"。可见，在特定的社会背景下，性成为一种潜在的地位象征或社会分层象征。从这个意义上说，性实践可以成为帮助个体通过文化认同融入某一社会群体和阶层的媒介；对性的体验绝不仅仅是满足肉体欲望的生物性的存在，更是文化的、心理的和符号意义上的体验。福柯（2000：

108）告诉我们，小资产阶级家庭是性欲的现代装备之锚，同时发挥着"表情、感觉与恋爱的强制性所在"和性欲的"乱伦"场所的功能，在转型期中国，随着中产阶层的兴起，福柯的判断得到了较大程度的印证。

（二）行动归因二：性享受论

这类受访者的基本预设是，纯粹的性是令人愉悦的，享受性的愉悦是人的基本权利，跟是否已婚无关，跟是否有感情无关，如马斯洛所说："能享受性是自我实现者的一大特征。"M09才30岁，却觉得，人生苦短，要及时行乐："不在年轻的时候享受性爱，老了都享受不动了……"所以，在他看来，要跟着自己的情欲走。

> 人非圣贤，都是一个个有七情六欲的活体……用"交友"软件，比较隐私，而且不用过度去伪装。你情我愿的事情，顺其自然，顺理成章。我的想法就是这么简单，能约，能有共同语言和默契，就约，体验不一样的生活感觉。（M03）

关于男性在性方面表现出的强烈兴趣，有多角度的解释。在英国生物学家莫里斯（2003：111～112）看来，"人类是最性感的灵长类动物……我们从不停止探究，永远不会满足于已知事物。我们每解决一个问题都会引出另一个问题，这已成了我们最重要的生存手段。这种对新鲜事物感兴趣的倾向被称为'喜新倾向'。""这种喜新的习性和倾向表现在性领域就是对性对象的'求新冲动'。对一切熟悉异性冲动减弱，同时对新的异性冲动增加。这种'求新冲动'就是人类性爱不持久的生物学基础。"（谈大正，1998：49～50）

有学者从生理学层面研究。邦克（Bank）认为，男女之间的最大区别在于，男性对于性的多样化的要求比女性强烈（转引自李银河，2002b）。诺斯认为，在通奸现象上，主要的原因是心理厌倦（李银河，2002b）。心理厌倦是由单调重复的刺激导致的，男性的性冲动和"喜新厌旧"部分地来自"动物性遗传因素"，因此应当不仅在社会学层面上而且在生理学层面上对婚外性行为加以研究（李银河，2002b：156）。

也有学者从文化视角对人们对性愉悦的追逐进行了解读。迈克·费瑟斯通（2000：134）认为，"当整个社会由生产导向向消费导向转变时，这种转变不仅是经济结构和形式的变化，也是社会生活方式的创新，引起了整个社会价值观的断裂、冲突和冲击。追求享乐主义，追求立即的快乐，培养自我表达的生活方式，发展自恋和自私的人格类型"，享乐主义的生活方式成为主导。在此趋势下，整个身体都成了可以享受的东西，成了快乐的工具（马尔库塞，1987）。

不管从哪个角度，从这些受访者的归因来看，性与爱情、婚姻、家庭的内在联系开始减弱。在一些人的观念中，"交友"、婚外性是一种身体的单纯享受，正在成为一部分男人的一种休闲方式、娱乐方式，与其他休闲方式几乎没什么区别。所以，在遵循着 996 工作制[①]的 IT 员工 M10 看来，"一场完美的性爱，真的超级解压"。对于性的享受，自称资深文艺男青年的 M21 认为，"有的时候，只是聊聊，都觉得解压"，他的构想更有画面感，附着了对性享受的美好憧憬。

> 我想找个充足的时间，找一个有品质的场所……好点的酒店，设施好，服务好，风景好，落地窗，窗外俯瞰城市……（M21）

---

① 996 工作制是指工作日早 9 点上班，晚上 9 点下班，中午和晚上休息 1 小时（或不到），总计 10 小时以上，并且一周工作 6 天的工作制度。

在福柯那些著名的"极限体验"里，有性无情备受推崇，所以，追求这种"极限体验"就决定了，一旦陌生人走得太近，二人的关系就将画上句号。

> ……我可不想发展什么情人，那样又要（对我）管东管西，嘘寒问暖的，那跟（与）老婆过日子有什么区别，很快就没新鲜感，不好玩。（M10）

> 我觉得这个老师（一位"约友"）天天在这边，有点视觉疲劳了，她今天挺诱惑我的，穿着性感内衣，但是我觉得视觉疲劳了……（M02）

（三）行动归因三：男人征服论

自 20 世纪 80 年代以来，康奈尔的男性气概多样性理论逐渐普及并发展。然而，正如康奈尔（2003：99）所说，"不管我们怎样划分我们的社会世界，也不管我们选取什么样的分析单位，我们都可以发现性别的行构实践"。在我国，虽然女性地位在崛起，但长期的父权制文化及实践所建构的所谓单一的、支配性男性气概，依然广泛存在且常见。在职场中，男性的雄性气质被认为跟管理者的风格更匹配，"女强人""女明星"成为一种"奇怪生物"，在接受采访时，最容易被问到的就是"你如何平衡家庭和事业"；在家庭中，"男主外，女主内"依然是最常见的、最传统的分工模式；在性和爱情的关系中，男人则扮演着荷尔蒙爆棚的侵略者、征服者的角色。在这样的预设下，个别男明星的出轨"是令人遗憾的却可以理解的小毛病"（吉登斯，2001b：105），很快被吃瓜群众原谅或遗忘，而个别女明星的"偷吃"则要付出很大的代价，花费好多年才能挽回一点儿公众形象。吉登斯（2001b）认为，性的双重标准（the sexual double standard）对于女性来讲意味着截然相反的两种角色：一方面是贞节，另一方面则是放荡。在很多文化中，男性在性方面的放荡不羁被认为是一种男子汉的气质，而女性如果在性方面比较开放的话，无论她对某些大人物产生了多大的影响，都不会被社会接受（吉登斯，2001b：53）。

性欲特别是男人性欲的现代发明，大体上是医学话语 "男人本性" 的叙述否定了婚姻忠诚原则的现实可行性，强调男性欲望和情感的流动性和易逝性（肖索未，2018：158）。访谈中，不少受访者将 "把妹"、"征服" 妹纸（网络语言）作为证明自己男性性征、彰显男性气概的表征。

> "交友" 的过程是个征服的过程，男人不就是为了征服
> 女人吗？（M12）

M15 刚领结婚证不久，但因为工作的特殊性质，暂时没有跟妻子住在一起，各有居所。据其介绍，婚前曾经有过 "交友" 的经历，现在用刷来只是 "纯聊天"，暂时没有 "交友" 的想法，但也不是很确定，"结婚了出去拈花惹草有负罪感吧？以后时间长了不知道"。他一直关注着自己婚前一位 "约友" 的刷来动态，保留着私拍的对方的照片，并不时会跟笔者展示。对于他来说，"交友" 让他证实了自己的性能力，"我 20 多岁的时候精力无限，不知疲倦（流汗的表情），后来慢慢大不如以前，我以为自己不行了（流汗的表情）"，后来遇到那妹子，才发现 "宝刀未老"（流汗的表情）"。类似的，40 多岁的 M01 认为，随着年龄的增长，会有性资本在流失的焦虑。"男人为什么会有信心？……所以会时不时地约一下，看看自己（性）能力咋样……"

M21 是大型国企的中层管理人员，自觉在工作中是一个相当强势的人，在性方面充满了探索欲。作为商务人士，他会去 NJ 市各种高档的、提供色情服务的会所，对各种服务的流程、报价了如指掌；会通过刷来、豆瓣等社交平台尝试文爱、自慰和 "交

友"；还会翻墙浏览一些论坛，下载、私藏了一些"交友"视频。

对于 M21 来说，对陌生漂亮女人的征服"很爽"。聊自己征服的经历往往会让受访者感到兴奋和享用，他们会强调自己的"厉害"，M02、M22 有时会将女方夸赞自己性能力的对话，截屏给笔者看，以此证实自己所言非虚。

因之，当将征服女人作为构建男性性气概的重要手段时，男人的婚外性就变得顺理成章，即使受过高等教育的男人也会如此。

> 说实在的，的确有那么一小部分男人啊，真的不会有婚外性，但是绝大部分男人啊，绝大部分男人都会有婚外性的，尤其像文化程度越高的人，他的婚外性（发生）的可能性越高（大）。（M09）

> 男人可以不正经，但是假正经更可怕。（M19）

> 没有男人在性方面是清白的。（M22）

（四）行动归因四：婚姻平衡论

这类受访者希望通过"交友"获取自己在配偶或婚姻中得不到的东西。M06 硕士毕业就结婚，现已离婚，但是在上一段婚姻维持一年后，他就开始"交友"，因为"如果在婚姻中给了我想要的生活，那请问还有谁会再去'交友'呢？就是因为在婚姻中没有得到自己想得到的，所以才会把希望寄托在婚外"（M06）。

跟 M06 不一样，此类归因的受访者或因为"心里有老婆"（M22），或因为"（日子）还是能过得下去的"（M25），或因为"何况还有孩子"（M24、M25）等各类原因，大多没有离婚或拆散家庭的计划和决心。于他们而言，"交友"往往只是婚姻的一种平衡和补充。当然，这种平衡和补充，对于个体来说，可能是单一层面的，也可能是多层面的。

可能是对性欲求不满的补充。有的受访者，跟妻子感情基础较好，但在性生活上有时很难"同频共振"。"我老婆不喜欢……我又很心疼她，所以没办法，只能出来找啊。"（M04）从事文化传媒工作的 M03 比较富有"学习意识"，给笔者发来照片，展示自己放在汽车副驾驶座位上的一堆 A 片光盘，可是，"老婆让我扔掉……她看了一会儿，受不了了……效果不好。我（19）82 年的，这就是夫妻生活不和谐，导致要去'交友'"。

可能是对单一性生活的调节。M22 一般是利用出差的机会"交友"，他是来 NJ 市参加营销培训的时候，跟笔者在刷来平台上相遇的。M22 自称是"儒雅风格"，因为从事医药营销工作，有医学知识背景，他对女性生理结构比较了解，并以此来搭讪女性、调情。同时，他也得意跟"中国男人"的区别，"很多男人不会一天一换（内裤），我同事就有，男的每天一换内裤的不到 20%，我个人是不建议，我自己是每天一换，每天一洗，清爽的感觉，用沐浴露洗。（男的）每天洗的只有 10%"。总之，M22 自觉"还可以，比较受女人欢迎"，但是他很明白，"心里有老婆，真有，和'交友'没什么矛盾……出轨只是一种生物调节"。

可能是性与情的双重补充。M25 和朋友在 NJ 市开了一个饭店，妻子在老家上班、带孩子，两地分居期间，他曾经和一位在聚会上认识的女孩保持了七八年的情人关系。其间，女孩经历了相亲、结婚、生子，M25 甚至以朋友的身份去参加婚礼。直到女孩跟丈夫去了外地，二人的线下联系才中断，现在偶尔还会通过网络联系一下，问候一下。他对妻子在性生活中的表现显得不满而无奈，二人情感虽然有所疏离，但婚姻"能维持就凑合"。

M25：我相信夫妻久了都一样。

A：没啊，我看有的人很恩爱啊！你指的是喜新厌旧？性新鲜感？

M25：或许吧，当然很多恩爱只是表面上的。

A：为什么要表面上恩爱？可以不装啊！

M25：当然有的时候相处得是好，但夫妻之间也要性维持的，不是给自己找理由。

A：难道你们已经无性了？感觉还年轻呀！

M25：当然有，只是没有激情，应付，一个月一两次。

A：没想过改善？

M25：夫妻久了都这样，改善不了。

A：有尝试过新的方式吗？

M25：尝试过，她觉得恶心。

A：她保守？

M25：是的，从不主动，从不在上面。

A：那她有需求吗？

M25：基本上没有，她说冷淡。

A：那是你没引导好？

M25：不知道怎么开发她，亲她她不让。

A：不会吧？结婚很多年了？

M25：女儿14（岁），她从不亲我，总是催我快点睡觉，所以每次都兴趣全无。

A：你们不是自由恋爱？

M25：相亲。

A：那是不够爱吧？

M25：世上哪有那么多的爱，（从）现在的离婚率就能看得出来，夫妻久了不是男人嫌弃女人，就是女人嫌弃男人。

A：那你怎么不离？

M25：我们虽然没有激情，但夫妻感情还是有的，能维持就凑合。

A：这两个怎么区分？

M25：生活之间跟性生活之间。

…………

M25 坦白"我觉得性爱更应该是彼此的感觉跟配合，然后很放开很投入，慢慢享受这种快乐"，所以，"我也希望能遇到一个像红颜一样的知己，而不是只为了生理上"。M24 与 M25 相比既有相同之处又有不同之处，相同的是他也过着"双城生活"，他作为国企高管，轮岗到 NJ 市工作已经四五年了，家在本省 SZ市，每个周末往返于两个城市间，跟妻子的关系也非常疏远；不同的是，自称比较书生气的他，有自己的坚守，"我的收入可以支持（用钱解决性需求），但真不符合我的价值观……办公室（的女人）是不能碰的，生存环境不敢去破坏，我谨慎，不敢"。对于他来说，搞不懂的是：

> 女人（指妻子）到底要什么样的感情，为什么会变？我也差点离了……我在想守住是为了面子，还是孩子，或怕对现实破坏……我自己更多为了面子吧……拖了十几年……当发现问题时，就犹豫不决……自己给自己找借口，孩子怎么办，其实就是不愿意承认自己失败了……

所以，受访时 M24 还只是网络聊天，他跟笔者的陈述中时有矛盾，多少暴露了他对性和情的双重渴求及矛盾挣扎：

> 我的目的不只是那种意义上的"交友"……性，也许会有，不是前置条件……我只网聊，所以性没多考虑，也许聊到我想见面了会有想法，精神层面先一致吧……我更趋向于价值观趋同，能面对现实和情感的人……我从没有约过，但有过想法和好奇心……

当然，对于婚姻有罅隙的受访者来说，情和性有时是相互作用的，性的分歧导致情的疏离，或情的淡漠导致性的疏远，正如M06所说，"她不会懂得你想要追求的生活、规划的生活是什么样，渐渐地发现无休止地为小事争吵。而这个时候如果遇到了一个不一样的女人，很自然地就会'交友'"。

方刚（2012）在对多性伙伴行为的研究中发现，许多人崇尚性的娱乐态度，但并未放弃对爱的追求，可谓娱乐与关系二重性的目的兼具。娱乐与关系并重的倾向，在男性中表现得尤为典型（方刚，2012：15~16）。与其相类似，本研究也发现，对于一些受访者来说，他们对婚外"交友"的合理归因不一定是单一的，有可能是多重的。比如，对于M01来说，其既受到圈子性文化的影响，自己本身也将性看作一种重要的享乐方式；对于M22来说，既享受纯粹的性的愉悦，也是为了自己在出差过程中的正常生理需求的满足；对于双城生活的M24、M25来说，既有性的需求，也有情感的需求。所以，社会所谓"男人为性，女人为情"的判定，在本研究的访谈对象身上显得有点儿简单或标签化。就本研究中的受访者来说，动机可能是单一的，也可能是多样的，不同的动机之间也可能存在一定的交互作用。

需要注意的是，人们使用特定的修辞。动机词语的形成可以追溯到很久，在不同历史时期，不同社会群体使用不同的动机来解释各自的行为，社会生活里的"动机修辞"（Burke，1961）是一种似是而非的词语，而不是另一类得到承认的"真实的"词语。当然，这种差距有时不是受访者有意为之，可能是自身语言表达能力所限。所以，对于研究者来说，有时需要将受访者的回答暂时悬置，通过询问对方一些意见、看法，或请对方举例，来确证其动机修辞的真实性。

受篇幅限制，本书不可能将受访者的叙述逐一呈现，而是在尊重原意的前提下，进行了概括分析，直接呈现受访者赋予"交友"这一行动以何种意义，并对其动机进行分析和讨论。

如前所述，通过各种合理归因，受访者建构了婚外"交友"的合法性，形成自我行为的逻辑，从而实现了自我催眠（毛华配，2006），忘我地投入婚外性的欢愉中。然而，辩证地来看，之所以要建构婚外"交友"的合法性，就在于它与世俗道德、婚姻制度、家庭稳定、夫妻感情存在着天然的张力。

如本章所呈现的，在主体的日常生活世界中，会形成一系列的互动规则，如"交友"中，"不影响家庭是前提""不能对熟悉的人下手"等，对这些在与他人的互动过程中已然在实践中运作的知识（或者称假定、态度），舒茨（1991）、吉登斯（1998）分别用"知识库存"（stocks of knowledge）、"共同知识"（mutul knowledge）的概念进行了概括。在主体的意识中，并不能够直接觉察到这种共同知识，而这样的知识绝大多数是与实践本身勾连在一起的，实质上在主体那里无法从实践中"剥离"出来。也就是说，主体已然在实践过程中运用、实践了这些知识，并且日常生活中，除非有人打破这样的正常运作的世界，否则主体一般不会意识到这些知识的存在。这时候，布迪厄所说的"惯习"，一种"外在性的内在化"就会发生作用，即个体通过"惯习"的作用，产生了各种"合乎理性"的常识性行为。

既然一些主体不能有意识地用清晰的语言表达，那么研究者又是如何得出这些知识，如非正式规则的呢？在常人方法学看来，日常生活的实践行动有一个重要的特质，就是行动的权宜性。而在笔者与主体访谈的互动过程中，在主体所讲述实践活动的过程中，这种"权宜性"几乎无处不在。为此，笔者引入了"情境置换"的方法，类似于加芬克尔的"破坏实验"，发现规则的内在运作过程，在情境置换后，出现了"局部失范"，这才发现"交友"在其原本的情境中的规则。

针对很多受访者的合理归因，笔者提出了一个问题：既然他们建构了婚外"交友"的正当性，那么是否可以接受妻子婚外"交友"，或能否接受开放式婚姻。得到的回应是：自己绝对不能接受

（M01）；闪烁其词，强调配偶工作性质单一，没机会（M09）；表示自己对妻子曾经的婚外性仍然有点介意（M02、M12）。M06，虽然现女友为了跟他在一起，放弃了孩子的抚养权以及与前夫的夫妻共同财产，但他还是对女友的"过去"有很多"好奇"（坦率地说是不信任），坦承自己经常会"套"对方的话。可见，受访者对婚外"交友"合法性的建构很大程度上发挥了自我催眠、自我解脱的作用，一旦出现"情境置换"，仅仅是加入性别视角，其合法性就已岌岌可危了。

小　结

在我国，性从来就不是一种独立性的存在，更多的是一种关系性的存在。人们一直是在性与爱情、家庭的关系中认识性的，一直是在国家的政治话语的许可下，得到其性行为的合法性，一直是以个人在性实践中的表现来对一个人做道德评价的。因之，婚外"交友"是对社会规范的背离。即使是在性观念相对开放自由的当代社会，这种合法性危机也依然是存在的，甚至对于特殊群体的制约更为加重。所以，对受访者来说，他们会通过对动机的一种或多重合理归因，来建构婚外"交友"的合法性。这种合法性就是他们的行为逻辑，帮助他们实现自我催眠。常见的合理归因主要包括圈子文化论、性享受论、男人征服论、婚姻平衡论。然而，面对与世俗道德、婚姻制度、家庭稳定、夫妻感情等若干因素之间存在的张力，这种合法性注定是有边界和约束的，它是有限合法性，甚至经不起性别视角的检验。所以，正如本书第六章中所阐述的，主体需要努力证明婚外"交友"的合法性，在不同的时空里弹性地、权变地分隔出一块飞地，以维系自己的性爱乌托邦。

第八章 自我审查与疗愈

> 为了形成并保有一种自我感，我们必须清晰地知晓我们来自何处，又去向何方。

> —— （泰勒，2008：3）

正如在第七章中所分析的，受访者会通过建构婚外"交友"的合法性实现自我催眠。然而，游走在不同的时空里，在不同的身份和角色之间来回切换，也许并不是那么轻松。"一如维特根斯坦所说，日常活动从来都不会以一种自动的方式进行。就对身体和话语的控制而言，行动者为了能在社会生活中'继续'，必须保持持续的警觉。对习惯和日常惯例的保持是抗击威胁性焦虑的重要堡垒，就此而言，它本身就是一种充满张力的现象。"（吉登斯，2016：36）

所以，对于不时跳脱轨道的受访者而言，日常惯例和个人需求之间的张力，使他们经常感受到一种"威胁性的焦虑"。事实上，在主流道德话语下，婚外"交友"是一件极其隐私的事情，然而，这些受访者为什么愿意成为研究对象，甚至表现出对研究的积极配合，这本身就是一件很值得研究的问题，就此追溯下去，可以窥见转型期中国已婚男性更真实，也更丰富的内心世界。

第一节 混合人生

在身体与科技的共谋下，主体开始了线上和线下、虚拟和现实的混合人生。在这种混合人生中，多元身份的创造与体验成为一种常态。

一　混合人生

埃里克·埃里克森提出，"无论是从语言学还是从心理学的角度来说，身份和认同都是同源的"（Erikson，1959：18）。然而，"在流动现代性的生活情境下，自我碎片化为一系列人格面具、不再有任何限定的身份/认同的游牧民被不确定性和孤独折磨着，他们虽也渴望滕尼斯式共同体的温暖和稳定，但是同时又恐惧这种长久联系所带来的责任和承诺的重压。于是，他们戴着不同的面具加入各种各样的社交媒体，在不同的身份/认同之间来回穿梭，在与不同个体、群体的互动中，体验着共同体的感觉，获得某种归属感的快乐和'情感能量'。一旦不再需要，他们可以随时退出，因此并不会产生自由被限制的危险和不适"（田林楠，2018：192）。所以，"当质量让你失望时，就在数量中来寻求拯救。当持久无法存在时，频繁的变更也许能够弥补你"（Bauman，2003：58）。在网络生活（Virtual Life，VL）和现实生活（Real Life，RL）中，在 QQ、微信、刷来等不同的社交平台上，在现实身份和虚拟化身（avatar）的多元自我得以呈现和发展中，人们在不同的身份之间游走，如用来交际的纸质和电子名片上，都印着人们的真实姓名、微信账号、QQ 账号、电子邮箱，俨然一个多重身份的微缩模型。

被称为网络文化领域的"玛格丽特·米德"（美国《商业周刊》评语）、信息技术领域的"弗洛伊德"（凯文·凯利语）的麻省理工学院科学社会学教授雪莉·特克尔在其《屏幕上的生活》（*Life on the Screen*）中，展示了一幅网络空间的乌托邦景象。她认为，网络空间为人们提供了实验多种身份的机会，将网络空间看作人们在其中可以发现更深层真实自我的地方，并把这种不同身份之间的游走比喻为"骑脚踏车兜风"。后来，基于对美国青少年使用社交游戏《第二人生》的实践分析，雪莉·特克尔在《群体性孤独》一书中表达了一种恐惧和担忧，她提出，科技容易实现什么，我们就容易爱上什么，我们的身体和科技"共谋"。有了移动科技，"骑脚踏车兜风"已经加快发展成为虚实参半的"混合人生"，固化为一种持久的、共存的关系。即使是一部简单的手机也能把我们带入"心不在焉"的世界。"混合人生"就是把你在线上和线下的生活混搭在一起。现在，我们关注的不仅仅是对生活的满意度，还包括对"混合人生"的满意度。我们已经从"多任务处理"转向了"多向度处理"（特克尔，2014：171～172）。

本书在第六章、第七章的相关论述中，对受访者多元身份的转换方法已经进行了一定的描述和分析。总而言之，通过社交媒体这面镜子看我们自己，自我角色不再是传统的、单一的存在，而是随着线上线下、虚拟现实的转换构成了多元的身份认同，通过这面棱镜，人类实现着自我身份创造和体验的转变。

美国精神病学家、《千变万化的自我》（*The Proteam Self*）的作者罗伯特·杰伊·利夫顿称，成熟的自我是千变万化的，强调多面性（Lifton，1999：110）。这个自我，是"流动的和多面的"，可以接受和修饰不同的自我和观念。当被赋予多元的、彼此毫不相干的、全球性的事物时，这样的自我可以变得活跃起来。他的老师埃里克森虽然在公开场合表示赞同利夫顿的工作，但在《千变万化的自我》的手稿中，于"千变万化的男人"这个短语旁，写下了"千变万化的男孩"的批注。可见，埃里克森不能接受，成功的成熟自我却带来了不一致的结果（特克尔，2014：192）。埃里克森的疑惑，在本研究的访谈中得到了一定程度的支持和回应。在自我身份认同的焦虑中，很多防御机制都参与到帮助心灵抵御那些痛苦危险的想法、欲望和情绪的任务中，包括：压抑（repression）、退行（regression）、合理化（rationalisation）、否认（denial）、升华（sublimation）、认同（identifica-

tion)、投射（projection）、置换（displacement）和反应形成（re-
action formation）。本章第二节的个案分析将会有所涉及。

二 多元自我

基于对研究对象主体性的尊重，良性的访谈应该成为一个双
向沟通的过程，笔者在询问对方的同时，也会不断收到来自对方
的反馈和询问，包括：觉得他是怎样的一个人（如 M01、M28）；
在访谈的对象中，是否有跟自己一样情况的（如 M02、M10）；
能否给自己一点心理咨询和辅导（M06、M07、M24）；研究有什
么发现和结论（如 M14、M28）。还有一些受访者就研究过程，
给予一定的建议和意见，如 M21 发现身边的男女青年明明不少是
通过刷来软件走向恋爱和结婚的，但他们跟周围熟人都不会说是
在这个平台上认识的，大多会说是通过相亲认识的，所以对"交
友"流程的探讨要注意区分已婚和未婚的身份可能带来的"交
友"动机和结果的差异。同时，他还建议研究一下刷来平台中男
人发红包被骗的现象。M10 强烈建议笔者研究刷来对女性的影
响，还积极地帮助介绍、联系女性访谈对象。M24、M28 特别关
注研究的进展，希望能够早一点读到本书。在这样的互动中，笔
者不时能够感受到他们的焦虑、不安和好奇，不妨大胆地假设，
这个研究与其说是对其婚外"交友"行为的客观记录和分析，不如
说是促发（对某些人来说是更加推进了）其对自我的追寻和反思。

正如吉登斯所说：

> 自我是某种紊乱的现象，故自我身份认同不能简单指涉
> 其在时间上的延续……自我身份认同的存在性问题与个人生
> 平的脆弱性质有着紧密联系。一个人的身份认同既不体现于
> 其行为中，也不体现于他者对其行为的反应中（尽管这一点
> 相当重要），而是体现于一种"能让特定的叙事模式持续下

去"的能力。如果一个人想要在日常生活中维持与他人的正常互动，那么这个人的生平就不能全是虚构的。它必须不断地吸收来自外部世界的事件，并将它们归类为关于自身的持续的"故事"。一如查尔斯·泰勒所言："为了形成并保有一种自我感，我们必须清晰地知晓我们来自何处，又去向何方。"（吉登斯，2016：53～55）

自我是什么？它如何形成和发展？在心理学和社会学中都有很多思考。最为经典的莫过于精神分析大师弗洛伊德的本我（id）、自我（ego）和超我（supergo）的划分标准。美国社会学家、符号互动论的奠基人乔治·赫伯特·米德（1992：155～162）认为，自我的概念是两种"我"（"I"和"me"）的结合体。与此类似，美国实用主义心理学创始人威廉·詹姆斯（2019：314～318）曾把"自我"（self）分成"主观我"（I）和"客观我"（Me）。"主观我"是指我自己感到是自己；"客观我"是指通过别人客观地看到自己。在此基础上，美国社会学家查尔斯·霍顿·库利（1999：118）引申出"镜中我"（也叫社会我）的概念。所以，自我的观念不完全是主观的，而是要依赖客观，是社会的；真正的自我是一个社会的我，是受他人态度影响而产生的我，其形成是主客观的结合过程；一个人要形成和发展自我意识，就必须在社会互动中把自己视为一个客观对象，也就是，必须"看自己像别人看自己一样"。它是一个反观自照的想象过程，包括以下三个阶段：想象自己的言行举止如何出现在别人的眼中；想象别人如何评价自己；形成某种自我意识，如好坏、骄傲和羞耻等。

然而，随着互联网、智能手机、社交软件对人类日常生活的深度嵌入，网络成了一个本我（id）可以部分地逃脱自我（ego）和超我（supergo）的管制从而获得更多自由的空间。"镜中我"（社会我）的形成不仅来自传统的现实交往，也来自虚拟空间的线上互动（如点赞、评论、自我呈现等）。表情包、语音、符号、图片、视频等形成巨大的能指，网络社交平台成为映射自我、建构自我的重要渠道。所以，在新技术和现代性语境下，人类社会中"自我的地貌"（topographies of self）更加复杂，需要更多元的新视角进行延展。

在鲍曼看来，随着现代性的深入，在流动的现代性中，一切都被液体化为流体，"'被连根拔起'现在已是一种在个体生活中很可能要无数次重复的体验"（鲍曼，2002b：184）。"身份/认同所需面对的问题也就此发生了变化，如果说个体化第一阶段的人们所焦虑的是身份/认同的建构及其稳固性，那么到了个体化的第二阶段也即流动的现代性时期，人们需要解决的是如何避免身份/认同的固定以保持其流动和选择的开放性"（鲍曼，2002a：86~87）。所以，流动的现代性的液化力量让当代人褪去了"朝圣者"（pilgrim）的各种特征，转而向"游牧民"（nomads）转变。对"游牧民"而言，行事原则就是"当下主义"（present-ism），人们"努力避免固定的身份/认同，追求即时的满足，拒绝承担对他人的义务和维持长期的关系，停止系统地规划日常生活以确定终点。在没有边界标志和位置的地理空间中，游牧身份不再是朝圣者有限身份和个人身份的长期规划和系统建构，而是在与他人的关系中形成的一种人格面具，在各种角色中游走，可以根据情况随意选择身份/认同"（Maffesoli，1996：10）。

而在麦金太尔（MacIntyre，1984：33）看来，社会"角色"、"面具"或"人格伪装"等观念，都是纯粹的现代发明。他反思了西方关于自我的普遍观念及其中约定俗成的二元对立项，如情绪与理智、本能与理性、身体与心灵、自然与文化、个人自由与社会约束、私人情感与公共道德、内在真理与外在表达等，特别是对现代"情绪唤醒型自我"（emotivist self）与传统型自我（有时也被他称为"英雄化的自我"）进行了对比。后者由其在社会群体中的成员身份充分定义。社会群体分家庭、族系、地方群体和政治机构等，彼此相互交错。除了在这些群体中的成员身份，一个人并没有在身份之下隐藏的内核，抑或"真实的我"。在英雄化的社会中，一个人在做什么，他就是什么，他没有隐藏的深度。道德判断形成于行动的伦理基础上，而非基于对意图的阐释。与此相反，情绪唤醒型自我从传统社会的等级制度和目的论中挣脱出来，以作为自主道德主体而倍感光荣（MacIntyre，1984）。它的道德权力完全掌握在自己手中，不为外部的传统道德权威所制约。这种新发明的内部空间，或泰勒所谓的"内在性"，成了个人真理的底座和一个人欲望与行动的泉源。这种内部空间的本质，被认为是由情绪这种典型的私人化自然现象构成的，亦即自我的核心。与此相似，凯瑟琳·鲁兹（Catherine Lutz）认为，由心灵而生的，是"个体自我真正而真实的座席"，而由头脑而出的，则是肤浅的社会化的自我（转引自 Lutz，1986：296）。

吉登斯通过亲密关系的变革，透视现代人的性、爱和爱欲。在他看来，"性在当今不同的生活方式中被发现、发展和使用。它是我们每个人所拥有或培育的，不再是一个自然条件，让个人接受为一种命中注定的状态"（吉登斯，2001b：21）。"性也成为一个自我认同的可见的携带者，并且不断地被整合进个体所养成的生活方式之中。"（吉登斯，2001b：42）通过一个已婚男人的性态度和性实践，特别是其对婚外性的态度和实践，多少可以窥见他的自我认同状况。然而，访谈中，受访者的自我认同总体呈现黏连不清、矛盾模糊的状态，同时，呈现一种哑铃效应，即性经历最简单和最复杂的受访者，往往也是自我认同最混沌的。也许这二者，都是"混合人生不适症"的受害者。"一种无序状态（chaos）潜伏于日常行为和话语之极为琐细的另一面，此种无序并不仅仅是指组织上的无序，而且指人们对事物与他者的真实感本身之丧失。"（吉登斯，2016：34~35）

在吉登斯（2016：75~76）看来，"我们不应在一般意义上谈论作为现代性特质的'个体''自我'甚或'自我身份认同'，相反，我们应将其细节进行分解并作彻底的解析"。吉登斯认为，在普遍意义上分析自我身份认同的最好方式，便是将自我身份认同与那些自我感破碎或残缺的个体相对比。莱恩对这个问题也发表过重要论述。他指出，本体意义上不安全的个体倾向往往表现出以下一些特性（Laing，1965）。

首先，个体或许会缺乏有关其生平连贯性的前后一致感，进而无法形成一种认为自己活着的持久观念。时间或可被理解为一系列离散的时刻，每个时刻均切断了先前经验与后续经验之间的联系，从而使连续性的"叙事"无法形成。时常伴随上述感受而来的，还有对湮灭以及对被外在的冲击性时间吞没、摧毁或倾覆的焦虑。其次，在充满变迁的外部环境中，人们会着魔般地全神贯注于那些影响其存在的可能性风险，进而陷入行动上的瘫痪。……被上述焦虑所吞没的人们或许会寻求"与周遭环境融合"（Laing，1965：112）。而正常的自我身份认同感恰是上述诸特性的对立面。颇为矛盾的是，行动者会经常审查自己的行为和思想。本节中所呈现的个案即是如此。在情感与理智、欲望与责任的相互拉扯中，他们的自我审查逐渐成为一种强迫症，其在经验上的结果与在其他情形中的感受相同，即自我在生命上的自发状态逐渐变为一种无生命状态。

第二节　自我审查

本节中，笔者选择展示四个典型案例，管窥受访者"过日子"的生活伦理（陈辉，2016）。为了避免对经验材料概括时产生"用力过度"的问题，笔者尽量保留材料本身的复杂性与多样性，这恰恰也是家庭生活动态性和复杂性的体现。正如林耀华（2008：222）所说，"人类生活就是摇摆于平衡与纷扰之间，摇摆于均衡与非均衡之间"。

一 个案 M02：我不是什么好人，但是绝不坏

笔者对 M02 采取了线下和线上两种访谈方式，前后的访谈时间比较长，约 10 个小时。访谈中，可能因为笔者说话太直接，他曾经在刷来上取消了对笔者的关注，但是不久，又重新添加笔者为好友，希望能更深入地探讨自己的问题。

M02 是一名销售经理。虽然才 35 岁，却是所有受访者中，婚外性体验最丰富、"交友"手段最多元的，从 QQ "漂流瓶"、微信"附近的人"到刷来，十多年来，很多性爱渠道和方式都尝试过。然而，他对笔者的用词比较抗拒："说性伙伴太难听了，太直接了，你老是说那么直接干吗？"实际上，这并不是特例，研究期间，不少搭讪和受访者喜欢用"约""玩""喝茶"指代"交友"，用"女朋友""情人""红颜""知己"指代"性伙伴"，语言上的避讳和淡化一定程度上反映了受访者对主流婚姻道德和话语的畏惧和纠结。对此，福柯一针见血地指出，正因为性对人类如此重要，因此，表面上看，"似乎是为了要在现实中完全控制住性，因而首先就必须在语言的层面上制服它，控制性在语言中的流通，将它从言谈中清洗出来，清除太露骨的词，甚至就连在禁律之中似乎也不敢直接称呼其名"（福柯，2000：172）。

M02 面容清秀，能说会道，性经历丰富，他自感"桃花运"很好，在外派 HA 市工作期间，可以同时和三个漂亮女性维持着婚外性关系。然而，这样的"瘾"开始让他无所适从，接受笔者访谈的目的就是探讨自己为什么会这样。

> 在网络上，我也搞不清了，刚开始可能是刺激，现在都有点晕乎了，（女人）有点多啦，你知道吗？而且个个都挺漂亮的，真的……我都搞不清了，究竟是怎么回事，接下去是不是会出事？

我现在就是什么呢，为什么我跟你聊天，其实我心里有结，现在解不开了，你知道吗？也是人，就像你说的贪欲，或者是犯贱那种情况，没有的时候想，有的时候多了就发慌，就是现在的情况，也不知道取舍，挺郁闷，但是我不想伤害人家，也不想伤害我家庭。（M02）

M02 的倾诉欲很强，表现出强烈的自我意识和自我反思：

只有那种贱男人才会饥不择食……我说实话，我是有点儿清高的男人，我不会说是谁我都跟她见面，饥不择食的那种，我瞧不起那种男人。

其实说实话，一般地很少有成功的男人整天在上面泡着聊天的……那么我呢，最近（聊天）是因为有些特殊原因，前面一段时间脚有扭伤，所以可能更多的话躺在床上，实在是没有事情了，（所以）那么聊天，这个是更多一点的。

其实我们都是受过高等教育的，我也上过大学，那么学历越高的人，对这点（指自慰）看得还会（是）越开的，这点是的。

我自己有自己的底线，我不知道别人，每个人（都）有自己的底线，不一样……

我是有家庭的，我爱我的老婆，爱我的女儿。我只是一个人在外面，说实话，我不是什么好人，但是绝不坏。我不想伤害任何人，但是一个人在外面孤单的时候呢，也希望有个不错的人一起聊聊，偶尔在一起。吃吃饭，逛逛街，可以的话，一起做那种事情，彼此都愉悦，我真的不反对……

M02 通过这种论述，将男人的婚外性关系"非罪化"，认为其不构成对一个男性婚姻责任的拷问，而构成对男人婚姻责任拷问的，是他养家的能力、赚钱的能力。虽然 M02 给予自己积极的投射，然而他的行为总是背道而驰：一方面，他认同自己是成功人士，而成日泡网聊天不是一个成功人士该做的事，但另一方面，一旦无事可做的时候他就忍不住挂在各种社交软件上搭讪；一方面，他认同自己是爱家庭的人，但另一方面，又在用疯狂出轨做着他认为伤害妻子的事情；一方面，他认同自己是个清高、有底线的人，但另一方面，通过一个语音漂流瓶，就能跟网友发生一场说来就来的网络性爱。

在访谈中，笔者发现，跟 M02 类似，受访者中，性经历和婚外"交友"经历相对丰富的人，对自我的思考就越矛盾而清晰，自我定位也较高。如 M21，他对刷来平台上存在的一些"渣男"很不屑，并向笔者介绍了自己对"渣男"的定义："以感情为由骗约，渣的一比（一比，NJ 方言，'很'的意思）；到处……对家庭不负责任，渣；……以后到处炫耀，渣；不带套不负责，渣。会炫耀自己睡过多少女人的人啊，都是心底自卑的，要靠有过多少女人表现自己。"M21 同时也保持着一定的清醒：

> A：会不会越做越空虚？
> M21：不会，现代人已经只剩空虚，空虚越多，越充实，充实的空虚！
> …………

M09 认为相比于同行业的人，自己很不错了：

> 我这个叫混乱吗？（我觉得）相比于去那些桑拿洗浴中心的，我觉得我这个已经很好了，我一年也不会有几个的，你知道吧？像我们这行里，很多人经常吃完饭就去，我觉得那些是非常的混乱的。

M11 也努力撇清自己跟"其他"男人的区别。

M11：我不好色，虽然我喜欢女人。

A：这个怎么区分？

M11：比如有的男人一看到漂亮的美女就流口水了。

A：那你看到什么反应？

M11：我是先看看能不能聊得有趣放松，有的女人光有漂亮的外壳，但是各方面素质都不好，我不屑于和她们聊天。我挺喜欢你这样能聊些深层次问题的女人。

A：嗯，我明白了。

M11：简单点说，就是有脑袋，有自我意识、会分析的，而不是人云亦云的观点。

A：就这点来说，你倒没什么大男子主义思想。

M11：是的，我很讨厌大男子主义，可能跟我的性格有关。

A：是吧？

M11：我的优点就是温和，善于待人，懂得宽容。我感觉我是受儒家思想影响比较深的人，我只知道与人为善，广结善缘。

A：嗯，蛮好的。

M11：可惜，性格这个东西，不是一下子就能被别人摸透的。

A：有时觉得一些男人的性格在工作上和对待女人上，会反差好大。比如工作中很负责任很能干的人，对待女人相对显得比较绝情。

M11：嗯，这倒是有的，我对工作的态度很渣，对女人很认真。因为公司不是自己的，而女人是自己的，对于事业我没有太多的欲望。

A：认真是不是就会受伤？这能控制？

M11：我说对女人认真，并不是对感情认真。

A：这个怎么分别？

M11：打个比方，客户和妹子同时约我，我会想怎么把

客户往后推或者重新安排时间。但是老婆和其他妹子约我，我肯定先把老婆的事办完。（偷笑的表情）

…………

如上，通过突出自己的原始欲望，打破完美"人设"①，从而降低自我认同，为自己的婚外"交友"行为辩护，是一种常见的手段。在中国的文化中，常用"君子"来形容一个男子的完美品性。这是一个完美的概念，在此意义上，如果一个人不够完美，那么他往往不是承认自己不完美，而是要假装自己完美。殷海光在讨论理想文化和现实文化时也持这一观点。他认为："如果一个个人的行为规合于一个文化理想的某一个要求，或某一些要求，那么他不一定能在一切情形之下规合于一个文化理想的一切要求。"（殷海光，1988：83）所以，对于M05、M21、M09来说，与其选择做个"伪君子"，远不如做个"真小人"轻松，这是一种理性而务实的选择，一定程度上也显示了高标准传统道德的祛魅。

通过降低道德底线重塑自我认同，受访者无形中提升了在婚外性行为方面的自我效能感，从而能够追逐到更多、更丰富的性体验。由此可见，性脚本并不会在出生时、青春期或结婚时完全形成。男人与女人之间、爱情与性之间也并不存在自然而然的联系，只有人们对性与非性经验的探索。这些经验或慢或快地积累着，或直接或偶然地积累着，在或简单或复杂的环境中积累着。人们就在这些经验的基础上，建立起自己的性脚本，并且进行着

---

① 人设，即人物设定的简称，包括人物的基本设定：姓名、年龄、身高等，还有就是出身背景、成长背景的设定等，简单来说就是创造一个完整的人物。人设自2018年开始成为网络热词，多用来形容演员等公众人物形象与真实性格的关系。"卖人设"就是人物依靠设定的人物性格，迅速圈粉，吸引受众；"人设不崩"就是没有毁坏人物的原本的设定，设定的人物形象与人物真实性格不发生冲突。详见搜狐娱乐《网络新词："人设"到底是什么？"人设崩了"是什么意思？》，http://www.sohu.com/a/243802641_711361，最后访问日期：2018年7月28日。

性的实践（盖格农，2009：25）。

二 个案 M01：我是被家里逼着结婚的

M01 是受访者中非常典型的一个案例。笔者对他也进行了线上、线下的无结构访谈。M01 在笔者访谈时 40 多岁，具有传统男子气概，身材魁梧，说话镇定有条理，留有络腮胡、有文身等。他曾经在家乡县城做过公务员、结过婚，在异地读研期间，在前妻的坚持下，二人拖了四五年后离婚，离婚之后才发现前妻婚姻存续期间有出轨行为。辞去老家工作后，他来到 NJ 市打拼，自己开了个小公司，擅长炒房、炒股。M01 已再婚并育有一子，夫妻二人的关系较为复杂。他对儿子非常珍爱，微信大号基本晒的都是儿子，周末的时间基本都在陪儿子。他自称：

> 如果说对婚姻忠诚的话，我当时很忠诚的啊……（第一次离婚）以前听人说一夜情，不到一个礼拜就上床，我当时觉得不可思议，怎么可能有这种情况呢。我觉得是不可能的事情……第一次性经历是初中，第二次就是结婚。

离婚后，就经常和朋友去酒吧，也经历过 2000 年前后互联网的普及，所以酒吧艳遇、QQ 聊天室、刷来等各种各样的一夜情、"交友"方式都尝试过。

> 反正没有玩过 SM，别的基本都尝试过……我从 2000 年上网，经历了整个互联网"交友"时代，各种方式！……以前我们 30 来岁的时候，经常去酒吧。当然，30 来岁也比较大了哈。酒吧以前容易啊，2000 年的时候。其实最早的时候，网络才开放的时候，非常容易，最早的像 163 聊天室，QQ 也都比较疯狂的……那时候的人，都压抑太久了！比如讲

个笑话给你听哈。我五点钟下班，四点半开始聊，五点就能
见着面。然后，饭也不用吃，接受了直接走人。那时候2000
年，就是这么容易。（M01）

对自己性经历从单纯到复杂的变化，M01将原因归结于家里
有人是计生干部，自己从小经常接触到计生用品和读本，所以潜
意识里对性充满了探索欲，而经历了第一次婚变，来到省城之
后，这种潜意识就得到了充分的释放。

> 我好像（对性）一直都很有兴趣，但是小的时候不懂，
> 全靠自己，这叫一种发泄方式。我家人不知道，这种事情怎
> 么可能让家里知道，对吧？……中国的家庭就是不谈（性），
> 刻意回避（性）。我从小对这个东西研究的就很深，我家里
> 有人（是）从事计划生育（工作）的，这种书很多。……讲
> 实话，我没有书中讲的那种迷茫，我没有。（M01）

在研究者面前，M01积极展示一种无所畏惧的男子汉气概：

> 人大多都是两面，甚至多面，我大部分是一面……
> 我无所谓（坦露隐私）的……
> 我从小就特立独行……
> 我一向是很特立独行的人……
> 我可能想法比较奇怪……
> 我脸皮厚……
> 我没问题，我心理素质应该可以……
> 我一个人都够你写本书了……

然而，随着访谈的深入，他的脆弱、矛盾和挣扎慢慢浮现出
来：虽然还相信爱情，但对性已经完全放开；虽然认为道德已经

对中国人没什么约束力，但还是称自己为败类；虽然特立独行，还是扛不住父母压力，选择第二次结婚并延续香火；虽然声称不享受家庭，但微信朋友圈里充满了对妻子和儿子的爱；虽然说无所谓，但还是忍不住分析现任妻子，将她出轨记录一查到底。

A：那就这样不挺好的嘛，人为什么要再结一次婚呢？

M01：我是独子嘛，我是被家里逼着结婚的。

A：延续香火？

M01：对，我们家里是比较传统的，他们总觉得，（我）不结婚，他们不放心，结了婚，不生小孩，他们会觉得，责任比较大，是吧。其实这点儿是我很郁闷的。

A：有人拿刀逼你吗？

M01：是没有，但你看到父母很痛苦的时候，你会怎么办？我感觉我再不结婚，我父母就要死了。

A：不至于吧？

M01：是的。真的是，要不然我不会结婚，我一个人生活得很好，我干吗结婚。

A：所以有的时候，你不觉得男性是很贪婪的吗？

M01：啊？哪个地方？

A：他们一方面想享受这种狩猎的快乐，又想享受家庭的……

M01：我不享受。

A：你不享受？那你结什么婚呢？

M01：我纯粹为了责任，包括我现在老婆也是，因为我们（的目的）就是为了结婚而结婚。现在这种情况我是没办法。因为第一，我觉得人要孝顺，我离了婚以后五年才结婚。中间很多人介绍，我就不想结婚。我觉得一个人很好。

A：很快乐？但会不会你"交友"的女人太多了，就觉得不会遇到……

M01：没有，我坚信世界上会有爱情。

A：你还信吗？

M01：信，但只是我没碰到而已，我对这个东西（爱情）是非常信任的，因为我从小是看琼瑶小说长大的，我把琼瑶小说全看了一遍。

A：哈哈哈，琼瑶可是很纯情的哎。

M01：讲个笑话，我第一个媳妇，结婚完全是受琼瑶小说毒害，要不然我不会是现在这个样子。

A：怎么讲呢？

M01：我们是高中时候认识的，考的不同的大学，我是NSD读书的，在学校里和老师关系比较好，我毕业的时候，老师说你单位随便选，天南海北，都是好单位。我是为了爱情，回到了HN省，我们的县城。

A：因为她也回去是吧？

M01：她出不来，她在HN省内读书，读得JS，只能在HN省内分配。所以我最后只能回HN了。

A：回县城做老师？

M01：我没做老师，她做老师，我回去做公务员。

A：哎，你的气质确实蛮适合做公务员的。

M01：她回去呢，我们家正好有点儿关系，给她找了个学校当老师去了。我比别人晚了将近10年时间，我的一些学生，现在都是厅级以上干部。我相信我……

A：你怎么会有学生呢？

M01：我当过辅导员，大四的时候，我们NSD有个制度，就是大四可以当辅导员嘛。

A：那你当时可以留校吗？

M01：对，就是因为这个事情，哎，我没读研，也没留校，也没去北京、上海，直接就回老家了。所以我们同学也很奇怪，觉得很傻。回去之后，当时觉得很好，觉得为她放弃一切很神圣啊，是吧。当你的理想破灭以后，你的想法会进入另外一个极端。

A：但你还好，你还相信爱情。

M01：嗯，相信爱情，但对性，我是完全放开了。以前我还是很洁身自好的。我当年有很多机会。离婚之前，我都从没去过桑拿，从来没有这种婚外情。

A：但是，你不觉得中国人的爱情里面，还是包括性的忠诚吗？如果你现在遇到了（真爱），你觉得你能忍得了吗？

M01：没问题。

A：你只是设想而已？

M01：没有，不是设想，我第二次婚姻，我开始也很痛苦的……

A：那你第二次不是为了爱情？

M01：对，我们俩都是为了结婚而结婚的。

A：你一开始清楚吗？不是爱情。

M01：开始的时候，我觉得是啊。

A：对啊，所以你还是为了爱情……

M01：但是在结婚之前，我们本来已经分手了，后来我家人又让我们合在一起，我们当时是订了亲，可能她家里也有压力，所以后来又在一起了。讲白了呢，我们不是一个精神状态下的人，说白了，追求的目标不一样。我老婆是搞文艺的。

A：挺好的。

M01：她可能会觉得我们精神状态不一样，总觉得我这人没情调什么的，其实情调不是给她看的，对吧？她们搞文艺的感情比较丰富，接触的人也很多，而且讲实话，反正我后来也对她分析了很久。

A：呵呵，她不害怕吗？你这么分析。

M01：我这人比较喜欢分析，而且我有很多手段，我能查到那个对象。有一句话叫作"事出反常必有妖"，当一个人天天对你不好，突然对你很好，肯定有问题，对吧？那你要去找问题的原因，当你找到，你会很失望。那既然失望，就无所谓了，婚姻的忠诚基础都不存在了……

A：嗯，那你会（跟老婆）说吗？

M01：呃，没什么必要说，有小孩了。

A：她知道你知道吗？

M01：说不说也无所谓了。

A：看破不说破？都不说破？

M01：对。

A：貌似好多婚姻都是这样。

M01：对啊，所以我现在对我老婆干什么从来不管，爱干吗干吗。你想去哪玩去哪玩，我从来不管。只要表面上大家都过得去，就那样吧。

A：合伙人？这就是个合伙公司嘛。

M01：对。

A：就是合伙把孩子养大就完了？

M01：现在就是为了孩子，不为了孩子，我早就离婚了。呵呵。

A：这个其实不是……

M01：这个不是为了爱情，是为了结婚而结婚。

A：但你一开始还是以为是爱情啊。

M01：没有，谈朋友是为了爱情，结婚时不是，那我们已经分过手了。后来各种压力下，又结了，结就结了吧，结了以后就过吧。开始还挺好。当然，当发现有些事情和你想的不一样的时候，第一，咱首先有个基础（"交友"），是吧，本身对这个事情想得开，既然大家都一样，那就一样吧，对吧，所以，现在你要说我不忠诚，那谁对谁忠诚？

A：是哦，谁对谁忠诚。

M01：嗯，忠诚是相互的，对吧，不能要求我忠诚你不忠诚。

A：这倒也是。

M01：所以讲实话，我原来用刷来，从来不在 NJ 市用，最近闲得无聊，打开玩玩，并不是想完成什么事情，就是觉得好玩。

…………

不管 M01 是否爱现任妻子，但妻子出轨的事情已经阻碍到了两个人的性生活。他们也商量过离婚，但在各种利益、情感和道德面前，这个婚没法离，"没办法"（M01）。

M01：我老婆自己也说，她就是一个演员嘛。

A：人生如戏，全靠演技。

M01：她可能都不知道，我把她的所有的底细都调查了一遍。

A：你干吗这样呢？

M01：纯属好玩，纯属好玩。包括（情人）叫什么名字，做什么工作……

A：这样做很傻。

M01：既然查了嘛，就查到底，结果越查越多，好几个呢，呵呵呵。所以说我觉得，也挺悲哀的，也挺好玩的。无所谓了，这个东西其实你想开了也无所谓了，谁搞不是搞？……

A：那你会防范吗？比如说财产？

M01：后路总是要留点儿嘛。

A：你说男人心机也蛮深的哦，是吧？

M01：因为我的财产不是我一个人的，我父母还给我好多在里面。还有我孩子，对吧。前段时间我老婆要和我离婚，要（求）把现在这套房子给她，我说，那不行，当然买房子时候她父母出了一部分钱，我父母出了一部分钱，付了首付，所有都是我在还贷款，然后我还把我另外一套婚前的房子卖掉了，然后又买了几套房子。要我把现在这个房子给她，这个不公平。所以最公平的方法，就是把所有房子都卖掉，分钱，一人一半。

A：你同意吗？

M01：她不同意。因为我现在贷款很多，把房子一卖，可以剩一点儿……

A：但是我觉得她的要求也不算过分啊？就一套房嘛。

M01：我觉得很不公平，很不公平。她凭什么拿一套房呢？

A：那你要考虑她一个女人，就像你说的也会贬值。我虽然不这样认为啊，但市场是这样的……

M01：关键是你对我全心全意的话，我可以全给你；关键问题是我知道你的底细啊。

A：那你也没歇着啊。

M01：这是两回事情啊。

A：你这是双重标准啊。

M01：对啊，是。

A：你不觉得很贪吗？

M01：我是觉得，我是因为你才变成这样的，你不变成这样我不会成这样。

A：人家又没怎么你。

M01：她怎么没怎么我？她问我为什么第一次不彻底和她分手。

A：什么意思？

M01：第一次分手我就知道她的底细，她问我为什么那时候不和她彻底分手？

A：对啊，那还是你自己的选择。

M01：我是被家里逼得，我是指望结婚以后她变好了呢，结果变本加厉。

A：那还是你自己的问题。

M01：是，关键问题是这样，现在呢，第一，我们的房产抵押掉了，我钱赚够了，没有抵押了以后，（房子）我可以给她，那没问题，现在我给她，房子归她了，钱（债）全我背了，压力太大了……

A：你房子抵押了，也过不了户吧？

M01：过呗，什么时候解押，什么时候过呗，那也无所谓。关键问题是，我现在离婚了，孩子怎么办？如果不是考虑孩子，我全给她，无所谓的。我就是为了孩子，我就是不离，我至少等孩子……我知道我现在离婚，孩子一定是判给她。我等到（孩子）十四岁以后再说。

A：那就不必要（离婚）了。

M01：那不一定，她不要，说不定我还要呢。

A：那就有点儿不厚道了。

M01：那不是，那是她的问题，跟我无关。

A：哎呀，我觉得男的心机也蛮深的。

M01：都一样。

A：谁比谁的套路深？

M01：哎，都一样。

A：好复杂呀。

M01：其实我是嫌烦，我还有一个，现在我岳父岳母对我非常好，我就是从老人方面来讲，我也不想去离婚，再说这个婚，为什么要离？

A：（夫妻决裂）到最后都会变成一个财务问题。能争得也就是财务。

M01：财务对我真的不是问题，不是说我有多高尚啊，我对钱真的没有高的要求。

A：但是，两个人过日子，不会留一手吗？心理不会有点儿防备吗？

M01：钱都在我手里，她翻不过来，她花她的钱，我花我的钱，我们钱都不合账的。

A：对啊，就还是这个问题。

M01：这个东西现在也无所谓，讲实话，我现在就是考虑孩子，不考虑孩子，房子给她我也没有问题，房子我随时可以赚，随时可以搞，没问题。

A：人们都说，好的婚姻最后让你变成孩子，不好的婚姻让你活得像一个成人。好的嘛，就是彼此面对，很坦率。你这个（婚姻），像谍影重重，像间谍。

M01：是啊，有时候会有这种感觉。我也想通了，算了。为什么彼此不看手机，都知道手机里面有东西，就谁也不看谁的。她一到家，手机都是静音的，我至少随时都是有声的。

A：太逗了，哈哈哈。

M01：但你要说你让我为她付出一切，我也可以，我也没问题，那你说，算不算爱呢，也有点儿。我现在的障碍就主要在于孩子，除了孩子，父母我不管的。

A：得了吧，不可能的。

M01：这个事情他们绝对管不了的，我已经跟他们说过很多遍了，这事情我跟我父母讨论了至少两年以上。

A：不会吧，你会把这个事情跟你父母说啊？

M01：我不会详细说，但是我一直讲我要离婚。我现在就是因为孩子，不是因为孩子我肯定离婚。我甚至什么都不要，我可以，没问题，我对我自己很有信心，我到哪我都能……离婚的方法有很多种，我就想着孩子怎么能够判给我。14 岁之前，90% 的可能性是判给母亲，除非母亲有明显的问题。

A：可以找人啊。

M01：找人也没用，法官觉得跟着母亲，孩子会得到更好的心理上的辅导。14 岁以后，她就可以选择，跟母亲还是跟父亲。

A：还是算了吧，不要折腾了。就这么过吧。你就意淫一下完了呗。

M01：我现在真的无所谓……

A：你说无所谓，但我觉得你还是有所谓。

M01：不不，其实她明着找男人我都不在乎。

A：那不能吧。

M01：你说现在我都知道了，有什么好在乎的？

A：那你说这样子，两个人的心不是越走越远吗？

M01：没有啊，大家都是装嘛，看起来很好的。

A：表演吗？

M01：也不都是，有一点真情在里面，有一点点，总是有一点的。

A：总会留一点儿。

M01：不是留一点儿，表演是一方面，人有没有激情，从做爱方面就知道了，感觉出来了。

A：这有爱时间久了也不行。

M01：总是能感觉出来，这个东西，反正我是很敏感。

…………

在讲究差序格局的中国文化中，亲情关系在一个人的内心和生活中往往具有至关重要的地位，亲人间的紧密性很容易导致另一个人的选择，或者决定性地影响另一个人的生活意义（翟学伟，2016：14）。这样的人生，如同叔本华（1987）所说，"好比钟表机器似的，上好了发条就走，而不知为什么要走，每有一个人诞生了，出世了，就是一个'人生的钟'上好了发条"。

在 M01 看来，为何而结婚？"是被父母逼的。"中国有句俗语："不孝有三，无后为大。"延续香火一直是中国家庭中最重要的任务和议题。对此，人类学家 Berker 如此比喻，"中国家庭采取的父系嗣系（patrilineal descent），它的一贯性好像一根绳子，它开始于很久很久以前，但又会延伸到很久很久以后。它的粗细因时间而不一样，要由其绳股（家族）与纤维（男性成员）之多寡而定。但只要还有一根纤维存在，这根绳子就在，可见纤维不是纤维本身的问题，而是绳子的问题。从这个意义上看，一个男孩的出生就代表着他所有的祖先，代表着该家族的所有子子孙孙。假如这根绳子断了，那就表明这个家族就此不复存在了。因此如果一个家庭在某一代没有后人，它会千方百计地通过收养、纳妾、入赘等方式让其家族延续下去"（转引自谢继昌，1982：45）。在这种观念的影响下，父系的一贯性和整体性得到了保证并被一再地强调。在中国人的观念里，任何个人都依赖于家，任何家都来自上一代的祖先给予，即所谓"万物本乎天，人本乎祖"（《礼记·郊特牲》）。所以，一个男人的生命史，必须放到整个家族的发生和发展的历程中来看。

为何离不了婚？因为父母的钱和恩、孩子的抚养权、岳父母的钱和恩这些都无法掰扯清楚。即使 M01 这样一个桀骜不驯的人，在面对个人欲望和家庭压力的矛盾时，还是选择了妥协。这样的婚姻一开始便注定了是以"合伙公司"的形式存在，而不是以爱情为基础的。个体情感与家庭责任、婚姻的情感性与工具性之间的内在张力构成了人们真切感知的生活现实，对于依然相信爱情的 M01 来说，痛苦不可避免，用他自己的话来说，"为了结婚而结婚，想清楚的话，一切都是自找的"。正如冯友兰（2016：6）所说，中国的人生哲学既是出世的，也是入世的。或者说，中国哲学的精神就是把入世和出世变成一个合命题，即把二者统一起来，其主要方式就是执着于生活。

三 个案 M05：算是给生活一个出口吧

在中国文化中，人格的基础并不是个体本位，而是家庭本位。邓晓芒（2003）分析了中国与西方的人格差异。他认为，中国人缺乏自我意识导致了人格结构上的缺陷。个体本位和家庭本位的深刻观念转换影响着中国人的人格结构。在所有受访者中，M05学历最高，理工科博士，大学老师，跟很多人一样，刷来个人资料中的年龄也比实际年龄稍小两三岁，已经是两个孩子的父亲。跟其他老练的搭讪者相比，他显得莽撞而真实：打招呼之后，在笔者还没有亮明身份和目的时，M05就在刷来中将自己的事情和盘托出，邀请笔者互加微信大号，加了微信大号也不屏蔽自己的朋友圈，还报上自己的真实姓名；目的直接明了，语言也比较"放得开"。

> M05：在忙什么呢？约起来啊？
>
> A：你美？
>
> M05：我是男的，可以加微信聊吗？（偷笑的表情）
>
> A：你帅？
>
> M05：还可以（偷笑的表情），加微信看看？可以视频。刷来刚刚申请不太会玩。×××（微信号），加我微信，可以视频看看。
>
> （系统提示：M05关注了你）
>
> A：结婚了？"交友"的？
>
> M05：喜欢就约，不喜欢也没关系，可以做朋友，做情人吧，我结婚了，方便的时候就聚聚，算是给生活一个出口吧。
>
> A：现实生活很压抑？
>
> M05：是的，有点（儿）乏味。你呢？
>
> A：暂时单身。
>
> M05：那你很自由啊，羡慕。
>
> A：为什么乏味和无聊？
>
> M05：生活就两点一线。时间长了就无聊。不知道你能体会吗？

A：能理解一点（儿）。（所以）希望艳遇？

M05：希望，但哪那么容易遇到啊，希望找个聊得来的情人吧，毕竟有感情好点。

A：情人要感情的，那就会有风险。

M05：有什么风险？

A：有感情的话，要你离婚，跟你过日子怎么办？

M05：如果两个人真的合适也可以啊，我和我老婆现在也是半离婚状态，但你肯定不愿意找一个离过婚的。

A：什么叫半离婚状态？

M05：分房睡。

A：为什么要分房？

M05：为了照顾孩子。

A：那不叫半离婚状态，你会舍不得孩子的，孩子多大？

M05：是的，孩子才11个月，要不是为了孩子，早离婚了。

A：都这么说，没感情，怎么生的娃？

M05：生完孩子才有问题的，婆媳关系。

A：这点（儿）事就要离婚？

M05：骗你干吗？都闹了两次离婚了。

A：哦，那你还有心思"交友"？

M05：我两边都搞不定，现在都不想回家，我现在在单位呢！

A：是搞不定，还是不够尽力？

M05：每个家庭都不一样，婆媳关系如果一开始处不好，以后就很难相处。

A：搞不定，结什么婚？

M05：谁会想到会这样啊，主要我老婆和我妈都很固执，都觉得自己是对的，我比较随和一些。主要我老婆也想离婚了，不想提这些烦心事了，脑子疼。你做什么工作呀？

A：文化传播，你呢？

M05：教育工作，大学老师。

A：你呀？不错哦。

M05：自惭形秽啊，其实我想保密的，但又觉得这样不真诚，不要取笑我就好。

A：没什么，这是个传统问题。

（系统提示：A关注了你，你们已经是好友，订阅对方动态成功，可互发语音）

A：你约到几个了？

M05：一个都没有，我不经常上刷来。

A：为什么呢？看你打招呼的方式，貌似玩得很溜啊！

M05：哈哈，谢谢夸奖，骗你不是人的，刷来我刚注册的。

A：嗯嗯，没必要发这个誓。为啥注册它呀？

M05：就是想找刺激呗，不过很少上刷来，没有事情才上一下，平时也忙。

A：找刺激？你咋知道刷来刺激啊？

M05：刷来软件大多不就是"交友"的吗？

A：你的微信？

M05：×××（微信号），加我微信吧！如果可以的话，请加我微信，刷来我很少上，如果你愿意约的话，我也不会亏待你的，很希望可以认识你，交个朋友聊天谈心。可以躺着聊嘛！刷来我很少用，微信经常用。（微笑的表情）

A：不常用还不卸载？

M05：不是因为还要和你聊天吗？把你的微信给我，我加你可好啊？（微笑的表情）

…………

正如诺曼·霍兰德所观察到的，"在网上聊天时，人们就会退行（regression）。就是这么简单……人们会退行，用他们在面对面交往中绝对不会使用的方式表达性欲和攻击性"，在网上有种"无

所谓"的态度和一种刀枪不入的感觉（Holland，2008：22）。M05
作为大学老师，网上的言语跟现实中显然相差很大，这种退行也是
主体对于焦虑的一种抵御机制。

> 中国人的家庭和外国很大不同，柴米油盐，老婆孩子父
> 母，一堆人一堆事……刚结婚那会儿（对"交友"）应该有
> （愧疚感），现在估计没有了……家人一起，基本时间都不是
> 自己（的）……难得偷闲，享受自己的时间。（M12）

在现代大都市生活中，双职工要独立承担起照顾、养育孩子
的责任，是无法承受之重，所以，基于工作、经济、安全等综合
因素的考量，养育孩子不仅是中国核心家庭的事情，也成为主干
家庭的头等大事。孩子成为连接两个家庭的纽带，也容易成为代
际矛盾的导火索，婆媳关系更是典型的中国式家庭问题。

> 我老婆和我妈搞不到一起去，我们现在在小区单独又租
> 了一套房子，远香近臭。（M01）

> 我最烦老婆的就是好不容易周末休息，非要我开车陪她
> 去爸妈家，也不管我累不累，愿不愿意。（M15）

> 如果只给老婆，我打九十分，如果考虑她的家庭，我给
> 她打七十分。（M10）

有的受访者为了爱情而结婚，然而"原来谈恋爱结婚以为会
一万年，最终没冲出七年之痒，突然觉得那么没意义"（M24）。
有受访者因为害怕孤独而选择成家，选择结婚。"一个人孤独终
老，你能接受吗？"（M10）然而，在柴米油盐的家庭生活中，
"经常会有深入骨髓的孤独感……我对这种孤独感又爱又恨……

让我有一种需求感、虚弱感、孤独感，深入骨髓，感觉内心有点（儿）冷。同时又有渴望被理解被温暖的躁动。这种混合在一起的感觉不知你有没有过"（M13）。

成家、结婚的意义到底是什么，是受访者常见的困扰。曾经有这样一个问题，在知乎上得到热烈的讨论，即为什么有些人开车到家后会独自坐在车中发呆。有个回答点赞特别多，得到了网友的高度认同。他说："很多时候我也不想下车，因为那是一个分界点。推开车门你就是柴米油盐、是父亲、是儿子、是老公，唯独不是你自己；在车上，一个人在车上想静静，抽根烟，这个躯体属于自己。"①

"责任导向"的婚姻原则也许更能解释 M24、M10、M13 对待婚姻的纠结。刘雅格和孙中兴于 1995～2002 年对 69 位涉入婚外恋的受访者进行了深度访谈。他们指出，尽管在世纪之交的中国会更加强调夫妻间的浪漫感觉和性爱亲密，但在婚姻中仍然以"责任"为基础，尤其强调父母－孩子的关系（Farrere & Sun，2003）。

> 在当今的中国城市，通常在结婚前都会有浪漫的追求过程，但大多数对于婚姻关系的描述仍然强调责任而非感情。受访者一般都将结婚描述为"建立家庭"。对于家庭的"责任"，而不是夫妻间的"交流"是用来描述维持婚姻关系的努力的主要语言。而且，这些责任所指的对象不是配偶个人，而是家庭，尤其是孩子。责任意味着可以维护家庭成员间利益的各种实际的互助（包括照顾配偶的性需求）。（Farrer & Sun，2003：19）

---

① 参见《为什么有些人开车到家后会独自坐在车中发呆？》，知乎，https：//www.zhihu.com/question/28476510，最后访问日期：2018 年 8 月 10 日。

四 个案 M28：中国式婚姻中的丈夫都很好

有学者认为，"爱情、理解和责任感是幸福婚姻的三要素，缺一不可。如果一段关系中只有理解和责任感，那么关系中的双方有可能是朋友、合作者甚至是知己。只有加入了爱情，才能变成婚姻，否则关系中就会缺少激情，理解和责任感也会随着时间逐渐减弱；如果只有爱情和理解，但缺乏责任感，那么这段关系的双方有可能是情人关系，又或者是容易出现婚外恋现象的夫妻，婚姻的稳定性令人担忧；而婚姻关系中如果只有爱情和责任心，缺乏对对方的理解和配合的话，那么爱情也会随着时间的流逝而消失。因缺乏理解而失去转化为亲情的机会，而责任感又迫使两人维持表面上的婚姻关系，自然会造成低质量的婚姻生活。只有爱情、理解和责任感同时存在，才是幸福婚姻的理想状态"（夏国美，1998）。然而，正如本节所展示的，对于受访者来说，三者很难实现完美的平衡。对婚姻的责任感尚在，但要么缺失了爱的激情，要么难以理解对方的想法，对婚外性的追求暴露的是他们婚姻的亚健康状态。

M28 在接受访谈时 47 岁，刷来资料写的是 44 岁，NJ 市某大型重工国企的中层管理干部。因为注重运动和保养、生活非常规律，M28 看起来比实际年龄小很多。生活方面，"比较传统，顾家"，感情经历比较简单，"我这方面阅历浅"，只有初恋、结婚、她（一次以分手告终的与网友的婚外情）三段。因为妻子身体原因，二人性生活很少，"那些年工作压力大，无意间忽略了，虽然身体很好，（但）一年没一两次"，当"时间精力都允许，可拼下一部分老本的时候"，需求变得强烈起来。对于"交友"，"有想法，没经历"。

M28：你经历过约吗？

A：没有。

M28：哦，没有的人非常少。

A：你怎知？

M28：我这样的都有了，谁还会没有？

A：你是怎样的人？

M28：比较传统，顾家……

A：嗯，我猜也是，记得×××（最高级俱乐部，已被取缔）有句话说的，来这里的男人，哪个在家不是好丈夫、好爸爸？

M28：（流汗的表情）

A：嗯。

M28：可我很少去那种地方，即使去，也没什么目的。

A：去了，还能没目的？

M28：×××是唱歌的地方？

A：娱乐会所呗。

M28：我唱歌去，别的真不去。早几年，去唱歌，可能碍于情面，不搞特殊，点小姐（就是）拉拉手，跳跳舞。现在我岁数大了，尽量不让点，（别人）实在点了，也不会碰，都太小，罪过，洗浴地方，我是不去的。

A：是吧？不是说男人专一地喜欢年轻漂亮的吗？

M28：我不是，伦理关过不去，唱歌也好，聊天也好，小辈不找。

A：那约，你的伦理观是什么？

M28：相互喜欢，有感觉，才可能。

A：你多大？

M28：47（岁）。

A：办公室暧昧呢？

M28：也没有，办公室最不适合。

A：那你约的啥呀？

M28：不约。聊天，纯聊开始，也有纯聊继续。

A：你是说，先从聊天开始，然后发展到性关系，是吧？

M28：那也不叫"交友"。绝没有过聊天时约定去……

A：是呀，不会约定，但是心知肚明，是不是？

M28：抱着打发时间、相互问候寒暄、心事排解的心态，聊天就不累，这样聊天，不会太在乎得失。

A：我不知道陌生人之间能有什么好说？我总感觉很虚幻？

M28：距离是好东西，让人聊天没有顾忌，或许，过程不错，结果有或没有是其次。

…………

A：你跟她在一起的时候，会不会有一种愧疚？对家里。

M28：没有。

A：为什么会没有？你不是说你是一个很传统的人吗？

M28：我和太太基本上无夫妻生活，她身体原因。

A：哦，明白了，她知道你有（性）需求吗？

M28：不知道，不想让她知道，如知道，肯定不好。

A：为什么不想让她知道？我觉得作为一个太太，难道不想知道老公如何解决自己的性需求吗？你们会聊这个事情吗？

M28：聊过，让她去看医生。

A：你是怎么跟她说的呢？

M28：不是正式语气，类似开玩笑。

A：她的病是看医生就可以好的吗？

M28：她本身要求不高，孩子大点又不方便，加上她身体原因，互相需求慢慢就少了。

A：你用开玩笑的方式说，她会不会不太重视这件事？

M28：所以，这种情况下说，肯定不太重视。

A：你自己呢？你自己的要求？

M28：那些年工作压力大，无意间忽略了，虽然身体很好，（但）一年没一两次。

A：那你什么时候感觉到自己这种需求强烈了呢？

M28：时间精力都允许，可拼下一部分老本的时候。

A：所以说在你的潜意识里，聊天最终还跟性需求无关吗？

M28：是一部分，只是打发时间，相互精神慰藉等。

A：精神慰藉？你觉得陌生的网友能慰藉得了吗？

M28：总会遇到各种人各种事，总会有开心，有不开心。

A：哦，你有跟陌生人吐槽的习惯？觉得一个陌生人能够理解你吗？开心，不开心，为什么不找家人、朋友？

M28：跟太太聊不到一起；好朋友，有利害关系，或者其他不方便，每个人都有个角落，不想让别人知道。

A：但是跟一个陌生的网友，她能给你什么好的主意吗？

M28：不是跟陌生人。

A：就是聊聊呗，但是也是从陌生人开始的吧。如果按你这么说，夫妻之间没有性生活，也聊不到一起去，那你想过这个婚姻存在的意义是什么吗？

M28：有想过，意义在于各个圈子的维护

A：各个圈子？你太太对你事业很有帮助？

M28：亲友圈、家人圈、同事圈、朋友圈、同学圈，易被归为异类，将失去各种帮助。

…………

A：你觉得自己现在还会对感情或性有期待吗？

M28：有期待，不苟求，你参的太透，是否对感情及性很失望？

A：不失望。怎么理解不苟求？

M28：一定内外在都相互吸引的。

A：确定什么样的女人会吸引自己？还是跟年轻的时候一样迷糊？

M28：会谨慎些。

A：谨慎跟明白不是一回事？

M28：明白是懂且能说清，谨慎是明白结合感性的判断。

A：所以，你还是不明白？

M28：我是说不清。

A：对，你很细腻，难得。

M28：谢谢。

A：男人这么细腻的也许不多。

M28：与我工作有关，我细心，父母及把你领入行的师长对一个人影响很大。

A：所以，你对自己的期待是积极实现，还是准备消极等待？

M28：平常心，两者之间。

A：用刷来算是积极行为？

M28：算是。

A：成果怎样？

M28：没有成果。

…………

A：你觉得别人眼里你是个什么样的男人？大家怎么评价你？

M28：你觉得呢？聊过几次天，多少了解点（儿）。

A：纠结懦弱的人，呵呵呵，可能不准。

M28：不是吧？

A：网上的你和现实的你，应该不一样？

M28：我没有优柔寡断？

A：有。

M28：怎见得？因为情感细腻？

A：我也说不太清楚。

M28：哦。

A：你想做什么样的人？

M28：好人。

A：标准是什么？

M28：大家的印象，应该是勤奋、严谨，有爱心、有正能量的人，神态、走姿、声音都显得很精神。

A：你老婆的看法呢？

M28：没有交流过。

A：夫妻之间从来不问？她在你眼里呢？

M28：好女人，持家，宅，朴素。

A：很高的评价，她会问你吗？

M28：不会问。

A：夫妻两个人最深层次聊到哪儿？

M28：已记不得了，多年之前聊天多，现在聊得少，且不深，聊生活、工作、孩子多。

A：不聊相互之间？

M28：不聊。

A：如果从头选择，你还会选择这个女人做妻子吗？

M28：不同时期不同想法，不会。

A：为什么？

M28：很多原因，当时选择有些草率，完成任务。但是，重工业企业，选择余地太小，不是很喜欢（她），加上，这么多年后，相互间共同话题更少。有过一段感情后，把感情看淡了。

A：你那时候有没有想过选一个不是很喜欢的人做妻子，可能的后果吗？

M28：跟不爱的人在一起……不过，她人确实不错，为我及孩子付出太多。

A：就是爱不起来？

M28：是的。

A：那你俩现在就是恩大于爱？

M28：总结得好。

A：我发现中国式夫妻都是这样的模式。你理想中的妻子是什么样子？

M28：要么漂亮，要么有内涵，要么会生活，生活能力强，要么很有情趣。

A：为什么你要用"要么"？难道不可以是综合体？

M28：那最好了，但现实中很少吧？

A：这个标准你妻子占了几个？

M28：一条没有。她有的就是任劳任怨，尽心尽力。

A：对孩子、你和家庭？

M28：对，选择过日子，而非选择爱情。

A：你觉得爱情和日子可以合二为一吗？

M28：可以，那该多好。不可遇，不可求！

A：现实中你看到有吗？周围。

M28：有，不多。

A：这么过，你压抑吗？你妻子压抑吗？

M28：肯定。早些年忙，忽略了，现在反倒能感觉到。

A：这也能忽略？

M28：工作、孩子、忙。

A：你觉得自己想活成什么样？抛开别人对你的印象的话。

M28：我觉得人这辈子，有车、有房，有点（儿）积蓄，别太累，有自己爱的人，老人孩子关系融洽，每年可以休假、旅游。

A：（现在的生活）离目标差哪儿？

M28：少了一个。（偷笑的表情）

A：自己爱的人？哈哈哈。

M28：是。

A：你自我评价是怎样的？

M28：之前说了，指哪方面？

A：那是别人对你的印象，作为一个男人的自我评价吧！

M28：对人，诚恳、正直，比较大度，有包容心；对工作，勤恳，有一定奉献精神，有担当，重大问题能主导，小事能放手。

A：那么多正面评价？家庭角色呢？

M28：是好爸爸，好儿子，好丈夫。

A：你怕不怕被别人看到你在用刷来？

M28：不怕。

A：你怎么理解一个好丈夫？必须不能出轨吗？

M28：中国式婚姻中的丈夫都很好。

A：很好？怎么理解？

M28：抱残守缺，却依然苦苦坚持。武侠小说可仗剑天涯，现实残酷，只有妥协，收起理想，守着一亩三分地。

A：哈哈哈，这话说得，那妻子也是好妻子吧？

M28：是的。

A：男人出轨算渣吗？

M28：有心爱的人，还出轨算是。

A：你相信男人会对心爱的人一直保持身体忠诚？

M28：我相信。

A：在现代，这像个鬼故事？

M28：就是相信。

A：现在的男人偷吃成风？你看到了吗？

M28：不全是，我认可的（出轨）理由，是没有爱的，为了爱的。我业余时间除陪家人，就是钓鱼、健身、散步，偶尔喝酒，唱歌极少。

A：如果你遇到了，你会为她离婚吗？

M28：我不知道。

A：哈哈哈，你注定没有奔向爱情的勇气？

M28：未必。

A：刷来随便聊可能比较适合你，纠结的人会一直纠结，你敌不过世俗的力量。

M28：可能。

A：如果你有勇气，就不是现在这样。

M28：嗯嗯，所以我是纠结的人，我是大多数，淹没在人群中不显。

A：用刷来对你有什么好处？只能让你难受。

M28：这两年的想法，选择了，就得接受，要么打破现状，要么接受现实。也许，改变的决心来自双方。

…………

在中国的传统文化中，洞房花烛夜被称为人生四大喜事之一，成家立业、结婚、生子似乎是生命周期的必经阶段，在这种思想文化的涵化之下，M28 将结婚看作"完成任务"，M09 将婚姻本身看作生活的目的，却又不能完全说服自己。"离婚是不会的……我如果没有婚姻，我就会觉得生活没有目的……"（M09）

虽然是别人眼中的"好爸爸，好儿子，好丈夫"，M28 似乎并不满意自己的生活，期盼着来自网络的"精神慰藉"，家里这个"任劳任怨，尽心尽力""为我及孩子付出太多"，但没有一条符合他理想妻子的标准，他的感受是"恩大于情"，就是爱不起来。虽然在刷来的聊友中期盼遇到"心爱的人"，但他是畏惧离婚的，因为婚姻的意义在于"各种圈子（亲友圈、家人圈、同事圈、朋友圈、同学圈）的维护"，一旦离婚，"就易被归为异类，将失去各种帮助"。所以，他选择做"纠结的大多数"，是"中国式婚姻中的好丈夫"，维持着婚姻表面的稳定与和谐，然而，具有戏剧性的是，夫妻，本应具有最亲密关系的两个人之间，互动寥寥，连性这个最基本的问题都无法真实面对、科学解决。随着传统的熟人社会的解体，现代社会中人们的流动性大大增加，正在呈现更多的陌生人社会特质。而在这个从熟人社会向陌生人社会转变的过程中，人们在脱离了原来熟悉的社会网络的同时，进入复杂、多元而又陌生的人际关系。加之城市生活空间的不断拓展，原先强大的社会规范的约束力陡然减弱，从而使得夫妻在感情恶化的时候可以从容地选择和面对离婚（汪国华，2007）。这样的判断未免简单，从个案M28来看，即使是在陌生人社会，人们还是会形成较为稳定的社会网络，社会规范仍然具有一定的规制力。

西方著名的文化人类学家本尼迪克特（R. Benedict）在《菊花与刀：日本文化的诸模式》一书中提出了一个重要的见解。她通过讨论日本人生活方式的诸方面，从文化比较的角度得出了日本人心理的原动力是耻辱感，西方人是罪恶感的结论。她说："真正的耻辱感文化靠外部的约束力来行善，而不像真正的罪恶感文化那样靠内心的服罪来行善。耻辱感是对他人批评的一种反应。一个人因受到公开嘲笑与摈斥，或者自以为受人嘲笑而感到耻辱，在任何一种情况下，耻辱感都将成为强大的约束力。但它要求有旁观者，至少是想象出来的旁观者。罪恶感并不如此。在一个荣誉意味着无愧于自己心目中的自我形象的民族中，一个人即使在无人知晓自己的不端行为的情况下，也会为罪恶所烦恼，而且他的罪恶感确实可以通过供认其罪恶得到减轻。"（本尼迪克特，1987：188）在本尼迪克特看来，耻辱可被视为外控。翟学伟（2016）认为本尼迪克特对日本人的观察，对于解释中国人的脸面观很有帮助。在赞成的基础上，他提出了在儒家经典里，耻辱不完全是一种外控的心理反应，他认为，儒家对道德自觉的强调，使得耻辱有了内控的特点，同时认为耻辱的发生有高低档次的问题。李银河（2002a：167~168）认为，在婚外性中，中国人感到的压力较多来自外部，如家庭关系、社会舆论、行政处分等，较少来自内心的负罪感。在 M28 和 M24 身上，能够看到耻辱外控和内控的双重作用，他们强调自己内心的伦理关，有强烈的自我道德约束，所以不愿找小姐（发生性关系），更不愿找小辈（发生性关系）。对舆论的恐惧、对自我的约束，形成了耻辱感，进而与本能的对情感、性的渴求发生冲撞，使内心形成明显的挣扎。所以，笔者认为，耻辱感的发生确实可能有内控的特点，但要解释其为什么产生内控，是什么因素使主体产生内控，以及内控如何和外控共同作用，可能是一个更有意思的研究方向。如按照世俗观念，可能会认为受教育程度越高，学历层次越高，道德感会越强，自我约束能力也越强，在婚外性方面可能会趋向更为克制。然而，身为大学教师、拥有博士学位的 M05 就是一个反例，而过不去伦理关的 M28 的学历也不低。

杨国枢从另一个视角进行了分析。他认为，"在社会变迁的过程中，中国人在性格及行为上发生矛盾现象的一个重要特征是他人取向与自我取向。他人取向是一种以人际关系为中心的认知和行为倾向，其特征是强调人际网络或群体关系中适当的角色行为，以维持良好的人际关系。在这种认知和行为的驱使下，个人生活的重点是与他人打交道，使他人对自己不产生不良印象。为了实现这一目标，个人的真实想法和感受并不重要。它们应该被隐藏或被否定，以便尽可能地容纳其他人。自我取向是一种普遍的认知和行为相反的倾向。它以自我尊严为中心，注重在社会生活和个人生活中表达自己的特点，最大限度地发挥自身的潜能"（杨国枢，2013：326）。在这种认知和行为的驱使下，个体行为的焦点是表达自己，以达到自我实现的状态。为了达到这一目的，个人应该忠于自己的想法与感受，做到表里如一，不去轻易地迁就别人。以上所说的他人取向与自我取向就相当于许烺光所谓的情境中心（situation-centeredness）与个人中心（individual-centeredness），也相当于 Abbott 所谓的集体性（collectivity）与个人性（individuality）（转引自杨国枢，2013：326）。费孝通在《乡土中

国 生育制度》中描述了婚姻常态："男女只是在行为上按照规则经营分工合作的经济和生育事业，不想对方期望心理上的契洽。"（费孝通，1998：46）然而，随着自我取向的增强，当代中国人对于婚恋关系中的情感诉求日益增多。不仅表现在恋爱择偶阶段要求"有感情""有话说"，在婚后生活中也更加讲究沟通交流、情感契合（徐安琪，2000；阎云翔，2006；Farrer，2002）。

然而，对于 M28 来说，他不得不"抱残守缺"，"跟不爱的人在一起"，因为"她人确实不错，为我及孩子付出太多"。无独有偶，在 M02 和 M17 看来，自己不能离婚的一个理由是，岳父母对自己很好，甚至在买房子的时候给予了资助。翟学伟（2016）认为，中国人的人情交换有"感恩戴德型"、"人情投资型"和"礼尚往来型"三种，无论是哪种都同"欠"相联系。比较而言，恩情中的"欠"最有中国特点，即无价可言。"不可欠人人情"几乎是中国最重要的社会格言（金耀基，1966：27）。而且，林语堂（2006）所说的传统的面（面子）、命（命运）、恩（恩惠）阳性三位一体的行为导向影响深远。

翟学伟（2016：200~210）认为，在中国文化意义上，人情中的交换的另一个说法叫作"报"，这个概念意味着人情所产生出来的交换不仅在于人与人之间，而且体现了中国人的宇宙观、文化假设与思维方式。访谈结果印证了翟学伟的研究，在 M02、M17 和 M28 看来，自己"欠"着岳父母和妻子的"恩"，他们在家务、抚育孩子、经济援助等方面的付出，无法用金钱来衡量并偿还，所以只能用给予对方婚姻的稳定和家庭形式上的完整作为"报"。反之，如果打破这种平静，选择冲出婚姻，特别是因为婚外情（性）而离婚，就会背负"嫌弃发妻""忘恩负义"的道德枷锁，遭受到舆论的谴责。两难中的纠葛，很难用理性去研判，更多的是情理的作用。

与此同时，笔者也提出一种设想，浸淫在"报"的文化中，对于 M02、M17 和 M28 的妻子、岳父母来说，对丈夫、女婿的

"付出"是否预设了期待回报的动机？这种回报可能是"夫贵妻荣"，可能是"投桃报李"，希望女婿对自己女儿好一点儿，或者期望其在自己晚年生活中提供一定的帮助。在中国传统文化中，"养儿防老""积善之家必有余庆"似乎都传递着这样的思想导向。本书中，虽然没有一手的资料予以佐证，但确实是一个充满社会学想象力的研究思路。[①]

梁漱溟（2011：75～79）认为，中国文化的要义在于，在人与社会的关系上，并不偏重任何一方，而重人与人之间的关系，应该将之称为"伦理本位"。在伦理本位社会中，家庭大，而团体与个人小。他认为，由于"伦理本位"的社会能让人在现世人伦关系中获得人生的意义满足，道德代替了宗教（梁漱溟，2011：83～86）。"自我"在己身的意义上，在中国社会中的特点是具有伸缩性（费孝通，1998：28）。

第三节　自我疗愈

在罗杰斯（Rogers，1951）人本主义的人格理论、希金斯（Higgins，1987）的"现实的自我"（actual self）、"理想的自我"（idea self）和"应该的自我"（ought to self）的"自我"分类法基础上，巴奇等提出，在研究网络关系的时候，应该重点考虑到自

---

① 电视剧《中国式离婚》中，小学教师、妻子林小枫和肝胆外科医生、丈夫宋建平原本是一对和谐伉俪。但在商品经济大潮下，形色男女为了金钱忙忙碌碌。眼见周围的人纷纷致富，一向要强的林小枫（蒋雯丽饰）心理越来越不平衡，曾经她眼里的好丈夫、好医生、好男人宋建平（陈道明饰）也显得越发无能和呆板。夫妻二人的矛盾升级，断而公开化，甚至闹到了要离婚的地步。为了儿子当当的学业，宋建平接受妻子的建议，从公立医院跳至外资医院。为了支持丈夫的工作，林小枫自愿承担起大部分的家务，由此牺牲了自己的事业，辞掉工作，甘于做一个"贤内助"。然而，她的"任劳任怨的付出"对丈夫而言却是"无法承受之重"，同时，林小枫也因为与社会脱节而变得不自信，对日渐成功的丈夫疑神疑鬼，二人渐行渐远。

我的两个方面，即"真实的自我"（true self）与"现实的自我"（actual self）（Bargh，Mckenna，& Fitzsimons，2002）。"真实的自我"（或者称"真我"）即个体拥有的、希望向其他人表达但往往不能无法表明的特质或特征；"现实的自我"（actual self）即为人们拥有且向社会环境中的其他人表达的特质或特征。

然而，正如上节所呈现的，就受访者而言，虽然他们通过建构婚外"交友"的合法性实现了自我催眠，同时借助常态表征的保护，努力维系婚外"交友"的合法性，然而，在道德、情感、理智、关系、利益等多种复杂因素作用下，"真实的自我"与"现实的自我"纠缠不清，受访者成为自我感破碎甚至残缺的个体。对此，吉登斯有着伟大的预见：

> 或许有人认为，现代性打碎了笼罩于小型社群和传统之上的保护框架，并代之以更为庞大、更为客观的组织，而在一个缺乏这两者的世界里，人们感受到的只有迷失和孤独。于是，人们便会求助于作为抽象体系之一的治疗，而它遂成为一种世俗化的告解手段。治疗，不仅是应付新焦虑的一种手段，而且是自我之反身性的一种表达。后者一如更广泛的现代性制度，在个体层面上以同等尺度平衡着机遇和潜在的灾难。（吉登斯，2016：36~37）

一 情绪：一种新的社会秩序的基础

有调查研究发现，夫妇双方的交流程度越高，其婚姻满意度就越高（曾红，2012）。家庭具有满足家庭成员基本感情需要的功能，夫妇双方在频繁的交流与互动中能够增进彼此的感情，加深对配偶的理解。家庭内部交流过少不仅会对已婚夫妇的心理、生理及家庭关系造成威胁，也会增加当事人产生抑郁的可能性

（王存同、余姣，2013）。若双方在婚内能够进行有效的协商和调节，则有可能发展成亲密关系（张耀方、方晓义，2011）。夫妻在婚姻生活中交流频繁，彼此就会感觉被信任或被尊重，也会感觉到自己在家庭权力模式中拥有公平的地位，进而会提升婚姻满意度。相反，夫妻沟通不畅，自然会给两人的情感蒙上一层阴影，从而影响婚姻生活质量（徐汉明，2002）。

　　然而，正如本章第二节中所呈现的，夫妻之间的"猜心"成为受访者在婚姻中最大的成本和消耗。随着现代化的深入发展，中国传统家庭所承载的生产、生育、生活、抚养与赡养、教育与娱乐以及感情交往等繁多的职能，逐渐被工厂、家政公司、学校等专门机构所分担，所以，原生家庭被看作"经济共同体""生育合作社"（闻玉，2008）。人们对家庭赋予的更多情感关怀和寄托的期待，现在已经在改变。在科学主义的导向下，为此而寻求积极的咨询与治疗的夫妻和家庭在西方较为常见。

　　在国外，平均每10个家庭就有一位婚姻家庭咨询师，而在我国，专业的婚姻家庭咨询行业起步较晚，截至2017年，具有专业素质、取得资格证书的婚姻家庭咨询师只有近5000人，与我国数量已超4亿个的家庭相比，形成了很大的职业缺口。[①] 就本研究所涉及的受访者来看，当夫妻之间出现性或情感问题，甚至对对方有所不满的时候，他们都很难开诚布公地表达自己的感受，进行深层次的沟通，而且，个人情绪的表达往往隐藏在自身扮演的角色后面。"角色"（character）是指将通常被认为属于个人的和属于社会的角色特征融于一身之人（MacIntyre，1984：28～29）。"角色"通过在生活中践行文化的最高价值，为社会成员提供一个文化与道德的理想型，因此也成为一个获得大众关注的客体，

---

　　① 参见搜狐新闻《"婚姻家庭咨询师"受追捧　职业缺口巨大》，https://www.sohu.com/a/142739453_723728，最后访问日期：2017年5月23日。

所以，朋友、亲人、同学等传统社会网络的支持作用非常有限，几乎没有一位受访者想过与伴侣一起寻求专业的咨询与治疗，回避或佛系地淡化处理夫妻之间的亲密关系问题更为普遍。

人类学家苏拉米兹·波特（Potter，2010）在论述乡土中国情绪（emotion）文化建构的文章中，将中西方的情况做了对比，认为情绪在西方社会中有着优越的地位；而在中国，情绪则是一种去价值化的社会力量。波特不乏反思性地提醒我们，情绪作为一切社会关系和社会行为的合法基础，是"我们"认识情绪时最基本的前提假设之一。西方人相信，社会关系以情绪为基础得以建立与维系，任何一种没有以情绪真实性为根基的关系，都贫乏无力，而终将消失。因此，西方人投入大量的时间、金钱和努力，维护并加强彼此间的情绪纽带，对个人感觉的表达与表现予以高度重视。治疗文化（therapeutic culture）便是这种倾向的一种典型体现，它的特点是持续而广泛地关注心理过程，对其"必须加以定义、解释、表达、分析、理解和利用"（Wright，2008：321）。感觉的表达被人们视为用以建立并更新社会关系的工具。诚与真的文化准则，让人们有必要使自己的内在生活与外在的社会秩序的要求保持一致，否则会被人视为虚伪（Lutz，1992）。反观中国文化，波特认为情况恰恰相反，中国人的社会秩序并非建立在个人情绪生活的基础上（Potter，2010）。波特承认，中国人拥有丰富的情绪生活（emotion life），而且情绪与社会经验之间也的确存在某种联系。关键在于，在中国，情绪并没有被视为一种根本性的社会现象，人们也不认为其有创造、保持、伤害或摧毁社会关系的能力。"诚"并不涉及内在感觉，而只要求对礼仪的恪守践行。于是，正当的社会行为只需符合一套在文化中共享的表达与行为准则即可，并不一定要与内在感觉保持一致（转引自李海燕，2018）。

　　每个人都想有个安全温暖的空间……我觉得网上和陌生

人交流更坦诚，一旦进入实质，人的面子会让人掩饰现实……现实中能真实交流的人几乎没有，在现实面前都戴着面具……在单位，人际压力高于一切……有好朋友，运动的（圈子），工作的（圈子啊），还有老同学，但聊不了深层次的东西……我想了解女人到底要什么样的感情和为什么会变，我也想知道网上约的女人们是因为钱还是因为性，或因为感情……（老婆）不可能说实话的……（M24）

我其实有很多话没办法对人家，没办法对身边的人说，我找了一圈电话号码，都没办法跟人家说。哎呀，郁闷死了……怎么说呢，我现在不缺什么聊天的女人，还有网上女朋友，我就是想找一个人，就是说，我现在没人去叙说，那些人我不能跟他说这些事情，你知道吗？（M02）

其实现实生活我也是这样（高冷），比较正统，一般女孩不敢跟我接近，我也不会开玩笑调侃……我不是很会是哒（是哒，NJ方言，聊天的意思），和生人没什么话讲，熟了还可以……人都有两面性，我应该是那种闷骚型（目瞪口呆的表情）……我也觉得其实自己是个挺无趣的人（目瞪口呆的表情），虽然我爱好广泛也很随和……（M19）

有学者认为，中国传统人生哲学的核心不是"生活是什么"的认识论命题，而是"如何生活"的实践论命题——韦伯将这种生活哲学称为"实践理性主义"（转引自陈辉，2016：214）。类似的，李海燕（2018）认为，波特对于中国乡民情绪文化建构的诸般见解，不失有效性与重要性。但波特所持之论，是基于在乡民之间展开的田野调查，无论是从历史的角度出发还是以民族志的视角观察，均有立足不稳之处。波特所谓"（在中国社会）没有一种把社会结构建立在情绪纽带之上的文化思想"（Potter，1988：185），抹杀了在 20 世纪发生的划时代的转变，情绪（或爱）由此成为社会生活与文化生活中的关键词（李海燕，2018：4）。

爱既非全新的"舶来品"，也非纯粹的"土特产"，而是一个文化融合生成的能指，在 20 世纪早期中国的情绪地貌（topography）中扮演了一个至关重要的角色。以五四运动为起点，20 世纪中国早期的情感话语同时从欧洲浪漫主义和帝国晚期的"情教"中汲取了语言学、道德和认识论上的资源。爱被宣称为（也被要求作为）作用于全部社会关系的唯一原则：父母与孩子之间、丈夫与妻子之间以及华夏同胞之间。任何一种社会制度，如果没有与爱勾连，或者缺乏对爱一以贯之的强调，就会被认定为一种腐朽的、不合理的制度。在五四运动时期，儒家的家庭观念及行为准则作为虚伪的典型而受到无情的抨击。尤其是"孝顺"，因其空虚的形式性和对内在自我心理与情绪生活的漠视而遭到特别的谴责。"父母之命，媒妁之言"的婚姻制度，也同样是遭受到猛烈攻击的一个靶子。现代性进程中的社会精英，将情感抬升为个人身份与社会生活的支柱，他们不能接受，婚姻中的夫妻双方没有情感经验的联系（李海燕，2018：7）。

因此，李海燕（2018）特别强调在中国发生的一种现代性的根本转变：以表达情绪的属于重新定义个人身份与社会性的概念，换言之，以情绪作为一种新的社会秩序的合法性基础。情感话语不仅是内心情绪的表达与表现，也参与了社会秩序（再）定义和自我与社会形式（再）生产的发声实践。她主张，关于情绪的言说从来都不是在纯粹地、简单地谈论情绪，而总是涉及某些其他的东西，如身份、道德、性别、权威、权力和群体（李海燕，2018：8）。

杨国枢（2013）认为，从农业社会向工业化转化的过程，也是从权威社会向平权社会转化的过程。在这一过程中，国民的权威性格（authoritarian personality）① 逐渐减弱，平权性格（egalitarian personality）② 逐渐增强。在此社会变迁的过程中，由于中国人在性格上兼有权威性格与平权性格两方面的特质，日常生活中在行为上便不免产生很多矛盾的现象。同一个人在不同的情境下表现出不同甚至相反的言行；同一个人在相同或类似的情境下先后表现出不同甚至相反的言行；同一个人在不同的情境下对同一件事的观念与行为（或看法与做法）表现出不同甚至相反的言行。在这种矛盾中，当事人所体验的冲突感或失调感可能最强。冲突感或失调感是一种不愉快的心理状态，所以具有负向动机的作用，即会推动当事人采取某些工具性的行为，以减轻其强度。最重要的两种工具性行为是：寻求具有其中一种性格者的支持，亦即只接触具有其中一种性格的人；寻求表现其中一种性格的传播信息的支持，即只阅读表现其中一种性格的文章，或只收听与收看表现其中一种性格的节目。经由此等工具性的行为，便可加强其中一种性格，而使之胜过另一种性格，从而打破势均力敌的僵局，使其中之一获得支配性的优势，以减轻原有的冲突感或失调感。当然，各人对冲突感或失调感的忍受力大小不一，而且并非每个人都能顺利获得成功（杨国枢，2013：328 ~ 330）。对于受访者来说，选择在网络陌生人处倾诉痛苦，寻求慰藉，甚至走

① 根据杨国枢（2013）的定义，权威性格是一种相当复杂的性格结构，包含了很多性格特质，其中比较重要的有：对权威与规范（也是一种权威）无条件顺服；迷信权力与权势；注重严刑峻法；喜欢从单一的价值标准评判人、事、物；喜欢采用二分法的思考方式；在人际关系中注重双方的身份；不易信任陌生人，对他人有压抑性的敌意；缺乏超越适用范围的想象力。

② 根据杨国枢（2013）的定义，平权性格也是一种相当复杂的性格结构，所包含的主要性格特质有：尊重合法的、合理的及智能的权威，而不盲目或无条件地顺服权威；不迷信权力与权势；主张以辅导与矫治取代严刑峻法；喜采用多元的价值标准来评判人、事、物；承认人、事、物的复杂性，较少采用二分法的思考方式；在人际关系中重视双方的本身特性，而非专注于彼此的身份；对他人（尤其是陌生人）较少有偏见与歧视，并能加以信任；比较富有超越适用范围的想象力。

向"交友",可以被视为减轻冲突感或失调感的工具性行为。

二 网络的抑制解除效应

通过实证研究,亚当·乔英森(Joinson,2003)发现,个人在网上透露的个人信息比在面对面情境中要多。另外,他发现当人们保持视觉匿名(visually anonymous)时,他们比那些没有视觉匿名的人更加愿意透露自己的信息。在互联网上保持匿名可以让人们在感情上更加诚实与开放(Whitty & Gavin,2001)。

对于这种现象,约翰·苏勒尔用"抑制解除效应"(disinhibition effect)来解释。"抑制解除效应"可分为两种:"良性抑制解除"(benign disinhibition)是指一些人会在网络上显露自己的隐秘情感、恐惧或愿望,或者他们会变得非常善良友好;"恶性抑制解除"(toxic disinhibition)是指一些人在网络上会变得极端粗鲁或非常易被激怒,或者看一些他们通常不会看的东西,如色情内容(Suler,2004)。基于"良性抑制解除",约翰·苏勒尔(2018)的研究表明,网络在某些方面提供了一个颇具吸引力的开展心理治疗的空间。凯特·安东尼(Kate Anthony)和劳森(Lawson)认为,"来访者发现匿名、安全、舒适以及方便快捷的咨询服务赋予了自己一定的权力,因而要比传统治疗(通常是面对面的)更好",所以,他们相信随着技术的发展,网络很有可能成为受到咨询双方欢迎的咨询方式(转引自特克尔,2014)。

Pennebaker 和 Press(1997)强调说,自我暴露不仅有利于一个人的情绪健康,而且会进而促进身体健康。他们还特别强调了描述个人情绪体验的重要性。一些个体确实在网络上会感到更加自由,史卡罗特和克莱斯特宣称,很多性格腼腆的人用在线约会网站来克服一般面对面约会带给他们的障碍(Scharlott & Christ,1995)。就此来看,受访者在刷来中,跟陌生人之间的搭讪、聊天、调情、"交友",更类似一种自发的、粗糙的反思和疗愈。在与各色陌生人的互动中，他们试图确证自己对婚姻和性的认知，寻求自己百思不解的答案，反思婚姻和自我的方向。性经历特别是婚外性经历就成了他们体验多维度、多层面生活的一个内容，也是他们了解社会的一个渠道和窗口，尤其是，对工作生活环境比较单一（如 M05、M10）、情感经历较为简单（如 M24、M28）和平日较为高冷（如 M19）的人来说，更是如此。如萨多克、卡兰普和弗雷德曼（1988：94）所宣称的："没有任何东西比性更伟大，没有任何东西比性更美好，没有性就没有任何拯救可言。"

　　同样基于反思和自我疗愈的目的，对于笔者的研究，受访者大多是积极配合和尊重的，不吝于自我暴露，对于笔者的评价也较为在意，希望笔者能够给予一些心理上的指导，甚至希望笔者凭助自己的科研身份和能力，去研究一些他们困惑的问题，因之在研究主题上也会给予笔者一些建议和意见。

　　　　（我）想了解人真正的想法，我们受的教育给我们的行动准则有问题……我一方面和你（指笔者）交流，一方面也是向你学习……我想了解你对婚姻的本质的定义……我的目的不只是那种意义上的约，我思考婚姻本质很久了，我现在理解的婚姻本质是一种契约，因为附加了社会性、道德、情感，所以复杂了……我上刷来不是为了约，我想知道社会群体的真实想法……我上刷来也是在了解，从生存、生理、情感角度分析……（M24）

　　　　心力交瘁，没人抚慰……疯狂工作，然后疯狂玩，要释放自己，把压抑的东西释放掉……我都对着电脑几十年了，没有精神支柱，电脑上看个小电影就精神了（微笑的表情）……你（指笔者）说我整天这么撩，是不是挺无聊的？……你（指笔者）好充实，不像我内心这么空虚！（M10）

　　你觉得我今天回答你的那些问题，我的对待两性或者婚姻的价值观是不是非常的畸形啊？我希望你给我一个建议哈，觉得我是不是有问题或者怎么样？像今天这样的采访，以后会在报纸上还是在什么里面会体现出来啊？我会不会看到自己的这个，有点期待耶。（M09）

　　我觉得你研究这个东西，我也挺喜欢的……我可以为科学献身，哈哈。说实话，我对这项目（指笔者的研究项目）也有兴趣……我只是想看看在专家眼里，我是什么样子……我还想看看女性的视角……有机会可以好好交流下，我也想了很久，他们（指圈子内的朋友）当作绯闻去听，我当成类似于心理研究这种去听。……（笔者问，你为啥想这个？）说思考人生你信吗？……建议你找受过高等教育的，沟通会好一点，也比较容易接受，下次帮你介绍个朋友，我还真认识不少。（M01）

　　我这样的（指婚外出轨），好还（是）不好？……我文字功底还可以，可帮你整理，拍我（我）可以戴眼镜，不拍脸也可以……（M28）

　　我超喜欢有智慧的女人，凤毛麟角，除了性爱，我更喜欢向对方索取智慧。（M21）

　　高反射性现代社会的基本特征是自我认同的公开性和身体的反射性，今天的自我对每个人而言都是反射性的规划——或多或少是通过对过去、现在、未来的持续质询（吉登斯，2016：48）。正如盖格农所说，许多人在婚内性关系中感到十分孤独。他们无法将自己的行为与他人相比较。人们相互隔绝，因而对他人的性生活全无概念。这也许就是人们对性有着过多幻想的原因。人们一旦掌握了性的机制与技巧，必定会回到感觉这一根本问题上来：你对他人感觉如何；你是否喜欢自己，喜欢自己所做的事情。这是远比性技巧更为严峻的问题，是关于生活而不仅仅是关于性的问题（盖格农，2009：200）。受访者的困惑，与其说是对生活的困惑，不如说是在现代性和个体化的趋势下，对自我身份的迷茫。

三 成为自己的治疗

查尔斯·泰勒（Charles Taylor）把现代身份看作"对日常生活的肯定"。按照泰勒的说法，现代的身份是现代西方对于"何谓人类主体"（human agent）这一命题广泛而无声的理解之集成，主要包含三个方面：内在性，或曰个体在内心深处拥有"一个自我"的观念；对日常生活的肯定；将"本性"（nature）视为一种内在道德本源的表达主义观点（泰勒，2008）。泰勒在身份与道德之间建立联系的努力，具有里程碑式的意义。他将哲学家的洞见加诸浪漫主义运动之上，认为其巩固了自我的表达主义模型。此模型将伦理的主体建立在感情术语所定义的人类本性之上。这种道德哲学中现代自我的生涯开启于一种感性的自我，它不眠不休地向内心深处获取道德和精神养分，并永远以心灵为纲评判与论证着社会关系和行为。现代自我同时是一个非英雄化的自我，对宏大叙事和乌托邦理想持有怀疑的态度。它更愿意将救赎感和使命感放置在由工作、商贸和家庭生活构成的平凡世界之中（李海燕，2018：10）。

现代性的进程尤其是启蒙运动和工业资本主义的到来斩断了自然和传统的纽带，带来了查尔斯·泰勒所说的"大脱嵌"或者"伟大的抽离"（great disembedding），个体从此抽离于"伟大的存在之链"（great chain of being），获得一种"不具有任何必然的社会内容和必然的社会身份的、民主化的自我"（泰勒，2008：40）。

珍妮特·雷恩沃特在《自我治疗》中，提出了"如何成为你自己的治疗师"这一问题。在她看来，由他人（如心理医生和心理咨询师）所完成的治疗是自我实现过程之重要（很多时候甚至是关键）组成部分。同时，雷恩沃特认为，治疗要想取得成效，个体的自我反思必须融入其中，也就是说，"当病人开始学习自我治疗的时候"。这是因为治疗不仅仅是一种被动的接受，相反，它需要对个体的生命发展过程做出系统的反应。从这个意义上说，治疗师最多起到催化作用，即加速自我治疗的进程。同时，珍妮特·雷恩沃特认为，记日记，或者进行理念或实际的自传写作，是进行提前思考的手段，"自传性思考"是自我治疗之核心要素。这是因为，形成个人生命历史的连贯感，是逃避过去的牢笼和对未来敞开自我的首要手段。自传是对过去的校正性干预，而不仅仅是逝去事件的编年史。自传的另一方面是"校正性情感经验之演练"。作者以现时所写的短篇故事之形式记录下过去曾发生的事件，并借此尽可能精确地回忆事件过程以及当时的感触。进而，"故事将以作者希望其发生的方式被修改，并在其新情节中加入新的对话、感触和处理方式"（转引自吉登斯，2016：72~74）。

性是一个以自身为旨归的王国，在这里，阶级、性别、种族的等级受到了性这一公共属性的调和，仅有的差别就是幸福还是不满。在很多受访者的叙述中，包括他们与笔者互动中表现出来的配合与信任，都可视为珍妮特·雷恩沃特所说的"个体对其生命发展进程之系统反思"（转引自吉登斯，2016：73）。虽然没有纸质日记，但受访者跟笔者、刷来网友的叙述，以及通过刷来动态的各种吐槽，都可视为一种电子日记。这允许主体在匿名性以及为自我的写作中充分释放自我，符合佩尼巴克（Pennebaker & Press，1997）指出的最优写作条件。事实上，M01在第一次离婚后，看过大量有关心理学的书，也特别希望跟笔者做心理学领域的探讨。他笑言，自己曾经也想过写个自传，把奇奇怪怪的人生梳理一遍，留着自己老了以后看。

小 结

作为一名已婚男性，通过刷来"交友"或尝试"交友"，就注定要在线上与线下、真实与虚幻、前台与后台之间辗转腾挪，从此意义上说，身体与科技的共谋赋予了主体体验多维身份、混合人生的机会。然而，情感、理智、利益、道德等多重力量的复杂纠葛，使得混合人生无法像智能机器那样精准设定、轻松驾驭，千变万化的自我之间不是无缝对接，而是呈现分裂的状态，主体会出现自我认同的紊乱。在日益发达的现代科技的时空下，我是谁、从哪里来、到哪里去的永恒哲学命题依然在叩问着人们。所以，生活要继续，就必须实现自我疗愈。然而，受传统思想观念的影响，鲜有受访者求助专业的婚姻家庭咨询机构和自己的社会网络，他们更愿意在与刷来网友的互动中释放自我、索取慰藉和满足需求。本章通过对流动的、液态的现代性之下，受访者所面临的特有的自我身份认同问题及其疗愈的梳理，展示了他们婚外"交友"背后复杂的心理机制，呈现了主体复杂而纠结的内心世界。

第九章　研究结论与展望

> 性已经成为一个独立的功能：从作为种属繁衍的集体功能，转而变成生理平衡（普遍卫生的组成部分），精神平衡、"自我表达"或主体性的表达，无意识的释放，性快感之伦理学（还有别的吗？）的个体功能。
>
> （波德里亚，2011：50）

社交媒体到底对婚姻稳定性有怎样的影响？是不是一些专家所说的"隐形杀手"？在第四章到第八章论述和分析的基础上，本章将对研究的主要发现和结论进行总结梳理，并讨论和反思，以此凸显本研究的理论和实践意义。

第一节　研究结论

本研究以性脚本理论为基本框架，从多元理论视角对一些已婚男用户借由陌生人社交媒体刷来"交友"的现象进行了分析，本节对主要的研究发现和结论进行梳理。

一　研究发现

（一）社交媒体是构建和实施"交友"性脚本的共谋者

如本书第四章所分析的，一方面，转型期中国，正由熟人社会向陌生人社会转变，在高度流动的都市社会，学习接纳陌生人，建构"陌生人伦理"已成为现代文明的迫切诉求；另一方面，互联网作为一种重要的"脱域化"机制迅速而广泛地嵌入现代人的生活和情感。在这个双重背景下，匿名的陌生人社交媒体发挥了一定区隔作用，为人们体验多元身份和角色，回避现实压力和冲突，构建和释放多重自我提供了可能。于是，陌生人社交媒体逐渐成为人们吐槽的"树洞"，甚至成为情感和性的宣泄之地。陌生人社交媒体创建了一种"既隔离又联结"的网络社交关系，"虚拟亲密""熟悉的陌生人"成为实现个体自洽的情感和社交模式。

本研究中，受访者或者基于艳遇的期待，或者基于对"交友"的好奇，选择下载、安装刷来，进而与刷来网友发生了一系列的纠葛，包括"交友"。以此看来，刷来似乎是用户构建、实施、演绎自我性脚本的重要工具和舞台，用户作为主体选择了刷来，并将其客体化。然而实际上，刷来并不只是工具和舞台那么简单，在它精心构建的智能化界面和良好使用体验背后，是一套有思想的算法。这个算法的核心思想是"性驱动"，围绕这一思想，刷来公司采用了带有各种性暗示的广告传播策略，使用 LBS 技术帮客户迅速寻找"附近的人"，搭建了 360 度的多维的自我呈现平台，通过隐身、关闭距离等个人设置帮助用户创建轻松的弱关系社交。这一系列的操纵策略和专家技术设置，一方面，增强了用户黏性，保证了刷来公司的利润增长；另一方面，激励和便利了受访者对婚外性的追逐，甚至因此被冠以"交友"软件的称号。

就此而言，刷来并不只是客体化的工具和舞台，它背后有公司这个资本主体。在资本主体对利润的工具主义追逐下，在"产消合一"的模式下，刷来作为内容生产平台，参与、见证了受访者婚外性脚本的构建和演绎，受访者的"交友"性脚本深深地内嵌在刷来平台上。本研究发现，刷来实际上扮演了协助、诱导受访者建构、实施婚外"交友"性脚本的共谋者角色。

（二）社交媒体对婚姻稳定性的影响有限

如本书第五章、第六章所分析的，刷来是已婚男用户建构、实施"交友"性脚本的共谋者，但这并不意味着，社交媒体是婚姻的"隐形杀手"。对于本书中的受访者来说，恰恰是基于婚姻稳定大于一切的前提，他们选择了借由社交媒体"交友"。借由刷来"交友"，是他们在婚姻忠诚和个体需求发生冲突时，安放个人情感和性欲的理性化选择。

如果将金钱花费、情感投入、时间投入、精力消耗、风险程度看作婚外性的成本，将性伴侣多少和性体验优劣作为婚外性的收益，那么社交媒体"交友"作为一种相对来说成本较低、性收益较高的婚外性形式，而被受访者看重，特别是，其较低风险和成本是一个很大的诱因。来自非熟人圈的"朋友"，不用彼此负责，甚至彼此间不用实名，最主要的甚至是唯一的联系就是刷来。这样的似近实远、似是而非的脆弱关系，对于受访者来说，恰到好处，不会危及自己线下的声誉和形象，更重要的是，可能不会影响到自己的家庭。所谓的"不影响家庭"，是"交友"的前提，也是底线。为了维护这个底线，他们会在自我呈现、"交友"对象的选择、情感剥离、逃避来自配偶的监督等方面采取一系列的"战略"和"战术"。

所以，将社交媒体看作婚姻的"隐形杀手"，一定程度上忽略了主体的主观能动性，有"技术决定论"的嫌疑。从本研究来看，使用主体对于社交工具的选择是有自己的理性思考和判断的，他们看重并利用刷来"交友"的优势，以此满足自己更多的性体验需求。

（三）婚姻制度依然具有强大规制力

如本书第七章所分析的，利用刷来进行婚外"交友"，是对主流性道德的一种背离,本质上是一种越轨行为,挑战了主流婚姻观念和婚姻制度,所以,在政治、法律、社会等层面均面临规制。因此,受访者为了心安理得地进行婚外"交友",一般会进行合理归因,包括圈子文化论、性享受论、男人征服论、婚姻平衡论等。这些合理归因是他们性脚本的基本图式,建构了婚外"交友"的合法性,也建立了自我行为逻辑,进而实现了自我催眠,以此抵御来自外界的舆论压力和来自自我的心理压力。

然而,如本书第八章的个案所呈现的,受访者虽然为自己的婚外"交友"建构了合法性,但他们并不能完全摆脱主流婚姻观念和制度的规制。他们在线上、线下互构的混合人生中,对于多元身份的转换和体验并不能驾驭自如,因之会出现自我紊乱和认知失调。我是谁、从哪里来、到哪里去,在 Web 3.0 时代依然是基本的哲学命题,并且被赋予新的时代内涵。或者出于对亲情、舆论的顾虑,或者因为经济、孩子的牵绊,几乎没有受访者选择走出婚姻,而是更多地选择类似刷来这样的陌生人社交媒体来安放自我情感和性欲。

本研究通过对受访者的行为分析,证实了婚姻制度的强大规制力,一定程度上也印证了潘绥铭、黄盈盈(2013)的"中国至少有1/5 的婚姻是在奉行'稳定压倒一切'的生活哲学"的研究发现,印证了在日趋个体化的中国社会,"家庭三角"依然会是"社会结构中的基本三角"(费孝通,1998;潘绥铭、黄盈盈,2013)。

二 研究结论

本研究通过对已婚男用户借由陌生人社交媒体——刷来"交友"行为的分析,对社交媒体是婚姻"隐形杀手"的命题进行了检验。基于以上的研究发现,本书的研究结论如下。

在转型期中国离婚率居高不下、Web 3.0 时代社交媒体迅速嵌入国人生活场域的双重背景下,社交媒体特别是陌生人社交媒体基于"性驱动"的算法哲学，通过一系列的专家技术设置成为一些人构建和实施自我性脚本、追求婚外性的共谋者。然而，并不能就此断言社交媒体是婚姻的"隐形杀手"。因为社交媒体用户作为主体，有一定的能动性，他们是在对多种婚外性实施形式进行比较分析后选择了借由社交媒体发展婚外性的。因此，对他们来说，试图在不影响婚姻稳定、家庭完整的前提下，通过社交媒体"交友"，是安放和宣泄个体感情、性欲的一个理性选择。所以，社交媒体的使用可能会对婚姻稳定性产生一定的影响，但对其是婚姻"隐形杀手"的判断，一定程度上遮蔽了对用户主体自反性和性、情感和婚姻复杂性的观照和分析。因此，社交媒体和婚姻稳定性之间的作用机制，需要更多深入细致的研究。

需要说明的是，本研究的描述、分析和结论主要是基于对使用刷来的 28 名已婚男性的观察和访谈，确切地说，他们利用刷来进行婚外"交友"的行为和特征，是由特殊的动机和情境构成的，具有一定的典型性。同时，正如阿特纳在分析全景监控与后全景监控的区别时所提出的，当代人在日益分割自己的生活，网络将生活分割为不同的领域，这样，便不容易看到整体。他们变成了分割的个体（individuls），在很多不同的情境与地方展示不同的身份，无论是同时还是不同时。这就是整体与个体的解体与碎片化。个体不再总是能够作为他或她的整体被对待，有时，只能捕捉到人格的某些方面，这是对当前互联网情境的颠覆（转引自惠蒂、卡尔，2010：59~62）。

本书所呈现的这个交叉的探索性研究，确切地说，是从另一面来透视当代国人的婚姻道德观念。转型期的复杂性包括了性爱和婚姻观念受到的冲击和重构，"人们有许多各不相同的性目的和性理由，与他人相左，或与社会赞许的性脚本有区别。我们称之为多样化"（李银河，2009：33~34）。对于婚外"交友"，传统主义者、现代主义者和后现代主义者可能各有视角，看法不一。传统视角评判的出发点可能主要是婚姻的稳定性，将"交友"视为一种影响家庭稳定的不良行为。现代主义的视角，对于"交友"的观点会更加丰富，如认为相比于婚外情，这种婚外性形式危害更小；认为对于缺乏性生活或夫妻分居异地的人来说，"交友"是一种人性化的"赋权"。而后现代主义视角，则可能将通过"交友"追求性的满足去道德化。所以，虽然伦理守则一直保持着相对的稳定和简单，它们潜在的实现方式却总是层次丰富且可以替换更迭的（福柯，1997：28）。

虽然婚外性的历史由来已久，但我们真的理解它的存在吗？正如黑格尔所说："熟知非真知。"一个研究者要时刻保持对"熟悉"的敏感，"留意日常生活中某些被普遍使用的语言、名词，考察它是不是有一种上升为理论概念的空间"（曹锦清，2010：34）。

所以，本研究的目标并不是对受访者的行为给出某种定论，而是希望客观呈现国人关于网络、性和婚姻的叙事，更进一步的，希望能够引发读者的思考。其实，这些受访者所描述的"一地鸡毛"的生活，充满了日常生活的"烟火气"，离我们似远实近。正如梁漱溟（2011：23）所说："广义的文化，就是一个社会过日子的方法。"

第二节　研究讨论

互联网将哲学讨论带入当代人的日常生活，每个人似乎都是半个哲学家，生活中充满了悖论。借由刷来进行婚外"交友"这种越轨行为的背后，映射了传统主义－现代主义、理性主义－浪漫主义、家庭主义－个体主义、熟人社会－陌生人社会、现实社会－虚拟社会、教化伦理－生活伦理等不同社会形态、思想潮流、行为模式和伦理道德之间的对立与矛盾。

一　性观念的变迁

正如吉登斯（2016：75）所说，"一种与互联网技术相关的日常生活的实践行为的成立和维持，不仅有赖于互联网这一技术的安排，而且也与相关群体在日常互动中的建构和广泛认同有关"。在三年的潜伏观察和无结构访谈中，笔者发现，婚外性的发生日益增多，甚至成为一些人的文化符码，这种现象的背后是否喻示了转型期国人性道德的转向？在我们的生活中，性究竟扮演什么样的角色？性对我们自身意味着什么？每个人对性需求的满足会做出什么样的选择？……对此，李银河（2009：5）认为，我们面临的并不是简单的所谓"道德危机"或所谓"性革命"，而是正处于一个性观念与性行为方式的变化过程中。虽然李银河所认为的这种性观念的变革可能目前并不为中国社会所广泛接受，但从西方性解放的历史和谱系来看，性观念的变革几乎是全球性的，只是不同地域的节奏有所差异而已。

透过"性的微小编年史"（福柯，1988），人们世代相传的性脚本为各种文化赋予了独特的色彩。这些性脚本首先包括性目的的内容，即为某些类型的性行为提供理由，而不是为其他类型的性行为提供理由，以便自己实施某些性行为（盖格农，2009：26）。吉登斯将人类对于性行为的规范的变迁大致分为三个阶段。第一阶段，性以生育为目的，凡属生殖目的之外的性行为都受到严格的控制，甚至被贬斥。第二阶段，性以爱情为目的，爱与性紧密相连，性是表达爱的方式，是人与人之间长期人际关系的表现。第三阶段，性以快乐为目的，性成为消费的对象、快乐的来源，这与女性地位的改变以及人类价值观的改变有关；关系的核心是双方的性满足，这是最重要的，持久的忠诚不再居于首要地位（吉登斯，2001b：135～139）。

从吉登斯所说的第一阶段开始，婚姻制度就是社会为性筑下的防疫圈，维护着性的生殖功能。在一般人的理解中，婚姻之内的性生活是合法的，婚姻似乎为人光明正大地过性生活打开了方便之门。但是，事实也许恰恰相反，理解婚姻的关键不在于它对性关系敞开了大门，而在于它对性关系的限制，是对人有可能发生的滥情、不负责任的一个防范。"性可以引导人们进入天堂,也可以诱惑人们陷入地狱。毫不奇怪的是,性已经成了人类感情当中最令人担心的东西,因为也是最受压制的。"(波茨、肖特,2006:4)所以,性永远也不会成为一种独立性的存在,它是种毛细孔状的话语的聚集之地。

在中国,性行为始终被局限在夫妻之间,主要目的在于生育后代(李银河,2009:28)。人既不能绝欲,又不能无性生殖,所以只能迁就一些,把性限制在夫妇关系里(费孝通,1998)。

费孝通(1998)说中国人是"有祖先也有子孙的民族",许烺光(2011)说每个中国人都生在祖荫下,长在祖荫下,通过生育子孙、延续香火而获得生命意义。传宗接代在中国人的生活中具有宗教性意义,我们甚至可以将其视为一种宗教替代物。费孝通(1998:46~52)在 20 世纪早期中国乡土社会中发现了以家庭为主导的"感情定向",认为家庭将婚姻关系置于纵向亲族关系的从属地位,抵制夫妻之间依恋情绪的公开表达,而最终又将一切情绪生活置于生产生活(事业)之下。费孝通的洞见与查尔斯·林霍尔姆的观察不谋而合,"由巩固的大家庭、各年龄群体和其他包围型社会网络构成的相对稳定的社会,通过集体仪式的参与,为个人提供了归属感和超越经验的不同形式;而对于浪漫的参与则不受青睐"(林霍尔姆,2012:257)。在此类社会中,浪漫之爱常常在暗中展开,或是在正式亲族结构之外的某地进行,比如青楼或妓院(林霍尔姆,2012:250~254)。所以,从两位学者的视角来看,在家庭主义凌驾于个人主义之上的社会形态中,浪漫之爱无法获得主流社会的信任,几乎不可能成为婚姻的合法基础;婚姻作为一种公共制度,承载的是政治目的和社会经济功能。浪漫也无法构成个人身份的基础;相反,个人身份要在家庭与国家的等级化世界中铸造而成。

浪漫之爱在 18 世纪以后开始成形,爱情开始成为性和婚姻的理由。在中国,阳明学派把"情"推崇为人性或人道的决定性要素，给后世留下了深远的影响，直接冲击了文化界，导致一系列将"情"颂为"至高无上的人类价值"的小说和戏剧喷涌而出，并且持续激增（黄卫总，1999）。"在浪漫之爱的依恋中，崇高之爱的素质容易高高在上主宰着性激情的素质。爱既与性分离，又和性纠缠不清。"（吉登斯，2001b：49～54）所以，将长久的婚姻生活建于短暂的浪漫爱情的基础上，如果无法完成从情欲之爱（eros）、激情之爱（passionate love）向友谊之爱（storage）转变的话，那么其稳固性可想而知。"人类通过婚姻的形式来满足天然的性需要，婚姻中的彼此忠诚，是一夫一妻制婚姻关系的基本理念，这本身就包含了对性关系的某种规范和禁忌。"（袁阳，2005：38～42）所以，从某个角度讲，婚外恋（情）的增加，正是在婚姻中过于强调浪漫爱情、不能直面婚姻"柴米油盐酱醋茶"的日常世俗面目的一种可能性结果。

由于弗洛伊德学说的流行和性科学的发展，性由此获得了脱离爱而独存的合法性，并在主体对其的定义中逐渐取代了爱的角色。特别是现代性科学把性奉为"自我的启示"，"性欲是一种存在。我们发现它，我们揭示它，我们与它相安共处，但我们无法主宰它"（桑内特，转引自李银河，2009：7），从而将性从早先的神学与道德话语领域剥离出来，从爱情、道德和社会秩序的层叠话语中解放出来，并在其上建立起现代主体性的整座大厦。

当弗洛伊德把"爱"定义为"欲望加上礼节的折磨"时（转引自所罗门，1989：506），他是在呼唤人们要注意到文明加诸现代人性生活之上的繁重束缚。弗洛伊德理论的用途，并不在于其作为一种治疗工具的实践有效性，而在于它的认识论转接功能。性欲与爱情并驾齐驱，有时甚至取代了爱情的位置。在弗洛伊德看来，人类的性文明就是人被压抑的历史，本能（力比多）与文明是对立的。"快乐原则"要屈从于"现实原则"。跟弗洛伊德不同，在《爱欲与文明》一书中，具有浪漫之爱思想的马尔库塞似乎要将弗洛伊德的泛性论中所有不"道德"的因素全部抹掉，主张用弗洛伊德晚期提到的"爱欲"来替代"性欲"，从而建立一种本能与理性的新联系。他说："爱欲的目标是要维持作为快乐主－客体的整个身体，这就要求不断完善有机体，加强其接受性，发展其感受性。这个目标还产生了爱欲自身的实现计划：消除苦役，改选环境，征服疾病和衰老，建立安逸的生活。所有这些活动都直接源于快乐原则，同时，它们也是把个体联合成'更大统一体'的努力。"（马尔库塞，1987：155）"在最适当的条件下，成熟文明中优厚的物质财富和精神财富将使人的需要得到无痛苦的满足，而统治再也不能按部就班地阻止这样的满足了……快乐原则与现实原则之间的对抗关系也将朝着有利于快乐原则的方向发生变化。爱欲，即爱本能将得到前所未有的解放。"（马尔库塞，1987：111）然而，福柯的观点另辟蹊径，他否认弗洛伊德和马尔库塞所认为的古代性压抑和现代性解放的二阶段论。

在福柯看来，社会对性的禁止总是自下而上、普遍存在的，甚至表现为大量的自我克制；它存在于工厂、学校、监狱、军队、医院和其他社会组织中，是一种普遍的"惩戒凝视"，目的是创造"驯服的身体"。性的解放使"人得以与自己达成和解，再次发现他的本性，更新与自己本根的联系，并复原与自我之间完整而积极的关系"（福柯，2000）。尽管观点上有分歧，但三位大师都承认性压抑、性禁制的存在。

一些西方学者倾向于用抗争话语来表达。在他们看来，上述性压抑的后果就是对婚姻制度内嵌的对性的规制的抗争。有学者预见了婚姻制度和自然的性道德①之间的冲突，德国凯塞

---

① 自然的性道德是指帮助人类种族身体健康和生命活力的性伦理系统，而文明的性道德指的是能促使人们更为专注、更富有成效地参与到文化活动中的性伦理系统。

林伯爵把婚姻描写成"一种两极间的张力"（转引自波伏娃，2004：440），因此，自婚姻制度建立以来，其所规制的夫妻性忠诚义务就不断遭受挑战，人性和欲望总在试图"打倒性的专制"（福柯，2000）。

在传统社会，福柯所谓的"情色艺术"（ars erotica）作为一个伦理美学的范畴，在古希腊、古罗马以及古代的中国、日本和印度等"东方"社会中治理着性与欲。在这种情欲的艺术里，享乐是至高无上的原则。这一原则与法律或实用性无关，只与自身相关，享乐原则取决于"它作用在身体与灵魂之上的强度、特质、延续与反响"（福柯，2000：142）。狎妓和通奸成为释放性欲和情感的主要方式。虽然20世纪初，五四运动所倡导的浪漫之爱成为一种锋利的符号和尖锐的矛头，拥护着本质化的人性，并宣扬一种依据自然天性的新式生活的到来（李海燕，2018：111～113）。五四运动时期，反传统者在谴责儒家道德时，发现弗洛伊德的理论可以为他们的论述提供一套极富力量与魅力的语言，即科学的语言。反传统者声称儒家礼教与基本的人类本性（性欲）相抵触，从而质疑嵌入了性与性别的道德框架（李海燕，2018：203）。1949年至改革开放前，在文化与伦理政治的双重规制下，性领域进一步成为中国社会的禁区。中国第一部带有一点性启蒙色彩的中小学性教材的出版是2000年以后的事了。性爱观念在20世纪80年代的启蒙与当时整个社会的启蒙是联系在一起的，前者是后者的重要组成部分，并深受后者的影响。正如马尔库塞（1987：149）所说："在特定条件下，性欲可以创造高度文明的人类关系，而不屈从于现存文明对本能的压抑性组织。"

吉登斯在《亲密关系的变革——现代社会中的性、爱与爱欲》一书中，描述了在启蒙主义时代的浪漫之爱。在他看来，浪漫之爱有以下几个特征。

一是第一次将爱与自由联系在了一起，而且与激情之爱的那种放任有较大区别。"与浪漫之爱相联系的复杂理念第一次把爱与自由联系起来，二者都被视作是标准的令人渴求的。激情之爱永远是解放式的，但解放的意义仅仅是因为和俗务、和义务发生了决裂。也正是因为激情之爱的这一品质才使之从既存的体制中脱离开来。浪漫之爱则直接把自身纳入自由与自我实现的新型纽带之中。"（吉登斯，2001b：53）

二是爱与性之间有一种相互排斥又相互依存的关系。"爱既与性分离，又与性纠缠不清……人们总是认为，浪漫之爱涵蕴着转瞬即逝的两性吸引——'一见钟情'。虽然这种即刻的吸引也是浪漫之爱，但它一定要十分明确地与激情之爱的性欲/纵欲的强烈冲动分开。"（吉登斯，2001b：54）所以，浪漫之爱是有其分寸的。

三是用小说的叙事来表征爱情。"浪漫之爱的兴趣与小说的出现大体一致，这种一致关系乃是一种新发现的叙述形式。"（吉登斯，2001b：53）

特别是进入 21 世纪，随着经济上的富足、女性独立地位的上升、避孕技术的发展，性的生殖功能变得不再那么重要，除了传统的人际网络，互联网、社交媒体也增加了追求婚外性的机会。美国社会学家曼纽尔·卡斯特（2003：278）说到这个问题时这样写道："在父权的崩化下，众人享受着丰美的自由，并在自恋文化中欢唱。'性解放的社会'成为个人幻想中的超级市场，人们在其中进行的是消费，而非生产。"吉登斯所说的人类对性行为进行规范的第三个阶段正在加速到来。

基于对"失控的世界"和"亲密关系"的研究，吉登斯（2001b：135~139）认为，人们经历了激情之爱、浪漫之爱，正在开始追求一种纯粹的关系。本研究中，受访者们借由刷来平台"交友"，内涵、本质上是一种婚外性，是对婚姻制度的越轨。然而，这种性的越轨并不是这个时代特有的，如前所述，从婚姻制度诞生起，婚外性就是它的副产品。不同的是，婚外性的外延，在政治、科技、文化、经济等因素的综合作用下，会呈现一些不同的特点，如在数量多少、隐蔽程度、实践对象、媒介渠道等方面的不同。

我国性社会学家的调查研究表明，改革开放以来，中国的"性革命"在悄然兴起（潘绥铭、黄盈盈，2013），正如本书在第六章、第七章所展现的，婚外性已经成为某些个人在小圈子和个别网络场域中炫耀的资本，甚至有了相对稳定的消费规则和流程。

如本书所呈现的，婚外"交友"以游戏、享受所谓的爱情和亲密感及娱乐为目的，产生了连锁后果，涉及性行为、性观念以及性脚本的改变。

但这种性的快乐主义原则能带来真正而恒久的快乐吗？未必，因为它是有代价的。盖格农（2009：184）对此早有论述："更值得深思的是我们的文化对性快乐的矛盾心理。这一矛盾心理是有关快乐的一般文化矛盾心理的一个组成部分：谁可以享受快乐？在何种条件下可以获得快乐？为获得快乐必须付出哪些代价？人们总认为，必须为快乐付出某种代价，婚外性关系中的快乐也不例外。"

二　过渡人：传统性与现代性的共生

如本研究所发现的，受访者选择"交友"的重要前提是不能破坏婚姻和家庭。事实上，无论中外，都崇尚婚姻的"白头偕老"，在我国的民间俗语中，有大量相关比喻，如"宁拆十座庙，不毁一桩婚"、"嫁鸡随鸡，嫁狗随狗"、"前老婆，后汉子，韭菜盒子两半子"、"半路夫妻硬如铁，从小夫妻软如棉"、"吃得好，穿得好，不如两口子同到老"和"男儿无妻不成家，女儿无夫不成室"等。所以，我们不妨将婚外"交友"视为一种症候，并通过这个症候来理解维护婚姻稳定性这个根本问题。

沿着这一思路，我们需要注意的另一个问题是，是否婚姻越稳定，意味着婚姻越好，或者更为人文一点地说，就意味着婚姻生活质量①越高。有研究表明，婚姻质量和婚姻稳定性之间呈正相关关系，即婚姻质量越高，婚姻的稳定性越强（徐安琪、叶文振，2002）。高质量的婚姻表现为当事人对配偶及其相互关系的高满意度，具有充分的感情和性的交流，夫妻冲突少及无离异意向（徐安琪、叶文振，1998）。然而，现有研究没有证明，婚姻越稳定，婚姻质量越高。

本研究可以视作对此进行了初步论证和回应。正如本书中所呈现的，很多受访者的婚姻处于严重不稳定状态，夫妻连正常的性话题都无法坦然以对。这一定程度上印证了一些学者的既有发现，即"我国存在大量由于子女等原因而勉强延续的'高稳定低质量凑合型婚姻'，这为婚外性行为的发生提供了潜在的土壤"（卢淑华，1997：44）。这一发现对于我们思考如何在工具理性喧嚣的当代社会，在离婚率不断上升、结婚率不断下降的背景下，如何回归对婚姻的尊重和审慎、如何学习经营婚姻的智慧具有重要的意义。

不同于弗洛伊德的性压抑说，弗洛姆（Fromm）乐观地认为，从权威主义的道德观下解放的年轻人，并没有变得不道德，而是正探索新的道德准则，并将这种特征称为"一种新的诚实"（弗洛姆，1986）。然而，在受访者身上，这种"新的诚实"并未真正建立，他们对婚姻制度的态度是模糊、矛盾而复杂的，更类似于钱锺书所描述的"围城"心态。他们不愿意离开婚姻，又渴望艳遇和性愉悦，"交友"因之成为其面对婚姻、家庭稳定和个人性欲、情感发生冲突时，所做出的理性最优选择，这个选择夹

---

① 婚姻生活质量，即婚姻质量，在学术界还没有统一的界定。卢淑华、文国峰（1999）将婚姻质量定义为与社会发展一致条件下的人们对自身婚姻的主观感受和总体评价，认为"从婚姻主体的角度看，婚姻质量的好坏取决于婚姻当事人对自己婚姻的评价与心理感受。这种以主体意识为核心的价值取向，不仅是现代社会发展的主流，其中也必然包括婚姻评价的价值观念"。徐安琪、叶文振（2002）认为婚姻质量为"夫妻的情感生活、物质生活、余暇生活、性生活、夫妻双方的凝聚力在某一时期的综合状况"。

杂了维护自身面子和社会地位等原因。

吉登斯对传统与现代之间关系的论述为我们理解这种复杂心态提供了方向。在《失控的世界：全球化如何重塑我们的生活》一书中，吉登斯阐述了如何看待传统和习俗，并主张突破二元对立论来看待传统与现代之间共生的复杂关系，传统和习俗会因为各种因素被发明和不断重新改造，所以，完全传统的传统社会是不存在的，根本就不存在完全纯粹的传统。所以，"传统可能完全以一种非传统的方式而受到保护，而且这种非传统的方式可能就是它的未来。认识到社会需要传统，这是完全理性和合理的。我们不应该接受世界应该废弃传统的启蒙思想。传统是必需的，而且总是应该坚持，因为它们给生活予连续性并形成生活"（吉登斯，2001a：35～43）。

跟吉登斯的看法相呼应，中国学者也认为，"传统的中国社会与中国人有其悠久而稳定的特点，而这些特点往往截然不同于所谓的现代社会与现代人，正因为传统的中国人具有很多稳定而独特的态度性格、价值观念及行为模式，所以，在现代化的历程中往往会遭遇特殊的问题与困难"（杨国枢，2013：255～257）。由此观之，要理解受访者们对婚姻稳定性的执着，首先必须理解家庭在中国传统和现代社会中的地位，将"家庭"带入社会学的视野，对于研究中国人的亲密关系而言具有重要的意义。

在传统中国，家不只是一生殖的单元，还是社会的、经济的及政治的单元（金耀基，1966：24）。在家庭这个生活共同体中，传宗接代和养老送终的生育观念与代际伦理，成为中国人人生意义和价值追求的基本内容，构成了一种本体性的价值观。生育所被赋予的超越性和现实需求，导致了在某种程度上对生育后代（类似宗教情结）的孜孜以求。所以，家庭是家庭宗教的一部分，家庭宗教也是家庭的一部分（许烺光，2011：209）。所以，"家本位"，作为中国人的宗教替代品，在中国人的婚姻、家庭生活中发挥着重要作用。中国人在亲密关系上的体验与中国人在社会功能、伦理道德上难以与家庭分离是紧密关联在一起的。

虽然，金耀基（1966：66）认为，"一百多年来，由于技术的革命及日益增加的工业化的压力，家庭制度已经受到根本的破坏"，然而，有研究发现，传统家庭主义的惯性依然巨大。不少学者从这个角度进行了本土化的研究，Chang（2010）基于对韩国妇女的研究，提出了混合现代性（compressed modernity）的概念；计迎春基于对上海"剩女"（leftover women）（Ji, 2015）和改革前中国城市性别不平等（Ji, 2017）的研究，提出了"家庭马赛克主义"的概念，用以指代传统家庭主义和现代个体主义思想杂糅的"马赛克"状态。"东亚地区国家的现代化与家庭凝聚力的调查表明，现代化的进程并没有导致家庭功能的衰落"，"家庭凝聚力具有强大的抗逆力性和适应性，深厚的文化积淀超越了现代化的作用"（杨菊华、李路路，2009）。在日趋个体化的中国社会，"家庭三角"依然会是"社会结构中的基本三角"（潘绥铭、黄盈盈，2013）。

从"传统"到"现代"是一条漫长的道路，这当中的每一段都可被视为"过渡时期"（金耀基，1966：72），一般学者都把它称为"转型期"。我们要把握转型期的意义，就必须扬弃"传统－现代"的二分观念。诚如奥门所警告的，我们不可将之视为静态的，而必须把它看作一个动态的"连续体"（Almond, 1960：6–64）。任何一个社会都是处于这个"连续体"中的，并且都是"双元的"或"混合的"。奥门的重要贡献是使我们对"现代"持一种"动态的""发展的"看法，使我们养成一种对"现代"持"双元"的而不是"一元"的观点，这样，我们将免于"传统"与"现代"二分法的思想模态，而不至于跌入"理论的两极化"的陷阱而不自知。

罗荣渠（1993：376）对中国现代化的研究进一步表明，"传统与现代性是现代化过程中生生不断的'连续体'，背弃了传统的现代化是殖民地或半殖民地化，而背向现代化的传统则是自取灭亡的传统。……成功的现代化运动不但善于克服传统因素对革命的阻力，而且尤其善于利用传统因素作为革新的助力"。作为一个本土化的家庭理论，"马赛克家庭主义"强调在我国社会转型过程中，公私领域出现分离、单位制瓦解、传统和现代家庭因素共存，家庭在中国人的生活中依然占据重要的地位（Ji，2017：26）。中国人价值观的现代转换最为集中地呈现了社会变迁的根本特征，其内涵去除了不适应时代要求的陈旧思想，在社会变迁的进程中传承具有现代价值的核心观念，通过创造性的转化来适应现代性发展的要求。它是历史逻辑与现实逻辑的有机统一，是思想观念与生活形态的双重展示（周晓虹，2017：43）。社会学者冷纳将这种站在"传统－现代的连续体"（traditional-modern continuum）上的人称为"过渡人"（Lerner，1958：50）。

本研究中的受访者就是"过渡人"，他们身上不可避免地体现了转型期人格特征的两面性。他们在婚外释放情感和性欲，但又试图维护婚姻、家庭的完整稳定，正所谓，以现代个人主义行为方式实现传统家庭主义目的，恰是吉登斯所说的，用一种非传统的方式保护传统。对受访者来说，对离婚利害关系的考量往往战胜对亲密关系的期待：对孩子抚养权的争取、对共同财产分割的纠结、对人生重新开始的畏惧、对自己孤独终老的担忧……尤其在"男主外，女主内"、男性是家庭主要经济支柱、女性承担较大养育孩子责任的现实下，男性在争取未成年孩子的抚养权、分割共同财产方面，往往并不占优势，还要背负舆论、经济、情感等综合离婚成本。所以，对于类似于受访者的中国很多"上有老，下有小"的脆弱的中产阶层来说，"经济生存"依然可能是现代婚姻的主要使命。"搭伙过日子""凑合过"的合伙制夫妻为数不少，抚养孩子是中心任务，在此前提下，偷情甚至可以成为夫妻双方"睁一只眼闭一只眼"的默契与共谋。正如有学者指出的，"中国至少有1/5的婚姻是在奉行'稳定压倒一切'的生活哲学"（潘绥铭、黄盈盈，2013）。在"政治第一"的意识形态主导下，中国人的婚姻生活在 20 世纪六七十年代呈现了"低质量，高稳定"的形态（周晓虹，2017：230）。伴随改革开放和现代化进程的是私人生活领域的去政治化。随着公共生活范围的缩小和交往频率的减少，私人生活得以不断扩张（阎云翔，2012）。这样，在以前被压抑的私人情感生活得到了舒展的机会，爱情逐渐成为一个社会话题。

就受访者的情况来看，依然表现为这样的特点，不同的是，政治松绑之后，对婚姻稳定起主要锚定作用的是孩子因素和经济因素，爱情并不是那么重要。

在探讨婚姻与爱情问题的时候，需要强调的是婚姻与爱情并不是天生相互依存的，在很多文化中，在人类历史的很长时期内，婚姻不是以爱情为基础的。就中国的婚姻制度而论，费孝通（1998：146～147）认为，传统婚姻的主要功能是生育，而夫妻间的感情并不是重心。许烺光（2011）在比较中美亲属结构时也提出，中国亲属体系的主轴是父子关系，而美国亲属体系则是以夫妻关系为主轴。

在维持婚姻、家庭稳定的话语中，林语堂先生所谓的中国人的阳性的三位一体：面（面子）、命（命运）、恩（恩惠）依然发挥着巨大的统摄作用，传统家庭主义的惯性依然强大。所以，对于本研究中的受访者来说，通过刷来"交友"，不失为一个理性而取巧的选择，他们试图以此缓解传统家庭主义和现代个体主义之间的冲突。一方面，浪漫主义情人深嵌于一张充满了内在韧性的社交关系网络之中；另一方面，他们作为自主性个体的浪漫主义身份，又促使他们去接触并采用新鲜、冒险的社交形式，同时深陷其中，不能自拔，很难实现安东尼·吉登斯（2001b：188）所谓的"亲密性的民主化"。"交友"所构建的婚外性关系与履行家庭职责关联甚微，而更多地指向个体私人情感和欲望的满足。家庭不再是一种自然状态，而是正在重新构建；关键是，生活政治问题不能按照解放政治的标准迎刃而解（吉登斯，2001b：115～116）。

本研究中的 28 名已婚男性的"交友"经历，体现了典型的
"过渡人"的特征，对于这类"过渡人"的描述，一定程度上对于
理解转型期社会变迁具有重要的意义。正如周晓虹（2017：9~23）
所说，"边际人①是当代中国人的精神群像，边际人格已经成为
一种十分普遍的转型人格，甚至可以认为在我们这个时代所有
的社会成员身上或多或少地孕育着边际人格的萌芽。这种边际
性的存在一方面说明'中国体验'是急速的社会变迁时代的精神
感悟，另一方面也构成了我们理解当代中国变迁的独特视角或观
景之窗"。

三 纯粹关系：对未来婚姻制度的社会学想象

刘中一（2011）认为，"没有人能把网络一夜情人群的人口
学特征说得清楚，如果把他们称为一个群体，这个群体应该是散
漫和离心的，职业、年龄，这些都很难确定"。本研究中，笔者
也有类似的发现。所以，基于样本的问题，不能说受访者的行为
和心理代表了转型期中国已婚男人的普遍状况，但这种突破主流
舆论的变异现象，像一个棱镜，多少折射出转型期国人面对婚姻的
复杂而微妙的心态。在社会转型较早的欧美国家，学者较早感受到
传统婚姻的变化，他们对于个体化婚姻或婚姻去制度化的研究，对
于我们理解未来国人婚姻的发展趋势，似乎具有一定的启示意义。

① 在社会科学领域，具有边际性人格的人被称为"边际人"（Marginal Man），或
"过渡人"，再或"边缘人"。边际人的概念内涵源自德国社会学家齐美尔，
他不仅在《陌生人》中论述了与边际人十分类似的一种特定的心理和行为模
式（齐美尔，1998），而且其本人就长期扮演着"异乡人"或"陌生人"的
边际角色。罗伯特·E. 帕克（Park，1928）在《人类的迁移与边际人》中，
将边际人形象地比喻为文化上的混血儿，他们寄托在两个不同的群体之中，
但又不完全属于任何一方，他们的自我概念是矛盾的、不协调的。用帕克
（帕克，2007）自己的话说，边际人"生活在两个世界中，在这两个世界中，
他或多或少都是一个外来者"。不过，这种边际性，不仅是一种负担，也是
一种财富。因为"相对于他的文化背景，他会被称为眼界更加开阔、智力更
高、具有更加公正和更有理性观点的个人"（帕克，2007：103）。

伯吉斯和洛克认为，自给自足的农业劳动者的减少、薪资劳动者的增加、死亡率的降低、生活水准的提高，特别是 20 世纪后半叶妇女成为产业劳动大军的重要组成部分，以及包括大萧条和第二次世界大战这样的重要历史事件，导致 20 世纪西方社会发生了婚姻意义的双重转向（Burgess & Locke，1945）。

首先，对婚姻情感因素的重视和对浪漫爱情的追求始于 20 世纪初。其次，在 20 世纪的最后十年，出现了个人主义表达的新趋势。伯吉斯和洛克称第一次转变为"从社会制度到伴侣关系"（Burgess & Locke，1945）。这种伴侣式婚姻是指 20 世纪 50 年代，基于传统角色的异性婚姻，男女双方分工明确，按照文化所期望的传统婚姻方式，扮演一个好男人和一个好女人的角色：一个养家糊口的人，一个熟练的家庭主妇和一对称职的父母。婚姻意义的第一次转变并没有破坏传统的婚姻制度，性关系和生育是婚姻的唯一社会制度。婚姻意义的第二次转变使伴侣式婚姻从规范层面失去了基础，各种形式的婚姻开始出现。尽管女性还承担着大部分家务劳动和对孩子的抚养事务，但是男女双方的角色和分工开始变得有弹性。人们开始计算婚姻对自己的益处，成功的婚姻不再是按照传统的角色扮演和两性分工那样，个人因为成功扮演了一个好丈夫、好妻子或好父亲、好母亲的角色而提高了自己的幸福感和满意度。成功婚姻被视为利于自我情感表达或个人发展，就此，伴侣式婚姻转向个体化婚姻。

伴侣式婚姻向个体化婚姻的转变开始于 20 世纪 60 年代，并在 70 年代不断增多。Cancian（1987）研究发现，1960 年之后人们对婚姻的信仰更加丰富：首先，开始更多地考虑婚姻对自我满足和发展的价值，而不是对伴侣的效忠和奉献；其次，认为婚姻主体的角色和分工应该是有弹性、可变的；最后，婚姻双方遇到问题可以互相商讨、共谋对策。Cancian（1987）将这种转变称为"从角色扮演到主体追求"。与此类似，切尔林（2011）研究指出，美国、加拿大、欧洲的初婚家庭正经历着一个去制度化的过程。

一些后现代社会理论家如吉登斯（2001a，2001b）、贝克和贝克－格恩塞姆（2014）也讨论过婚姻中的个体化倾向。他们也注意到了社会习俗和法律对婚姻家庭生活约束力的下降以及个人选择机会的增加，吉登斯（2001b：77）用"纯粹关系"①的概念来解释"一种仅仅能给参与者带来利益和满足（主要是亲密感和爱的需要）才存在的关系状态"。某种程度上讲，纯粹关系就是婚姻的个体化和去制度化的延伸或补充。这种关系和婚姻制度没有关系，和孩子的抚育也没有关系。它像那"随波逐流的浮萍"，和其他社会制度或经济性因素没有任何关系。与结婚不同，这种关系不受法律的约束，关系参与者也不想有特别的权利。它是爱的领域，是自我认同的领域。然而，他们也难以预测未来的婚姻状态是怎样的。

虽然有很多替代性选择如非婚同居、单身生活，但是为什么很多人最后还是选择了结婚？即使是在公民对家庭福利功能依赖很少的北欧"制度化福利国家"，也是如此。对此，切尔林（2011）认为，"尽管婚姻的功利性意义出现了下降的趋势，但婚姻的象征意义仍然非常丰富并且有日趋重要的倾向"。纳尔逊·富特（Nelson Foot）认为："婚姻是一个人和另一个人之间最有利于对方充分发展的一种关系。"（转引自波普诺，2007：223）"现代婚姻越来越成为伴侣双方成就的一种展示，并且婚姻成为他们成长过程中的重要一环，它不再是简单的对社会规范的尊崇，而成了一种优势身

---

① 吉登斯在《亲密关系的变革——现代社会中的性、爱和爱欲》中论述了18世纪末到相当晚近时代的"浪漫之爱"与"融汇之爱"。在他看来，浪漫之爱是基于两个人之间的相互吸引，具有"排他性"和"永恒性"的一种情感理念，而融汇之爱则是积极主动、随遇而生的情感理念。在此基础上，人们建立起依赖于关系本身而非外在制约的"纯粹关系"。不同于传统责任、承诺等外在束缚所组织的关系，纯粹关系依赖的是个体之间相互吸引和彼此需求，个体在关系中获益（包括情感体验），互动形态通过互相协商建立，并不许诺"未来"。也正因如此，它本质上是不确定的、不安全的，它是需要经营和协调的（吉登斯，2001b）。

份的象征，因为婚姻一般伴随的是就业稳定、事业有成、物质丰裕。"（Bulcroft，Bradley，& Simpson，2000）

综合这些研究，切尔林（2011）对婚姻的走向进行了预测：第一，向传统婚姻制度的回归，可能性不大；第二，去制度化继续进行，人们认为婚姻重要并认可它的象征意义，但是婚姻已不再占据主导地位；第三，婚姻仅仅是亲密关系和浪漫化爱情的一种形式。

结合本研究，笔者认为，在转型期中国，婚姻虽然也在发生巨大转变，但基于不同的社会背景，它的转变跟其他国家/地区并不是同频共振的，家庭和婚姻依然是人们的终极追求。

首先，市场化改革以来，私人生活变革的一个重要体现是对个体情感、欲望的肯定乃至推崇（Rofel，2007；阎云翔，2006，2012）。个体的选择机会越来越多，更多的婚姻形式以及婚姻的替代形式逐渐出现，并得到一定程度的认可，如选择独身、同居、离婚、再婚。然而，正如前面分析所指出的，中国人的个体化不同于西方，个体化婚姻依然遥远，传统"家本位"思想依然影响较大，为了父母、为了延续后代而"成家立业"依然是中国人的一般生命轨迹。

其次，在北欧等高福利国家，公民对于家庭福利的依赖极低，他们的同居模式，其实就是"婚姻去制度化"。然而，在中国，"家庭化"趋势不仅没有弱化，反而有所回归，婚姻的"工具性"作用日益凸显（肖索未，2018：167）。个体退居家庭寻找资源和安全感。家庭成为个体参与市场竞争的重要资源，也构成社会安全网的兜底机制（吴小英，2012）。与此相伴的是，家庭关系经常呈现某种"实用化"甚至"功利化"的取向，如物质条件越来越成为现代人择偶中最看重的因素之一（徐安琪，2000；Farrer，2002）。

更有学者指出，市场转型以来，随着单位制的解体和改革，原来由单位提供的福利、保障和社会服务大量缩减，社会生产和再生产出现结构性分离,社会再生产被高度"私人责任化"和"市场化"。面对市场和社会保障严重不足,个体(不得不)回到家庭寻求庇护和支持,家庭的抚育和安抚功能被强化,家庭成员间的相互依赖和分工合作的必要性也进一步增强。而这些家庭责任无疑是高度性别化的,在家庭作为基本经济单位的前提下,其将市场机会与父权制的家庭性别分工结合起来(宋少鹏,2011;吴小英,2012;蒋永萍,2009)。

其实从制度学派的组织趋同的研究核心来解释也很有趣。制度学派一直试图解释的中心问题是:在现代社会中为什么各种组织越来越趋同。如不同企业、不同学校、不同社会福利机构,它们的内部结构很相似,都采取科层制的等级结构和功能性的组织形式。这一观察与经济学中效率思路相悖。对此,制度学派从组织面对的技术环境和制度环境角度进行了解释(周雪光,2003:72~73)。如果以此将婚姻关系缔结的家庭视为社会机制运行的一个基本组织,无论从社会人口再生产的技术环境角度,还是从合法性的制度环境(民俗、习惯等)角度,这个组织都有极大的存续空间。这也从一定程度上能够解释,为什么有的人离婚之后,还会选择再婚,甚至反复离婚再婚,孜孜以求。

最后,切尔林所说的婚姻的象征意义与中国成家立业、延续子嗣的传统观念结合,会使很多所谓"剩男""剩女"形成幻想,产生压力,所以相亲结婚依然会成为现代年轻人的选择。在这个过程中,大众媒体在构建浪漫的婚姻意义方面,起着重要作用。一些相亲节目居高不下的收视率足以说明其暗含的行为价值取向在大众中有着较多的拥趸。在低结婚率、低生育率的社会背景下,这种传统家庭主义的回归也会得到国家、单位的支持。①

----

① "掌缘"是一个以单位为基础的移动婚恋交友平台。平台上云集了各大主要城市的工会、团委、妇联等组织的单位联谊会。具体参见其官方网站,ht-tp://www.zhangyuan123.com/,最后访问日期:2018 年 12 月 10 日。

综上所述，笔者认为，在现代主义个体化的解构下，婚姻制度可能会祛魅，除了浪漫主义话语，人们会越来越多地用现代的法治契约精神来理性考量、理性经营婚姻，人们要么不进入婚姻，要么进入婚姻，一旦进入婚姻，便会努力维持其稳定性。同时，"家本位"的传统思想也是锚定婚姻稳定性的最重要的因素。

第三节　研究反思

如前所述，本研究的经线是性、情、爱，纬线是理性、道德和婚姻，二者交错；以已婚男用户借由刷来"交友"的现象为研究棱镜，检验了社交媒体是否是婚姻"隐形杀手"的命题；在研究的过程中，从日常生活的视角，客观呈现了转型期28名已婚男性复杂而多样的性爱和婚姻观念；同时立足本研究，进行了一定的社会学想象和展望。本研究在多方面具有一定的创新性（参见第一章），但笔者认为，还有很多值得反思的地方。

一　关于研究对象

因为研究问题的特殊性，笔者最终采用了便利抽样的方式，所有采访的个案均为有过"交友"经历或有明显"交友"想法的已婚男性。虽然这样的视角有助于丰富对转型期中国男性气概的研究，有助于增强社会对于男性丰富内心世界的认知，但也存在一定的样本偏倚问题，在造成研究局限的同时，也为今后的研究指明了方向。笔者认为，有这样几个问题是可以通过丰富样本来讨论的。

第一，男性性脚本的发展图谱。现有的"交友"研究，基本上都是以未婚者作为研究对象，特别是以大学生群体为主，从未婚到已婚，他们对"交友"的认知、体验和行为是否会发生变化，会怎样发生变化，为什么发生变化？这样的纵贯研究，有利于我们考察婚姻制度及附着在其上的责任义务对男性的性、爱情和婚姻观念的影响。另外，本研究观察的是有过"交友"经历或有明显"交友"想法的已婚男性，那么，对于那些没有"交友"意图和行为，或者观念上根本不能接受"交友"的已婚男性来说，他们的性、爱情和婚姻观念有什么不同？是什么造成了可能的差异？

第二，女性性观念的变化。诚如笔者在书中呈现的，异性之间的"交友"来自双方的合意。对于"交友"的主体，本书显然只研究了男性这一方，对女性的观照是缺位的。事实上，父权文化历史悠久，中国女性性欲在很长历史时期内是较受压抑的。因此，无视公序良俗，利用社交媒体"交友"甚或享受其中的女性，显得非常突兀，从研究的角度来讲，具有一定的典型性。虽然裴谕新（2013）、黄盈盈（2008）有过对女性性的研究，但结合社交媒体的研究，目前在中国是缺位的。事实上，笔者曾经试图联系过刷来上的女性用户，但基本上没有人愿意接受访谈，这本身就说明，"过渡人"的特征在她们身上更加鲜明。以她们来观照女性的性、爱情和婚姻观念变迁，具有更强的研究意义和时代价值。

所以，在今后的研究中，应该增加访谈个案人口学上的多样性，从性别视角，从传统主义、现代主义、后现代主义的多元视角，更全面地呈现转型期国人的性爱、婚姻观念和实践，并进行一定的比较研究和论证。同时，笔者也需不断增强自身的理论功底和生命厚度，以把控好进一步的深入研究。

二　关于研究方法

本书采用的是虚拟民族志的方法，这是互联网技术嵌入人类生活后，社会学、人类学等学科采用的一种新的研究方法。但从科学的角度来看，没有一种研究方法是完美的，虚拟民族志也有自身的局限性。

第一，与受访者的联系。网络民族志的研究基本上都是在虚拟世界中完成的。在网络虚拟世界中，ID 和 ID 之间的联系往往是脆弱而易逝的。虽然笔者在研究的过程中，尽力与受访者建立线下的联系，也确实有受访者愿意建立这种联系，但大多数受访者是比较排斥的，他们更愿意跟笔者保持线上的互动，这让他们无须忍受面子的困扰，相对也更真实。然而，完成本书内容的时候，刷来平台显示有些受访者的最近一次登录时间是 30 天前，基本上处于失联状态。这一定程度上给笔者的后续追踪研究造成了一定的困难，但这种情况，恰恰是互联网人际本质的反映，他们在刷来中的活跃程度具有一定的情境性，也可能随时会权宜地改写自己的性脚本。所以，对人的研究是在特定时刻完成的，忽略了这一事实，就不能对科学研究做出正确的解释。当然，某些研究旨在解释行为的变化，另一些研究希望能发现不随时间而变化的事实。在对数据做出判断时，时间因素是重要的，不可不分时间不加批判地使用研究结果（盖格农，2009：50）。所以，笔者想说明的是，本书研究是基于 2015～2018 年对刷来 28 名已婚男用户的观察，研究发现和结论适用于特定的时空。

第二，访谈中的文化因素。有关人类性行为的主要来源是人们对自己行为的陈述。研究者的任务之一是提高研究对象的记忆与报告的精确程度。提高报告精确程度的技巧有多种，其中最重要的一种是，调查员应当对性的问题处之泰然，对研究对象报告的行为不加评价，再加上适当的提问方式，这样才能使人们准确而平静地报告自己的行为。一般来说，人们不愿报告自己的性行为。他们在性方面受到的教育，也会歪曲其观点和记忆。比如，男性多喜自夸，女性则爱掩饰；男人可能会夸大自己的婚前性经历，女人却不愿谈及自己的逢场作戏。这就使相关研究者难以获得过去经历的确切图景，得到的往往是研究对象此时此刻认为过去曾经发生的事（盖格农，2009：58～59）。在传统父权文化下，男性气概和性能力有着紧密的关系。所以，在访谈中特别是在虚拟状态下的访谈中，是否可能出现受访者过度矫饰，以强调自己的男性气概的问题？笔者认为，这是有可能的。所以，笔者在研究中通过反复问询、线下访谈等方式进行了三角印证。

约翰·盖格农对曼迦亚岛和艾尼斯－比格岛上截然不同的、相互对立的性脚本进行了对比，一个开放复杂，一个相对严格。当我们从主流文化的角度观察刷来中的"交友"文化时，一开始很可能会感到诧异甚至震惊，但是，"如果我们能够使这种感觉平息下去，并且培养一种对主流文化的分离意识和由此而获得的特殊理解力，就能够使我们同自身的性经验保持距离，使我们用新的眼光来看待自己司空见惯的事情，于是，这些事情变得不是那么自然和绝对正确了"（盖格农，2009：12~13）。

对于研究者来说，应该明确，科学家并不是以获得科学真理为动机的机器人，他们不可能超越日常生活与存在，而必须生活在一个拥有独特性的价值观的文化中，按照这一文化的性脚本行动，拥有自己的生活史。研究题目越是属于禁区，研究过程中个人和文化因素所起的作用就越大（盖格农，2009：48）。在某些情况下，文化传统会禁止某种类型的提问，隐私权或礼貌方面的传统会歪曲某种类型的答案。受过跨文化研究训练的人，知道如何对付这类问题，对现象做出可信的解释。即使如此，仍有一些不可逾越的障碍。因此，在具有不同传统的社会中进行研究，必须考虑到对数据能够相信到何种程度、数据的意义以及它能否适用于自己所处的文化环境（盖格农，2009：52）。本研究的地点是经济较为发达的城市，这种文化上的束缚对于研究的影响相对较小。在今后的研究中，可以考虑换一个文化差异较大的地域进行类似研究，从而进行对比分析。

三 关于研究方向

人类学家大卫·帕金提出了"后人道主义"（post-humanism）

的概念。他考虑到了，新的技术，如人工智能、新的修复术、人造假肢与人体植入，以及新的机械人关系，迫使我们重新审视那种将自身视为世界上唯一主体的观念。新技术迫使我们承认，我们事实上也需要对作用于我们之上的主体进行回应，即使这些主体是我们创造的。虽然我们确实作为人类主体进行活动，但我们同样也是我们自身技术、科学与意识形态创造物的客体，这些创造物又会反过来塑造人类意识。作为人道主义的扩充，后人道主义通过新的通信技术，以及由多种变化引起并赋予这些变化以意义的语言、解释性的意识形态与情境发挥作用。这种由技术驱动的超情境化的结果是，人类作为自主主体的地位受到了挑战（帕金，2017：004）。

同时，可以预见的是，随着互联网和智能化技术的发展，婚外性可借助的科技手段越来越多，科技含量也会越来越高，类似获奥斯卡金像奖的电影《她》中所描述的，和智能机器人谈恋爱也许会成为现实。2019 年 5 月 4 日，日本研发了一款"美女机器人"，将其命名为"妻子"，可能你不会想到，这台机器人在一小时之内售出了近万台。在日本，已经有第一个吃螃蟹的人了，日本一名 35 岁的男子和"初音未来"（机器人）结婚了，在此之前他们已经"同居"很长一段时间了。① 所以，对于未来的性、家庭和婚姻研究而言，媒体技术深度嵌入人类生活的事实无法回避，互联网技术、智能技术究竟会如何改变人们的互动方式，如何重塑社会关系，如何使人类的情感表达异化，都是未来社会学应该给予积极回应和研究的，也是笔者今后的研究方向。

---

① 参见《日本一男子和机器人结婚，连爱情都可以智能化，人类会被取代吗？》，https://baijiahao.baidu.com/s？id=1632688611451275722&wfr=spider&for=pc，最后访问日期：2019 年 5 月 5 日。

参考文献

阿兰·谢里登，1997，《求真意志：密歇尔·福柯的心路历程》，尚志英、许林译，上海人民出版社。

艾瑞咨询，2017a，《2016—2017 中国陌生人社交行业研究报告》，艾媒网（iiMedia. cn）。

艾瑞咨询，2017b，《2016 年度数据发布集合报告》，艾媒网（ii-Media. cn）。

艾斯勒，2004，《神圣的欢爱：性、神话与女性肉体的政治学》，黄觉、黄棣光译，社会科学文献出版社。

安东尼·吉登斯，1998，《社会的构成》，李康、李猛译，生活·读书·新知三联书店。

安东尼·吉登斯，2000，《现代性的后果》，田禾译，译林出版社。

安东尼·吉登斯，2001a，《失控的世界：全球化如何重塑我们的生活》，周红云译，江西人民出版社。

安东尼·吉登斯，2001b，《亲密关系的变革——现代社会中的性、爱和爱欲》，陈永国、汪民安等译，社会科学文献出版社。

安东尼·吉登斯，2016，《现代性与自我认同》，夏璐译，中国人民大学出版社。

安云风，2005，《中国传统婚姻与性道德论析》，《道德与文明》第 3 期。

包连宗，1992，《对"第三者"插足问题的我见》，《道德与文明》第 6 期。

鲍曼，2002a，《生活在碎片之中——论后现代道德》，郁建兴、周俊、周莹译，学林出版社。

鲍曼，2002b，《个体化社会》，范祥涛译，上海三联书店。

鲍曼，2002c，《通过社会学去思考》，高华译，社会科学文献出版社。

鲍曼，2002d，《流动的现代性》，欧阳景根译，上海三联书店。

鲍曼，2003，《后现代伦理学》，张成岗译，江苏人民出版社。

鲍遂献、魏东，1999，《卖淫嫖娼与刑法抗制（续）》，《公安大学学报》（社会科学版）第 3 期。

本尼迪克特，1987，《菊花与刀：日本文化的诸模式》，孙志民等译，浙江人民出版社。

彼得·伯格、托马斯·卢克曼，2009，《现实的社会建构》，汪涌译，北京大学出版社。

边燕杰，2017，《论社会学本土知识的国际概念化》，《社会学研究》第 5 期。

曹博林，2011，《社交媒体：概念、发展历程、特征与未来——兼谈当下对社交媒体认识的模糊之处》，《湖南广播电视大学学报》第 3 期。

曹锦清，2010，《如何研究中国》，上海人民出版社。

查尔斯·泰勒，2008，《自我的根源：现代认同的形成》，韩震等译，译林出版社。

陈红艳，2011，《"明规则"虚化与"潜规则"盛行——探析腐败犯罪的一项重要原因》，《理论月刊》第 12 期。

陈辉，2016，《过日子：农民的生活伦理》，社会科学文献出版社。

陈钊、陆铭、吴桂英，2004，《考虑离婚的动态家庭分工理论及一个提高分工效率的保险机制》，《经济学》第 1 期。

陈赛，2010，《男孩，男人与科学》，《三联生活周刊》3 月 29 日，第 13 期，总第 571 期。

成伯清，1999，《格奥尔格·齐美尔：现代性的诊断》，杭州大学出版社。

成伯清，2007，《"风险社会"视角下的社会问题》，《南京大学学报》（哲学·人文科学·社会科学版）第 2 期。

成晓光，2005，《归因论及其教学应用的研究》，《辽宁师范大学学报》（社会科学版）第 1 期。

程立涛、乔荣生，2010，《现代性与"陌生人伦理"》，《伦理学研究》第 1 期。

大卫·帕金，2017，《身处当代世界的人类学》，王铭铭译，北京大学出版社。

戴维·波普诺，2007，《社会学》，李强等译，中国人民大学出版社。

戴维·迈尔斯，2006，《社会心理学》，侯玉波、乐国安、张智勇译，人民邮电出版社。

戴思蒙·莫里斯，2002，《人这种动物》，杨丽琼译，华龄出版社。

德斯蒙德·莫里斯，2003，《裸猿》，刘文荣译，文汇出版社。

丹尼尔·贝尔，1989，《资本主义文化矛盾》，赵一凡、蒲隆、任晓晋译，生活·读书·新知三联书店。

邓晓芒，2003，《从寻根到漂泊：世纪之交的中国文学与文化》，羊城晚报出版社。

丁道群，2005，《网络空间的自我呈现——以网名为例》，《湖南师范大学教育科学学报》第 3 期。

丁瑜，2016，《她身之欲：珠三角流动人口社群特殊职业研究》，社会科学文献出版社。

董金权、朱蕾，2017，《青少年使用网络社交媒体调查研究——以"人人网"为例并结合对社交媒体交友平台的考察》，《安徽工程大学学报》第 6 期。

恩格斯，1999，《家庭、私有制和国家的起源》，中共中央马恩列斯著作编译局译，人民出版社。

方刚，2005，《中国多性伙伴个案考察》，中国社会出版社。

方刚，2007，《从男性气概的改造到促进男性参与》，《妇女研究论丛》第 6 期。

方刚，2012，《性别多元：理论与实务研究》，高雄：万有出版社。

费孝通，1991，《三论中国家庭结构的变动》，香港中文大学社会科学院暨香港亚太研究所会议论文。

费孝通，1997，《反思·对话·文化自觉》，《北京大学学报》（哲学社会科学版）第 3 期。

费孝通，1998，《乡土中国 生育制度》，北京大学出版社。

风笑天，2009a，《社会学研究方法》，中国人民大学出版社。

风笑天，2009b，《现代社会调查方法》，华中科技大学出版社。

冯友兰，2016，《中国哲学之精神》，新世界出版社。

弗洛姆，1986，《弗洛伊德思想的贡献与局限》，申荷永译，湖南人民出版社。

福柯，1988，《性史》（第一卷），黄勇民、俞宝发译，上海文化出版社。

福柯，1997，《权力的阐释》，严锋译，载包亚明编《权力的眼睛：福柯访谈录》，上海人民出版社。

福柯，2000，《性经验史》，佘碧平译，上海人民出版社。

付红梅，2008，《对中国婚姻伦理现代转型的反思和超越》，《企业家天地》（下半月刊）（理论版）第 7 期。

付红梅、张红文，2008，《对离婚调节的非道德化倾向的反思》，《中南林业科技大学学报》（社会科学版）第 3 期。

付红梅、李湘妹，2008，《当代中国的离婚态势分析和婚姻展望》，《西北人口》第 2 期。

付仰止、王为蓓，2001，《大学 BBS 的陌路联系与情感效应》，中研院第四届信息科技与社会转型研讨会交流论文。

盖格农，1994，《性社会学：人类性行为》，李银河译，河南人民出版社。

盖格农，2009，《性社会学：人类性行为》，李银河译，内蒙古大
　　学出版社。

高丙中，2000，《社会团体的合法性问题》，《中国社会科学》第
　　5 期。

高梦滔，2011，《农村离婚率与外出就业：基于中国 2003～2009
　　年村庄面板数据的研究》，《世界经济》第 10 期。

格兰诺维特，2008，《找工作：关系人与职业生涯的研究》，张文
　　宏等译，格致出版社、上海人民出版社。

沟口雄三、小岛毅主编，2006，《中国的思维世界》，孙歌等译，
　　江苏人民出版社。

郭景萍，2008，《情感社会学—理论·历史·现实》，上海三联
　　书店。

郭琨、蒋海涛，2016，《"出轨"背后的逻辑》，《青年研究》第
　　3 期。

郭茂灿，2004，《虚拟社区中的规则及其服从——以天涯社区为
　　例》，《社会学研究》第 2 期。

何海波，2009，《何以合法？对"二奶继承案"的追问》，《中外
　　法学》第 3 期。

贺佐成，2010，《网络社会互动——一个基于结构与行为视角的
　　文献综述》，《长春工程学院学报》（社会科学版）第 11 期。

黑格尔，1978，《哲学史讲演录》，贺麟、王太庆译，商务印书馆。

胡卫，2006，《离婚率计算探讨》，《中国统计》第 10 期。

胡晓红，2005，《两性和谐的哲学理解》，《妇女研究论丛》第
　　1 期。

黄厚铭，2000，《网络人际关系的亲疏远近》，《台大社会学刊》
　　第 28 期。

黄卫总，1999，《"情""欲"之间——清代艳情小说〈姑妄言〉
　　初探》，《明清小说研究》第 1 期。

黄盈盈，2008，《身体·性·性感：对中国城市年轻女性的日常

生活研究》，社会科学文献出版社。

黄盈盈，2014，《性/别框架下的"性与生殖健康"》，《探索与争鸣》第 9 期。

黄盈盈，2017，《女性身体与情欲：日常生活研究中的方法和伦理》，《探索与争鸣》第 1 期。

黄盈盈、潘绥铭，2003，《中国东北地区劳动力市场中的女性性工作者》，《社会学研究》第 3 期。

黄颖，2012，《中国农村"分离家庭"中的互动仪式研究——以留守妻子家庭为例》，《南京农业大学学报》（社会科学版）第 3 期。

惠蒂、卡尔，2010，《网络爱情：在线关系心理学》，何玉蓉、周吴天译，商务印书馆。

霍克希尔德，2014，《我们如何捍卫私人生活：外包，便捷背后的破坏》，朱钦芦译，中信出版社。

霍珀，1993，《离婚动机的修辞》，《婚姻与家庭》第 4 期。

加里·斯坦利·贝克尔，2005，《家庭论》，王献生、王宇译，商务印书馆。

贾春增，2008，《外国社会学史》（第三版），中国人民大学出版社。

蒋永萍，2009，《农村留守妇女生存状况的真实写照——评〈阡陌独舞——中国农村留守妇女〉》，《中国农业大学学报》（社会科学版）第 2 期。

金赛，2007，《金赛性学报告：男人篇 & 女人篇》，潘绥铭译，海南出版社。

金耀基，1966，《从传统与现代》，商务印书馆。

金一虹，1994，《当今我国婚姻家庭稳定性变化的心理因素分析》，载江苏省"婚姻、老人与家庭"研讨会《婚姻·家庭·老人论文集》。

津巴多、库隆布，2016，《雄性的衰落》，徐卓译，北京联合出版公司。

靳小怡、任峰、悦中山，2008，《农民工对婚前和婚外性行为的态度：基于社会网络的研究》，《人口研究》第 5 期。

靳小怡、谢娅婷、郭秋菊、李艳，2012，《"光棍"聚集与社区公共安全——全国百村调查的研究发现》，《西安交通大学学报》（社会科学版）第 6 期。

琚晓燕、谢庆红、曹洪健、方晓义、刘宣文，2013，《夫妻互动行为差异及其对婚姻质量的影响——基于一项观察研究》，《中国临床心理学杂志》第 5 期。

卡维波，2001，《性工作与现代性》，《第六届性教育、性学、性别研究暨同性恋研究两岸三地学术研讨会会议论文集》，台湾"中央大学"性/别研究室。

阚大学、吕连菊，2015，《中国房价上涨真的提高了离婚率吗——基于省级面板数据的实证研究》，《贵州财经大学学报》第 4 期。

康奈尔，2003，《男性气质》，柳莉等译，社会科学文献出版社。

库利，1999，《人类本性与社会秩序》，包凡一、王源译，华夏出版社。

赖特·米尔斯，2001，《社会学的想象力》，陈强等译，生活·读书·新知三联书店。

劳伦斯·M. 弗里德曼，2007，《美国法律史》，苏彦新等译，中国社会科学出版社。

雷蒙·威廉斯，1992，《电视：科技与文化形式》，冯建三译，台北：远流出版公司。

李超海，2006，《从理性选择到合法性机制——欠发达地区农民外出就业行为的社会学分析》，《学习与实践》第 3 期。

李丹艺、吴鲁平，2018，《大学生"约炮"行为的延续与断裂——以自我合理化为理论视角》，《中国青年研究》第 4 期。

李海燕，2018，《心灵革命：现代中国爱情的谱系 1900—1950》，修佳明译，北京大学出版社。

李龙鑫、乔新生，2002，《"二奶"与情人的遗产》，《法律与生活》第 2 期。

李培林，2001，《理性选择理论面临的挑战及其出路》，《社会学研究》第 6 期。

李强，2010，《社会调查研究：从传统走向现代》，《新华文摘》第 10 期。

李荣荣，2017，《伦理探究：道德人类学的反思》，《社会学评论》第 5 期。

李卫东、胡莹，2012，《未婚男性农民工心理失范的调查研究》，《西安交通大学学报》（社会科学版）第 1 期。

李喜荣，2008，《农村留守妇女的婚姻稳定性探析——豫 HC 村的个案研究》，《妇女研究论丛》第 6 期。

李小方，1988，《马克斯·韦伯的社会科学方法论述评》，《文史哲》第 1 期。

李小芳、罗维、谢嘉梁，2005，《网友"一夜情"现象透视》，《中国青年研究》第 4 期。

李艳、李树茁、韦艳、蒋丹妮，2010，《农村男性的婚姻状况与社会支持网络》，《西安交通大学学报》（社会科学版）第 3 期。

李艺敏、吴瑞霞、李永鑫，2014，《城市居民的婚姻倦怠状况与婚姻压力、离婚意向》，《中国心理卫生杂志》第 8 期。

李银河，2002a，《中国人的性爱与婚姻》，中国友谊出版公司。

李银河，2002b，《中国女性的感情与性》，中国友谊出版公司。

李银河，2009，《性的问题》，内蒙古大学出版社。

李银河、冯小双，1991，《独身现象及其文化含义》，《中国社会科学》第 3 期。

李拥军、桑本谦，2010，《婚姻的起源与婚姻形态的演变——一个突破功能主义的理论解释》，《山东大学学报》（哲学社会科学版）第 6 期。

李永刚，1999，《互联网络与民主的前景》，《江海学刊》第 4 期。

李泽影、梁英志、刘恒，2009，《行走在婚姻边缘的女人们——四川省农村留守妇女婚姻家庭问题调查与建议》，《中华女子学院学报》第 4 期。

李振权、王彦，2000，《性病患者卖淫、嫖娼的几个法律问题》，《法学评论》第 2 期。

理查德·A. 波斯纳，2002，《性与理性》，苏力译，中国政法大学出版社。

梁灿，2012，《现阶段我国卖淫嫖娼现象的治理对策分析》，硕士学位论文，华中师范大学。

梁景和，2018，《新时期婚姻伦理与生活质量研究（1980—2014）》，中国社会科学出版社。

梁漱溟，2011，《中国文化要义》，上海人民出版社。

林霍尔姆，2012，《伊斯兰中东——传统与变迁》，张士东、杨军译，兰州大学出版社。

林耀华，2008，《金翼》，生活·读书·新知三联书店。

林语堂，2006，《吾国与吾民》，陕西师范大学出版社。

刘畅，2008，《"网人合一"：从 Web 1.0 到 Web 3.0 之路》，《河南社会科学》第 2 期。

刘华芹，2005，《天涯虚拟社区：互联网上基于文本的社会互动研究》，民族出版社。

刘米娜，2002，《青年白领群"网络一夜情"现象的社会学分析》，《青年研究》第 11 期。

刘佩、罗利娜、肖素吟，2008，《美国婚恋交友网站发展及服务模式研究》，《中国青年研究》第 4 期。

刘少杰，2013，《网络化时代的社会结构变迁》，《社会学》第 2 期。

刘涛、林超、黄敏、郑晶璋、陈焕、江剑平，2015，《大学生"一夜情"现状调查与分析》，《保健医学研究与实践》第 2 期。

刘文利，1991，《我国中学性教育的历史和发展》，《生物学通报》
　　第 5 期。

刘小红、刘魁，2012，《个体化浪潮下的女性困境及化解对策——
　　基于贝克的风险社会理论》，《社会科学家》第 11 期。

刘中夫、颜江瑛、吴学华、郑锡文，2003，《中国城市妇女 AIDS
　　知识、态度、行为情况调查》，《中国艾滋病性病》第 1 期。

刘中一，2011，《过程与特征：网络一夜情的质性研究》，《中国
　　青年研究》第 8 期。

卢淑华，1997，《婚姻观的统计分析与变迁研究》，《社会学研究》
　　第 2 期。

卢淑华、文国峰，1999，《婚姻质量的模型研究》，《妇女研究论
　　丛》第 2 期。

陆益龙，2008，《"小皇帝"会提高婚姻稳定性吗——中国城市离
　　婚风险的实证分析》，《学海》第 3 期。

陆益龙，2009，《"门当户对"的婚姻会更稳吗——匹配结构与离
　　婚风险的实证分析》，《人口研究》第 2 期。

吕吉，2004，《当前青少年性教育问题省思》，《青少年犯罪问题》
　　第 4 期。

罗伯特·迈克尔、约翰·盖格农、爱德华·劳曼、吉德·考拉
　　塔，1996，《美国人的性生活》，潘绥铭、李放译，陕西人民
　　出版社。

罗伯特·帕克，2007，《人类的迁移与边际人》，载周晓虹主编
　　《现代社会心理学名著菁华》，社会科学文献出版社。

罗国杰，2007，《伦理学》，人民出版社。

罗丽，1997，《日本关于第三者插足引起家庭破裂的损害赔偿的
　　理论与实践》，《法学评论》第 3 期。

罗丽莎，2006，《另类的现代性：改革开放时代中国性别化的渴
　　望》，黄新译，江苏人民出版社。

罗荣渠，1993，《现代化新论》，北京大学出版社。

罗小锋，2011，《时空伸延：半流动家庭中的夫妻关系维系策略》，《内蒙古农业大学学报》（社会科学版）第 2 期。

罗忆源、柴定红，2004，《半流动家庭中留守妇女的家庭和婚姻状况探析》，《妇女研究论丛》第 3 期。

马尔科姆·波茨、罗杰·肖特，2006，《自亚当和夏娃以来：人类性行为的进化》，张敦福译，商务印书馆。

马尔科姆·沃特斯，2000，《现代社会学理论》（第 2 版），杨善华、李康译，华夏出版社。

马尔库塞，1987，《爱欲与文明》，赵林译，农村读物出版社。

马克思，1979，《1844 年经济学哲学手稿》，刘丕坤译，人民出版社。

马克斯·韦伯，2007，《新教伦理与资本主义精神》，陈平译，陕西师范大学出版社。

马歇尔·麦克卢汉，2011，《理解媒介：论人的延伸》，何道宽译，译林出版社。

迈克·费瑟斯通，2000，《消费文化与后现代主义》，刘精明译，译林出版社。

麦金太尔，2011，《追寻美德——道德理论研究》，宋继杰译，译林出版社。

曼纽尔·卡斯特，2001，《网络社会的崛起》，夏铸九、王志弘译，社会科学文献出版社。

曼纽尔·卡斯特，2003，《认同的力量》，夏铸九、黄丽玲、黄肇新等译，社会科学文献出版社。

曼斯菲尔德，2008，《男性气概》，刘玮译，译林出版社。

毛华配，2006，《催眠与类催眠现象的社会机理分析》，《求索》第 11 期。

孟涛，2010，《论当前中国法律理论与民意的冲突——兼论现代性法律的局限性》，《现代法学》第 1 期。

米歇尔·德·塞托，2015，《日常生活实践》，方琳琳、黄春柳译，南京大学出版社。

米德，1992，《心灵、自我与社会》，赵月瑟译，上海译文出版社。

闵大洪，2014，《从边缘媒体到主流媒体》，《新闻与写作》第3期。

莫罗亚，1987，《人生五大问题》，傅雷译，上海三联书店。

民政部，《2016年社会服务发展统计公报》，民政部门户网站 http://www.mca.gov.cn/article/sj/tjgb/201708/20170815005382.shtml，最后访问日期：2017年8月10日。

尼尔·波兹曼，1992，《技术垄断：文化向技术投降》，何道宽译，中信出版社。

牛玉萍，2005，《从三部婚姻法看我国婚姻家庭观念的变化历程》，《沈阳农业大学学报》（社会科学版）第3期。

农郁，2014，《微时代的移动互联：轻熟人社交、交往快感与新陌生人社会的伦理焦虑——以微信为例》，《文学与文化》第3期。

帕克等，1987，《城市社会学》，华夏出版社。

潘绥铭，1992，《北京的"傍肩儿"——北京基层社会的婚外恋》，《社会》第8期。

潘绥铭，1995，《中国性现状》，光明日报出版社。

潘绥铭，2004，《当代中国人的性行为与性关系》，社会科学文献出版社。

潘绥铭，2017，《2000—2015年中国人的"全性"：四次全国总人口抽样调查的主要数据分析结果》，香港：1908有限公司。

潘绥铭、黄盈盈，2007，《"主体建构"：性社会学研究视角的革命及本土发展空间》，《社会学研究》第3期。

潘绥铭、黄盈盈，2011，《性社会学》，中国人民大学出版社。

潘绥铭、黄盈盈，2012，《网上性爱与网下的性实践之间的关系——全国14—61岁总人口随机抽样调查结果的实证》，《学术界》第1期。

潘绥铭、黄盈盈，2013，《性之变：21世纪中国人的性生活》，中
　　国人民大学出版社。

潘绥铭、姚星亮、黄盈盈，2014，《论定性调查的人数问题：是
　　"代表性"还是"代表什么"的问题》，《社会科学研究》第
　　4期。

潘允康，2009，《社会变迁中的家庭和谐问题思考》，《北京工业
　　大学学报》（社会科学版）第2期。

裴谕新，2013，《欲望都市：上海70后女性研究》，上海人民出
　　版社。

彭大松，2017，《村落里的单身汉》，社会科学文献出版社。

皮埃尔·马舍雷，2016，《从康吉莱姆到福柯》，刘冰菁译，重庆
　　大学出版社。

乔治·瑞泽尔，2006，《麦当劳梦魇：社会的麦当劳化》，容冰
　　译，中信出版社。

齐奥尔格·齐美尔，2002，《社会是如何可能的》，林荣远编译，
　　广西师范大学出版社。

齐奥尔格·齐美尔，1998，《现代性的诊断》，成伯清译，杭州大
　　学出版社。

企鹅智酷，2016，《微信影响力报告》，搜狐网（www.sohu.com）。

强世功，2011，《司法能动下的中国家庭——从最高法院关于〈婚
　　姻法〉的司法解释谈起》，《文化纵横》第1期。

切尔林，2011，《论美国传统婚姻制度的解体》，《中国家庭研究》
　　（第六卷），上海社会科学院出版社。

丘海雄、张应祥，1998，《理性选择理论述评》，《中山大学学报》
　　（社会科学版）第1期。

让·鲍德里亚，2001，《消费社会》，刘成富、全志钢译，南京大
　　学出版社。

让·鲍德里亚，2011，《身体，或符号的巨大坟墓》，载汪民安、
　　陈永国编《后身体——文化、权利和生命政治学》，吉林人

民出版社。

任珏，2014，《身体的在场：网络民族志的性别反身性》，《新闻大学》第 2 期。

任苇，2005，《从网络性爱看未成年人性道德教育的紧迫》，《中国青年政治学院学报》第 2 期。

任义科、杨力荣，2014，《婚姻合约的脆弱性：留守妇女精神出轨和行为出轨》，《南方人口》第 3 期。

阮新邦等，1998，《批判诠释论与社会研究》，上海人民出版社。

闰玉，2008，《当代中国婚姻伦理的演变与合理导向》，博士学位论文，吉林大学。

萨多克、卡兰普、弗雷德曼编著，1988，《性文化索秘》（上下），吴尤译，作家出版社。

莎士比亚，2005，《第十二夜　一报还一报》，朱生豪译，远方出版社。

施曲海，2017，《国外性脚本理论研究综述——兼论对我国青少年性教育的启示》，《青年研究》第 1 期。

施一公、饶毅，2010，《中国的科研文化》，《科技导报》第 18 期。

叔本华，1987，《人生的智慧》，张尚德译，黑龙江人民出版社。

舒茨，1991，《社会世界的现象学》，卢岚兰译，台北：桂冠图书股份有限公司。

舒茨，2012，《社会世界的意义构成》，游淙棋译，商务印书馆。

宋少鹏，2011，《"回家"还是"被回家"？——市场化过程中"妇女回家"讨论与中国社会意识形态转型》，《妇女研究论丛》第 4 期。

所罗门，1989，《快乐与人生》，茹云译，春秋出版社。

谈大正，1998，《性文化与法》，上海人民出版社。

唐晖、董金权，2017，《"附近的人"：诱惑与隐患——青少年利用社交媒体"约见"陌生人调查研究》，《人口与发展》第 1 期。

陶东风，2001，《广告的文化解读》，《首都师范大学学报》（社会科学版）第 6 期。

田林楠，2018，《从朝圣者到游牧民：流动时代的新部落主义——定位社交媒体的发生环境与接受背景》，《山东社会科学》第 5 期。

托尼·阿纳特勒拉，2003，《被遗忘的性》，刘伟、许钧译，广西师范大学出版社。

汪国华，2007，《从熟人社会到陌生人社会：城市离婚率趋高的社会学透视》，《北京科技大学学报》（社会科学版）第 1 期。

汪民安、陈永国，2003，《后身体、文化和生命政治学》，吉林人民出版社。

王斌，2014a，《个体化社会的困局、整合与本土启示——对齐格特·鲍曼个体化理论的再批判》，《学习与实践》第 6 期。

王斌，2014b，《"点赞"：青年网络互动新方式的社会学解读》，《中国青年研究》第 7 期。

王斌，2017，《网络"约文化"与流动亲密关系的形成》，《中国青年政治学院学报》第 2 期。

王灿龙，2000，《卖淫嫖娼是产业吗?》，《语文建设》第 12 期。

王灿龙，2009，《从"明规则"谈起》，《语文建设》第 7 期。

王存同、余姣，2013，《中国婚姻满意度水平及影响因素的实证分析》，《妇女研究论丛》第 1 期。

王东，2008，《"80 后"一代：性脚本视野下的考察》，《中国青年研究》第 5 期。

王飞，2011，《择偶观与婚姻稳定关系研究》，《社科纵横》第 3 期。

王飞，2016，《社交媒体功能异化与现代婚姻两性关系——以泸州市农民工为例》，《中国农村研究》第 1 期。

王建民，2009，《"去集体化"与"弱组织化"过程中个体安全的寻求》，《思想战线》第 6 期。

王金玲，2000，《学科化视野中的中国女性社会学》，《浙江学刊》

第 1 期。

王俊秀、邹珺、邓万春，2003，《从哲学到社会学——景天魁的学术探索历程》，《社会科学战线》第 6 期。

王立峰，2002，《"事实婚姻"的重新认定》，《当代法学》第 3 期。

王利明，2001，《我对重婚及过错赔偿的意见》，《中国律师》第 3 期。

王申，2013，《从"法官集体嫖娼事件"看司法伦理规范建设的重要性》，《法学》第 8 期。

王雁、刘艳虹，2006，《智力落后学生的青春期性教育》，科学出版社。

王怡飞，2015，《微信：从社交软件到生活工具——基于麦克卢汉媒介理论的解读》，《新闻世界》第 1 期。

王云云，2013，《社会转型期我国人口婚姻匹配结构与婚姻质量的实证研究》，硕士学位论文，首都经济贸易大学。

王中杰、王宇中、赵江涛、贾黎斋、郭娜、张海涛，2014，《夫妻的人格特质及匹配类型与婚姻质量》，《中国心理卫生杂志》第 3 期。

威廉·詹姆斯，2019，《心理学原理》（第 1 卷），北京师范大学出版社。

文森特·莫斯可，2017，《云端：动荡世界中的大数据》，中国人民大学出版社。

乌尔里希·贝克、伊丽莎白·贝克－格恩海斯姆，2011，《个体化》，李荣山等译，北京大学出版社。

乌尔里希·贝克、伊丽莎白·贝克－格恩塞姆，2014，《全球热恋：全球化时代的爱情与家庭》，樊荣译，北京大学出版社。

邬艺，2015，《我国离婚率连续 12 年递增"七年之痒"变"三年之痒"》，《成都商报》6 月 29 日。

巫昌祯、夏吟兰，1989，《离婚新探》，《中国法学》第 2 期。

吴惠芳、叶敬忠，2010，《丈夫外出务工对农村留守妇女的心理影响分析》，《浙江大学学报》（人文社会科学版）第 1 期。

吴思，1999，《官场潜规则·淘汰清官之一　当贪官的理由》，《上海文学》第 1 期。

吴思，2009，《潜规则：中国历史中的真实游戏》，复旦大学出版社。

吴为，2015，《我国离婚人数连涨 12 年　社交工具成婚姻"新杀手"》，《新京报》7 月 10 日。

吴小英，1999，《社会学危机的涵义》，《社会学研究》第 1 期。

吴小英，2012，《公共政策中的家庭定位》，《学术研究》第 9 期。

吴志远，2016，《从"身体嵌入"到"精神致幻"——新媒体对青年"约炮"行为的影响》，《当代青年研究》第 2 期。

伍再华、冉珍梅、郭新华，2015，《家庭债务变动对婚姻不稳定性的影响——一个跨国经验研究》，《人口与经济》第 5 期。

西蒙娜·德·波伏娃，2004，《第二性》（全译本），陶铁柱译，中国书籍出版社。

希尔斯，1991，《论传统》，傅铿、吕乐译，上海人民出版社。

夏国美，1998，《论变迁社会中婚姻幸福的三要素》，《上海社会科学院学术季刊》第 2 期。

夏吟兰，2008，《对离婚率上升的社会成本分析》，《甘肃社会科学》第 1 期。

夏征农、陈至立，2013，《大辞海·文化 新闻出版卷》，上海辞书出版社。

肖群忠，2006，《"生活伦理"论》，《中国人民大学学报》第 1 期。

肖索未，2018，《欲望与尊严：转型期中国的阶层、性别与亲密关系》，社会科学文献出版社。

谢继昌，1982，《中国家族研究之检讨》，载杨国枢、文崇一主编《社会及行为科学研究的中国化》，中研院民族学研究所。

谢晓，2005，《忠实义务在法国的发展趋势：契约化?》，《宁夏社会科学》第 3 期。

谢新洲、安静，2016，《社交媒体用户自我表露的影响因素分析》，《出版科学》第 1 期。

《新华新词语词典》，2003，商务印书馆。

熊秉纯，2001，《质性研究方法刍议：来自社会性别视角的探索》，《社会学研究》第 5 期。

徐安琪，2000，《择偶标准：五十年变迁及其原因分析》，《社会学研究》第 6 期。

徐安琪，2006，《计算方法不当导致我国离婚率"虚高"》，《人民日报》（情况汇编 第 1135 期）。

徐安琪、叶文振，1998，《婚姻质量：度量指标及其影响因素》，《中国社会科学》第 1 期。

徐安琪、叶文振，2002，《婚姻质量：婚姻稳定的主要预测指标》，《上海社会科学院学术季刊》第 4 期。

徐芳艳，2009，《大学生日常行为中的潜道德问题及对策》，《中国高等教育》第 1 期。

徐汉明，2002，《夫妻难沟通，婚姻需治疗》，《科学大观园》第 6 期。

徐沪，1993，《中国卖淫嫖娼的现状与对策》，《社会学研究》第 3 期。

许传新，2010，《西部农村留守妇女婚姻稳定性及其影响因素分析》，《中国农业大学学报》（社会科学版）第 1 期。

许烺光，2011，《祖荫下：中国乡村的亲属·人格与社会流动》，王芃、徐隆德译，台北：南天书局有限公司。

许琪、于健宁、邱泽奇，2013，《子女因素对离婚风险的影响》，《社会学研究》第 4 期。

雪莉·特克尔，2014，《群体性孤独》，周逴、刘菁荆译，浙江人民出版社。

雪莉·特克尔，2017，《重拾交谈》，王晋、边若溪、赵岭译，中信出版集团。

严桂珍，2014，《丈夫赠与"第三者"财产纠纷的法律适用》，《同济大学学报》（社会科学版）第 6 期。

阎云翔，2006，《私人生活的变革》，龚小夏译，上海书店出版社。

阎云翔，2012，《中国社会的个体化》，陆洋等译，上海译文出版社。

杨光，2000，《以法律惩罚"第三者"的立法价值评价》，《当代法学》第 5 期。

杨洸，2016，《社会化媒体舆论的极化和共识——以"广州区伯嫖娼"之新浪微博数据为例》，《新闻与传播研究》第 2 期。

杨国枢，2004，《中国人的心理与行为：本土化研究》，中国人民大学出版社。

杨国枢，2013，《中国人的蜕变》，中国人民大学出版社。

杨菊华、李路路，2009，《代际互动与家庭凝聚力——东亚国家和地区比较研究》，《社会学研究》第 3 期。

杨立雄，2003，《赛博人类学：关于学科的争论、研究方法和研究内容》，《自然辩证法研究》第 4 期。

杨丽静，2002，《〈红楼梦〉中藕官－蕊官性脚本的解构意义》，《泉州师范学院学报》第 5 期。

杨美霞、李申生、宋小莺、张红叶、庄明华，2004，《上海市徐汇区性病门诊本地和外地性病患者对比分析》，《中国艾滋病性病》第 5 期。

杨善华，1999，《当代西方社会学理论》，北京大学出版社。

杨师、陈巍，2001，《嫖娼人员人格因素的调查》，《中国心理卫生杂志》第 4 期。

叶名怡，2013，《法国法上通奸第三者的侵权责任》，《华东政法大学学报》第 3 期。

叶南客，1996，《边际人：大过渡时代的转型人格》，上海人民出版社。

叶启政，1987，《社会理论的本土化建构》，北京大学出版社。

叶文振，1997，《当代中国婚姻问题的经济学思考》，《人口研究》第 6 期。

叶文振、徐安琪，1999，《中国婚姻的稳定性及其影响因素》，《中国人口科学》第 6 期。

伊娃·易洛思，2015，《爱，为什么痛?》，叶嵘译，华东师范大学出版社。

易成非、姜福洋，2014，《潜规则与明规则在中国场景下的共生——基于非法拆迁的经验研究》，《公共管理学报》第 4 期。

殷海光，1988，《中国文化的展望》，中国和平出版社。

于建华、程何荷，2001，《1999 年昆明市卖淫嫖娼人员艾滋病病毒感染情况调查》，《中华流行病学杂志》第 2 期。

于维洋、周薇，2015，《中国房地产价格与婚姻稳定性关系研究》，《统计与决策》第 22 期。

余富强、胡鹏辉，2018，《拟真、身体与情感：消费社会中的网络直播探析》，《中国青年研究》第 7 期。

余建华，2012，《从定量到定性：网络调查的人文转向——兼论案例研究在互联网中的应用》，《电化教育研究》第 3 期。

余霞，2010，《网络红人：后现代主义文化视野下的"草根偶像"》，《华中师范大学学报》（人文社会科学版）第 4 期。

俞旭红，2005，《心理冲突与婚姻家庭危机》，《烟台师范学院学报》（哲学社会科学版）第 3 期。

虞浩、高宏伟、程勇，2004，《徘徊在规则与原则之间——评"二奶"受遗赠案的法律论证方法》，《广西政法管理干部学院学报》第 3 期。

袁阳，2005，《不变的情结与开放的心灵——关于当代青年婚姻家庭观念现状的报告与阐释》，《西南民族大学学报》（人文社科版）第 1 期。

原宙，2016，《青年网络"吐槽"现象的亚文化透析》，《思想理论教育》第 6 期。

约翰·R. 苏勒尔，2018，《赛博人：数字时代我们如何思考、行动和社交》，刘淑华、张海会译，中信出版社。

岳平，2007，《卖淫嫖娼行为应有限犯罪化》，《人民检察》第 19 期。

曾红，2012，《婚姻沟通模式、主观幸福感及其关系的研究》，《西北师范大学学报》第 1 期。

翟学伟，2011，《国人的关系原理：时空秩序、生活欲念及其流变》，北京大学出版社。

翟学伟，2018，《社会学本土化是个伪问题吗》，《探索与争鸣》第 9 期。

翟学伟，2016，《中国人的日常呈现》，南京大学出版社。

詹姆斯·米勒，1995，《福柯的生死爱欲》，高毅译，台北：时报文化出版企业股份有限公司。

张德芬，2008，《遇见未知的自己》，华夏出版社。

张会平，2013，《家庭收入对女性婚姻幸福感的影响：夫妻积极情感表达的中介作用》，《中国临床心理学杂志》第 2 期。

张康之，2008，《"熟人"与"陌生人"的人际关系比较》，《江苏行政学院学报》第 2 期。

张丽华，2010，《择偶观与青年婚姻稳定性的关系研究》，硕士学位论文，湖南师范大学。

张良，2017，《社会个体化研究述评》，《社会科学动态》第 7 期。

张敏杰，1997，《中国当前的离婚态势》，《人口研究》第 6 期。

张娜，2015，《熟悉的陌生人：青年群体网络人际关系的一种类型》，《中国青年研究》第 4 期。

张娜，2016，《互联网、性及其关系的主体建构》，中国社会科学出版社。

张娜、潘绥铭，2014，《互联网与性：一个值得重视的研究领域》，《河北学刊》第 2 期。

张楠，2014，《场域与惯习理论视角下的中国"一夜情"》，《云南师范大学学报》第 1 期。

张小山，1991，《实证主义社会学面临挑战》，《社会学研究》第 5 期。

张耀方、方晓义，2011，《城市新婚夫妻求助表达、伴侣支持应对和婚姻满意度的关系》，《中国临床心理学杂志》第 4 期。

章锡琛，1926，《中国女子的贞操问题：在上海各界妇女联合会讲话》，《新女性》第 6 期。

赵书敏、董芳芳、李小妹、方华、王娣妙，2008，《农民工与艾滋病有关的性态度性行为调查研究》，《护理学杂志》（综合版）第 4 期。

赵燕、孙红兵，2013，《我国经济发展与离婚率关系的计量分析——基于 VAR 方法》，《价值工程》第 20 期。

郑杭生、王万俊，2000，《论社会学本土化的内涵及其目的》，《吉林大学社会科学学报》第 1 期。

郑远汉，2002，《关于"网络语言"》，《华中科技大学学报》（社会科学版）第 3 期。

钟春华，2011，《农村"留守妇女"维系婚姻关系的经济学分析》，《社会科学专刊》第 5 期。

周安平，2001，《性爱与婚姻的困惑——"第三者"民事责任的理论与现实之探讨》，《现代法学》第 1 期。

周洪波主编，2003，《新华新词语词典》，商务印书馆。

周辉斌，2002，《浅析法官自由裁量权的获得与运用——我国首例"第三者"继承遗产案判决之我见》，《法学杂志》第 4 期。

周晓虹，2013，《再论中国体验：内涵、特征与研究意义》，《社会学评论》第 1 期。

周晓虹，2017，《中国体验：全球化、社会转型与中国人社会心态的嬗变》，社会科学文献出版社。

周雪光，2003，《组织社会学二十讲》，社会科学文献出版社。

周翼虎、杨晓民，2002，《中国单位制度》，《党政干部文摘》第
7 期。

庄渝霞，2014，《上海多性伴性行为现状及其影响因素研究》，《社
会》第 3 期。

宗剑峰，2002，《通过"情人"突破案件的谋略》，《人民检察》
第 7 期。

邹宇春、周晓春，2016，《大学生社会资本：内涵、测量及其对
就业的差异化影响》，《华中科技大学学报》（社会科学版）
第 30 期。

Allen, S. 2006. *The Digital Complex*, *Log* 5. New York: ANY Corporation.

Almond, G. A. 1960. "Functional Approach to Comparative Politics," in Almond & Coleman (eds.) *The Politics of the Developing Areas*. Princeton University Press.

Amato, P. R. 1996. "Explaining the Intergenerational Transmission of Divorce," *Journal of Marriage & the Family*, Vol. 58, No. 3.

Amato, P. R., & Deboer, D. D. 2004. "The Transmission of Marital Instability Across Generations: Relationship Skills or Commitment to Marriage?" *Journal of Marriage and Family*, Vol. 63, No. 4.

Arendt, H. 1963. *Eichmann in Jerusalem: A Report on the Banality of Evil*. New York: The Viking Press.

Armstrong, F. 2006. "Safety and Quality," *Australian Nursing Journal*, Vol. 14, No. 2.

Barelds, D. P. H. & Dijkstra, P. 2009. "Positive Illusions about a Partner's Physical Attractiveness and Relationship Quality," *Personal Relationships*, Vol. 16, No. 2.

Bargh, J. A., McKenna, K. Y. A., & G. M. Fitzsimons. 2002. "Can You See the Real Me? Activation and Expression of the 'True Self' on the Internet," *Journal of Social Issues*, DOI: 10.1111/

1540 – 4560. 00247.

Bauman. 2003. *Liquid Love*. Cambridge: Polity Press.

Becker, G. S. 1976. *The Economic Approach to Human Behavior*. The University of Chicago Press.

Becker, G. S. et al. 1977. "An Economic Analysis of Marital Instability," *Journal of Political Economy*, Vol. 85.

Beck, U. & Elisabeth Beck-Gernsheim. 2001. *Individualization: Institutionalized Individualism and its Social and Political Consequences*. London and Thousand Oaks, C. A. : Sage Publications.

Ben-David, A. & Lavee, Y. 1994. "Migration and Marital Distress," *Journal of Divorce & Remarriage*, Vol. 21, No. 3.

Beneito-Montagut, R. 2011. "Ethnography Goes Online: Towards a User-centered Methodology to Research," *Qualitative Research*, Vol. 11, No. 6.

Ben-Ze'ev, A. 2003. "Privacy, Emotional Closeness, and Openness in Cyberspace," *Computers in Human Behavior*, Vol. 19, No. 4, pp. 451 – 467.

Bitter, R. G. , 1986. "The Marriage and Marital Instability: the Effects of Heterogeneity and Inflexibility," *Journal of Marriage and the Family*, Vol. 48.

Booth, A. , et al. 1986. "Divorce and Marital Instability over the Life Course," *Journal of Family Issues*, Vol. 7.

Bourdieu, P. 1986. *Distinction*. Cambridge: Harvard University Press.

Brannon, R. 1976. "The Male Sex Role: Our Culture's Blueprint of Manhood, and What it's Done for Us Lately," in David, D. and Brannon, R. (eds.) *The Forty-nine Percent Majority: The Male Sex Role*. MA: Addington Wesley.

Bulcroft, A. , Bradley, K. , & Simpson, C. 2000. "The Management and Production of Risk and Romantic Relationships: A Postmodern

Paradox," *Journal of Family History*, Vol. 25, No. 1.

Bumpass, L. L. et al. 1991. "The Impact of Family Background and Early Marital Factors on Marital Disruptio," *Journal of Family Issues*, Vo. 12.

Bumpass, L. L. & McLanahan, S. 1989. "Unmarried Motherhood: Recent Trends, Composition, and Black-White Differences," *Demography*, Vol. 26, No. 2.

Burgess, E. W. , Locke, H. J. 1945. "The Family: From Institution to Companionship," *Marriage and Family Living*, Vol. 15, No. 4.

Burke, K. 1935. *Permanence and Change*. New York: New Republic, Inc.

Burke, K. 1961. *Rhetoric of Religion*. Berkley: University of California Press.

Cancian, F. 1987. *Love in America: Gender and Self-development*. Cambridge: Cambridge University Press.

Cate, R. M. & S. A. Lloyd. 1992. *Courtship*. Newbury Park. : Sage Publications.

Chan, T. W. 2003. "Who Marries Whom in Great Britain?" in *Who Marries Whom?*. Springer Netherlands.

Chang. 2010. K. S. "The Second Modern Condition? Compressed Modernity as Internalized Reflexive Cosmopolitization," *British Journal of Sociology*, Vol. 61, No. 3, pp. 444 – 464.

Chang, K. S. 1999. "Compressed Modernity and Its Discontents: South Korean Society in Transition," *Economy and Society*, Vol. 28, No. 1.

Cherlin, A. J. 2004. "The Deinstitutionalization of American Marriage," *Journal of Marriage and Family*, Vol. 66, No. 4.

Choice, P. , & Lamke, L. K. . 1999. "Stay/leave Decision-making in Abusive Dating Relationships," *Personal Relationships*, Vol. 6,

No. 3.

Clayton, R. B. , Nagurney, A. , Smith, J. R. 2013. "Cheating, Breakup, and Divorce: is Facebook Use to Blame?" *Cyberpsychology, Behavior, and Social Networking*, Vol. 16, No. 10.

Clayton, R. B. 2014. "The Third Wheel: The Impact of Twitter Use on Relationship Infidelity and Divorce." *Cyberpsychology, Behavior, and Social Networking*, Vol. 17, No. 7.

Coleman, J. S. 1990. *Foundation of Social Theory*. Harvard University Press.

Coleman, J. & T. S. J. Fairer. 1992. *Rational Choice Theory: Advocacy and Critique*. Newbury Park: Sage Publications.

Conger, R. D. , et al. 1990. "Linking Economic Hardship to Marital Quality and in Stability," *Journal of Marriage and the Family*, Vol. 52.

Connell, R. W. & Messerschmidt, J. W. 2005. "Hegemonic Masculinity: Rethinking the Concept," *Gender and Society*, Vol. 9, No. 6.

Cooney, T. M. , Smyer, M. A. , & Hagestad, G. O. , et al. 2010. "Parental Divorce in Young Adulthood: Some Preliminary Findings," *American Journal of Orthopsychiatry*, Vol. 56, No. 3.

Cooper, A. , L. Sportolari, 1997, "Romance in Cyberspace: Understanding Online Attraction," *Journal of Sex Education & Therapy*, *Vol.* 22, No. 1.

Cooper, A. , Mansson, S. , Daneback, K. , Tikkanen, R. , & Ross, M. 2003. "Predicting the Future of Internet Sex: Online Sexual Activities in Sweden," *Sexual and Relationship Therapy*, Vol. 18, No. 3.

Cravens, J. D. , Kaitlin R. Leckie, & Jason B. Whiting. 2013. "Facebook Infidelity: When Poking Becomes Problematic," *Contemporary Family Therapy*, Vol. 35, No. 1.

Darvishpour, M. 2002. "Immigrant Women Challenge the Role of Men: How the Changing Power Relationship within Iranian Families in Sweden Intensifies Family Conflicts after Immigration," *Journal of Comparative Family Studies*, Vol. 33, No. 2.

Dijkstra, P., Barelds D. P. H., & Groothof, H. A. K. 2013. "Jealousy in Response to Online and Offline Infidelity: the Role of SEx and Sexual Orientation," *Scandinavian Journal of Psychology*, Vol. 54, No. 4.

Donnerstein, E., D. Linz & S. Penrod. 1987. *The Question of Pornography: Research Findings and Policy Implication*. New York: The Free Press.

Ellul, J. 1980. "The Power of Technique and the Ethic of Non-Power." in *Woodward*, K. (ed.) *The Myths of Information*. London: Routledge.

Edley, N., Wetherell, M. 1999. "Jekyll and Hyde: Men's Constructions of Feminism and Feminists," *Feminism & Psychology*, Vol. 11, No. 4.

Eibl-Eibesfeldt, I. 1973. "Love and Hate: The Natural History of Behavior Patterns," *Contemporary Sociology*, Vol. 4, No. 3.

Elifson, K. W., Klein, H. & Sterk, C. E. 2006. "Predictors of Sexual Risk-Taking among New Drug Users," *The Journal of Sex Research*, Vol. 43, No. 4.

Erikson E. H. 1959. "Identity and The Life Cycle," *Psychological issues*, Vol. 1.

Evans, L. 2010. "Authenticity Online: Using Webnography to Address Phenomenological Concerns." In Aris Mousoutzanis & Daniel Riha (eds) *New Media and the Politics of Online Communities*. Oxford: Inter-Disciplinary Press.

Farnham, M., Lucie, S., & Sevak, P. 2011. "House Prices and

Marital Stability," *American Economic Review*, Vol. 101, No. 3.

Farrer, J. and Sun, Z. 2003. "Extramatial love in Shanghai," *The China Journal*, 50.

Farrer, J. 2002. *Youth Sex Culture and Market Reform in Shanghai*. Chicago: University of Chicago Press.

Feinberg, L. S. 1996. Teasing: Innocent fun or sadistic malice? USA: New Horizon.

Frith, H. 2009. "Sexual Scripts, Sexual Refusals, and Rape," in Horvath, M. & Brown, J. (eds.) *Rape: Challenging Contemporary Thinking*. Devon: Willan.

Gagnon, J. H. & Parker, R. 1995. "Introduction: Conceiving Sexuality," in Parker R. G. & Gagnon, J. H. (eds.) *Conceiving Sexuality, Approaches to Sex Research in a Postmodern World*. New York: Routledge.

Gagnon, J. H. & W. Simon. 1973. *Sexual Conduct: The Social Sources of Human Sexuality*. Chicago: Aldine Publishing Co.

Geertz, C. 1983. *Local Knowledge: Further Essays in Interpretive Culture*. New York: Basic Books.

Giddens, A. 1991. *Modernity and Self-identity: Self and Society in the Late Modern Age*. Cambridge: Polity Press.

Glaser, B., & Strauss, A. L.. 1968. "The Discovery of Grounded Theory: Strategies for Qualitative Research," *Nursing Research*, Vol. 1, No. 4.

Goffman, E. 1959. *The Presentation of Self in Everyday Life*. New York: Doubleday.

Goldberg, P. D., Peterson, B. D., Rosen, K. H., et al. 2008. "Cybersex: The Impact of a Contemporary Problem on the Practices of Marriage and Family Therapists," *Journal of Marital and Family Therapy*, Vol. 34.

Gonyea, J. L. 2004. "Internet Sexuality: Clinical Implications for Couples," *The American Journal of Family Therapy*, Vol. 32, No. 5.

Goodman, P. 1970. *Reformation: Notes of Neolithic Conservative*. New York: Random House.

Grillot, C. 2010. "Desiring China: Experiments in Neoliberalism, Sexuality, and Public Culture," *Australian Journal of Anthropology*, Vol. 21, No. 1.

Grov, C., Gillespie, B. J., Royce, T., & Lever. 2011. "Perceived Consequences of Casual Online Sexual Activities on Heterosexual Relationships: A U. S. Online Survey," *Archives of Sexual Behavior*, Vol. 40, No. 2.

Guadagno, R., E., & B., J. Sagarin. 2010. "Sex Differences in Jealousy: An Evolutionary Perspective on Online Infidelity," *Journal of Applied Social Psychology*, Vol. 40, No. 10.

Guttentag, M. & Secord, P. F. 1983. *Too Many Women: The Sex Ratio Question*. Beverly Hills, C. A. : Sage.

Hald, G. M., N. M. Malamuth & C. Yuen. 2010. "Pornography and Attitudes Supporting Violence against Women: Revisiting The Relationship in Nonexperimental Studies," *Aggressive Behavior*, Vol. 36.

Hearn, K. D., G. Rodriguez & L. O'Sullivan. 2003. "Sibling Influence, Gender Roles, and Sexual Socialization of Urban Early Adolescent Girls," *The Journal of Sex Research*, Vol. 40, No. 1.

Heaton, T. B. 1991. "Time—Related Determinants of Marital Dissolution," *Journal of Marriage and the Family*, Vol. 5.

Helsper, E. J. & Monica T. Whitty. 2010. "Netiquette Within Married Couples: Agreement about Acceptable Online Behavior and Surveillance between Partners," *Computers in Human Behavior*, Vol. 26, No. 5.

Henline, B. H. , Lamke, L. K. & Howard, M. D. 2007. "Exploring perceptions of Online Infidelity," *Personal Relationships*, Vol. 14, No. 1.

Herring, S. 1997. "The Rhetorical Dynamics of Gender Harassment On-line," *Information Society*, Vol. 5, No. 3.

Hertlein, K. M. 2011. "Therapeutic Dilemmas in Treating Internet Infidelity," *The American Journal of Family Therapy*, Vol. 39, No. 2.

Hertlein, K. M. , Blumer, M. L. C. , & Smith, J. M. 2014. "Marriage and Family Therapists' Use and Comfort with Online Communication with Clients," *Contemporary Family Therapy*, Vol. 36, No. 1.

Hertlein, K. M. , & Fred P. Piercy. 2008. "Therapists Assessment and Treatment of Internet Infidelity Cases," *Journal of Marital & Family Therapy*, Vol. 34, No. 4.

Hertlein, K. M. , Fred P. Piercy. 2012. "Essential Elements of Internet Infidelity Treatment," *Journal of Marital & Family Therapy*, Vol. 38, No. 1.

Hertlein, K. M. & Stevenson, A. 2010. "The Seven 'As' Contributing to Internet-Related Intimacy Problems: A Literature Review," *Cyberpsychology Journal of Psychosocial Research on Cyberpspace*, Vol. 1.

Hertlein, K. M. , & Webster, M. 2008. "Technology, Relationships, and Problems: A Research Synthesis," *Journal of Marital & Family Therapy*, Vol. 34, No. 4.

Higgins, E. T. 1987. "Self-discrepancy: a theory relating self and affect," *Psychological Review*, Vol. 94, No. 3, pp. 319 – 340.

Hine, C. 2000. *Virtual Ethnography*. London: Sage Publications.

Holland, N. 2008. "Spider-Man? Sure! The Neuroscience of Suspending Disbelief," *Interdisciplinary Science Reviews*, Vol. 33, No. 4. http://

www. stanford. edu/ ~ mrosenfe/Rosenfeld _ How _ Couples _ Meet _ Working_Paper. pdf

Illouz, E. 1997. *Consuming the Romantic Utopia: Love and the Cultural Contradictions of Capitalism.* University of California Press.

Jacobs, K. 2012. *People's Pornography: Sex and Surveillance on the Chinese Internet.* Bristol: Intellect.

Jacques, E. 1980. *The Technological System.* Translated by Joachim Neugroschel. New York: Continuum.

Ji, Y. C. 2015. "Between Tradition and Modernity: 'Leftover Women' in Shanghai," *Journal of Marriage & Family,* Vol. 77, No. 55.

Ji, Y. C. 2017. "A Mosaic Temporality: New Dynamics of the Gender and Marriage System in Contemporary Urban China," *Temporalités. Revue de Sciences Sociales et Humaines,* Vol. 26.

Ji, Y. C., Wu, X. G., Sun, S. W., & He, G. Y. 2017. "Unequal Care, Unequal Work: Toward a More Comprehensive Understanding of Gender Inequality in Post-reform Urban China," *Sex Roles,* 77 (11 – 12), pp. 765 – 778. doi: 10. 1007/s11199 – 017 – 0751 – 1.

Joinson, A. 2003. *Understanding the Psychology of Internet Behaviour: Virtual Worlds, Real Lives.* Palgrave Macmillan.

Jones, E. E. & Pittman, T. S. 1982. "Toward a General Theory of Strategic Self-presentation," *Psychological Perspectives on the Self,* Vol. 1.

Jones, K. E. & Hertlein, K. M. 2012. "Four Key Dimensions for Distinguishing Internet Infidelity From Internet and Sex Addiction: Concepts and Clinical Application," *American Journal of Family Therapy,* Vol. 40, No. 2.

Jones, S. 1999. *Doing Internet Research: Critical Issues and Methods for Examining the Net.* Thousand Oaks, C. A. : Sage.

Kaplan, A. M. & Haenlein, M. 2010. "Users of the World, Unite! The Challenges and Opportunities of Social Media," *Business Horizons*, Vol 53, No. 1.

Karney, B. R. & Bradbury, T. N. 1995. "Assessing Longitudinal Change in Marriage: an Introduction to the Analysis of Growth Curves," *Journel of Marriage & Familg*, Vol. 57, No. 4, pp. 1091 – 1108.

Kelley, H. H. 1983. "The Situational Origins of Human Tendencies: a Further Reason for the Formal Analysis of Structure," *Personality and Social Psychology Bulletin*, Vol. 9.

Kellly, H. H, & Thibaut, J. 1978. *Interpersonal Relations: A Theory of Interdependence.* New York: Wiley.

Kiesler, S. , Siegel, J. , McGuire, Timothy W. 1984. "Social Psychological Aspects of Computer-Mediated Communication," *American Psychologist*, Vol. 39, No. 10.

Kimmel, M. S. & Messner, M. A. 2009. *Men's Lives.* Addison-Wesley.

Kozinet, R. V. 2002. "The Field behind the Screen: Using Netnography for Marketing Research in Online Communities," *Journal of Marketing Research*, Vol. 39, No. 1.

Laing, R. D. 1965. *The Divided Self.* Harmondsworth: Penguin.

Lang, G. , & Smart, J. 2002. "Migration and the "Second Wife" in South China: Toward Cross-Border Polygyny1 ," *International Migration Review*, Vol. 36, No. 2.

Lea, M. & Russell Spears. 1995. "Love at first byte? Building personal relationships over computer networks," in: Wood, J. T. , Duck, S. (eds.) *Understudied Relationships: off the Beaten Track.* Sage Publications, Inc.

Lee, D. G. , Dumit, J. , & Sarah Williams. 1995. "Cybrog Anthropology. " *Cultural Anthropology*, Vol. 10, No. 2, pp. 264 – 269.

Lerner, D. 1958. *The Passing of Traditional Society: Modernizing the Mi-*

ddle East. New York: Free Press.

Levinger, G. 1976. "A Social Psychological Perspective on Marital Dissolution," *Journal of Social Issues*, Vol. 32, No. 1.

Lewis, R. A. & G. B. Spanier. 1979. "Theorizing about the Quality and Stability of Marriage," in Wesley R. Burr, et al. (eds.) *Contemporary Theories about Family*. New York: Free Press.

Lifton, R. J. 1999. *The Protean Self: Human Resilience in an Age of Fragmentation*. Univ of Chicago Press.

Longuet-Higgins, H. C. 1987. "*Mental Processes: Studies in Cognitive Science*," in Chapter Configurations that *Defeat the Eight-Point Algorithm*. MIT Press: Cambridge, MA-London.

Lutz, C. A. 1986. "Emotion, Thought, and Estrangement: Emotion as a Cultural Category," *Cultural Anthropology*, Vol. 1, No. 3.

Lutz, C. A. 1992. "Language and the Politics of Emotion," *Journal of Nervous & Mental Disease*, Vol. 180, No. 3.

Mayfield, A. 2007. *What is Social Media?* Spannerworks.

Mackinnon, C. A. 1989. *Toward a Feminist Theory of the State*. Cambridge: Havard University Press.

MacIntyre, A. 1984. *After Virtue*. Notre Dame/Indiana: University of Notre Dame Press, Second Edition.

Maffesoli. 1996. *The Time of The Tribes*, translated by Don Smith, London: Sage Publications.

Mann, C., & Stewart, F. 2000. *Internet Communication and Qualitative Research: a Handbook for Researching Online/Chris Mann and Fiona Stewart*. Sage Publications Ltd.

Manning, W. D. & Smock. P. J. 1995. "Why Marry? Race and the Transition to Marriage among Cohabitors," *Demography*, Vol. 32, No. 4.

McKenna, K. Y. A., Green, A. S., & Gleason, M. E. J. 2002. "Re-

lationship Formation on the Internet: What's the Big Attraction?"
Journal of Social Issues, Vol. 58, No. 1.

Mileham, B. L. A. 2007. "Online infidelity in Internet Chat Rooms:
an Ethnographic Exploration," *Computers in Human Behavior*,
Vol. 23, No. 1.

Miller, D. 1998. *A Theory of Shopping*. Cornell University Press.

Miller, D. & Slater, D. 2000. *The Internet: An Ethnographic Approach*.
Oxford: Berg.

Moller, N. P. & Vossler, A. 2014. "Defining Infidelity in Research and
Couple Counseling: A Qualitative Study," *Journal of Sex & Marital Therapy*, Vol. 41, No. 5.

Muscanell, N. L., Guadagno, R. E., Rice, L. & Murphy, S. 2014.
"Weapons of Influence Misused: A Social Influence Analysis of
Why People Fall Prey to Internet Scams," *Social and Personality
Psychology Compass*, Vol. 8, No. 7.

Mutchler, M. G. 2003. "Young Gay Men's Stories in the States: Scripts, Sex and Safety in the Time of AIDS," *Sexualities*, Vol. 3,
No. 1.

Nordlund, A., & Trost, J. 1975. "Some Data on Sex Role Socialization in Sweden," *International Journal of Sociology of the Family*,
Vol. 5, No. 2.

Olson, M. 1971. *The Logic of Collective Action: Public Goods and the
Theory of Groups*. Harvard University Press.

Osburg, J. 2013. "Meeting the Godfather: Fieldwork and Ethnographic Seduction in a Chinese Nightclub," *Political and Legal Anthropology Review*, Vol. 36, No. 2.

Park, R. E. 1928. "Human Migration and the Marginal Man." *American Journal of Sociology*, Vol. 33, pp. 881 – 893.

Park, R. 1922. *The Immigrant Press and Its Control*. New York: Harper & Brother Publishers.

Parks, M. R. , & Floyd, K. 1996. "Meanings for Closeness and Intimacy in Friendship," *Journal of Social and Personal Relationships*, Vol. 13, No. 1.

Parks, M. R. , & Roberts, L. D. 1998. " 'Making Moosic": The Development of Personal Relationships on Line and a Comparison to their Off-Line Counterparts," *Journal of Social and Personal Relationships*, Vol. 15, No. 4.

Parsons, J. T. et al. 2004. "The Impact of Alcohol Use on the Sexual Scripts of HIV-Positive Men Who Have Sex with Men. " *The Journal of Sex Research*, Vol. 41, No. 2.

Payne, D. L. , K. A. Lonsway & L. F. Fitzgerald. 1999. "Rape Myth Acceptance: Exploration of its Structure and its Measurement Using the Illinois Rape Myth Acceptance Scale," *Journal of Research in Personality*, Vol. 33.

Pei, Y. X. 2007. *Born in the 70's: Sexuality of Young Women in Contemporary Shanghai.* PhD. , The University of Hong Kong.

Pennebaker, J. W. , & Press, G. 1997. *Opening Up: the Healing Power of Expressing Emotions.* Guilford Press.

Perper, T. 1985. "Sex Signals: the Biology of Love," *Psychology Critiques*, Vol. 31, No. 9.

Plummer, K. 2005. "Male Sexualities," in Kimmel, M. , Heam, J. & Connell, R. W (eds) *Handbook of Studies on Men and Masculinities.* C. A. : Sage Publications.

Potter, S. H. 2010. "The Cultural Construction of Emotion in Rural Chinese Social Life. " *Ethos*, Vol. 16, No. 2.

Pye, L. W. W. 1962. *Politics, Personality & Nation-Building.* New Haven: Yale University Press.

Riggs, F. W. 1964. *The Ecology of Public Administration in Developing*

Countries. Boston: Houghton Mifflin Co.

Rindfuss, R. & Bumpass, L. 1977. "Fertility during Marital Disruption," *Journal of Marriage and the Family*, Vol. 39.

Ritzer, G. 2015. "Hospitality and presumption," *Research in Hospitality Management*, Vol. 5, No. 1.

Robert, E. 1928. "Park: Human Migration And The Marginal Man." *American Journal of Sociology*, 6.

Rofel, L. 2007. *Desiring China: Experiments in Neoliberalism, Sexuality, and Public Culture.* Durham, N. C. : Duke University Press.

Rofel, L. & Durham, N. C. 2007. *Desiring China: Experiments in Neoliberalism, Sexuality, and Public Culture.* Duke University Press.

Rogers, C. R. 1951. "Where are We Going in Clinical Psychology?" *Journal of Consulting Psychology*, Vol. 15, No. 3.

Rosenfeld, M. J. , & Thomas, R. J. 2010. *Meeting Online: The Rise of the Internet as a Social Intermediary.* Retrieved from

Ryan, K. 2011. "The Relationship between Rape Myths and Sexual Scripts: The Social Construction of Rape," *Sex Roles*, Vol. 65.

Suler, J. R. 2004. "The Online Disinhibition Effect," *Cyber Psychology and Behavior*, Vol. 7, No. 1.

Scharlott, B. W. , & Christ, W. G. 1995. "Overcoming Relationship-initiation Barriers: the Impact of a Computer-dating System on Sex Role, Shyness, and Appearance Inhibitions," *Computers in Human Behavior*, Vol. 11, No. 2.

Schneider, J. , P. , Weiss, R. , & Samenow, C. 2012. "Is It Really Cheating? Understanding the Emotional Reactions and Clinical Treatment of Spouses and Partners Affected by Cybersex Infidelity," *Sexual Addiction & Compulsivity*, Vol. 19, No. 1 – 2.

Shelton, G. B. A. 1985. "Regional Differences in Divorce in the United States," *Journal of Marriage and Family*, Vol. 47, No. 3.

Stake, R. E. 2005. "Qualitative Case Studies," in Denzin, N. K. & Lincoln, Y. S. (eds) *The SAGE Handbook of Qualitative Research* (3rd ed). Thousand Oaks. C. A: Sage.

Stein, A. F. 2009. "Therapeutic Culture, and the Holocaust in the United States: The Second-Generation Phenomenon," *Jewish Social Studies*, Vol. 16, No. 1.

Tam, M. , 1996. "Normalization of 'Second Wives': Gender Contestation in Hong Kong," *Asian Journal of Women's Studies*, Vol. 2, No. 1.

Tam, M. 2005. "We-women and They-women: Imagining Mistresses Across the Hong Kong-China Border," In*Rethinking and Recasting Citizenship: Social Exclusion and Marginality in Chinese Societies*, edited by M. Tam, H. Ku and T. Kong. Hong Kong: Centre for Social Policy Studies, Hong Kong Polytechnic University.

Taylor, C. 1989. *Source of the Self.* Cambridge: Cambridge University Press.

Thai, H. C. 2008. *For Better or for Worse: Vietnamese International Marriage in the New Global Economy.* Rutgers University Press.

Tidwell, L. C. , & J. B. Walther. 2002. "Computer-Mediated Communication Effects on Disclosure, Impressions, and Interpersonal Evaluations: Getting to Know One Another a Bit at a Time," *Human Communication Research*, Vol. 28, No. 3.

Tzeng, M. S. 1992. "The Effects of Socio Economic Heterogamy and Changes on Marital Dissolution for First Marriages," *Journal of Marriage and the Family*, Vol. 54.

Udry, J. R. 1981. "Marital Alternatives and Marital Disruption," *Journal of Marriage and the Family*, Vol. 43.

Vossler, A. 2016. "Internet Infidelity 10 Years On: A Critical Review of the Literature. " *The Family Journal: Counseling and Therapy for Couples and Families* 24 (4) : 359 – 366.

Vance, S. C. 1984. "Pleasure and Danger: Toward a Politics of Sexuality," in C. Vance (eds.), *Pleasure and Danger: Exploring Female Sexuality*. Boston: Routledge & Kegan Paul.

Vega, V. & N. M. Malamuth. 2007. "Predicting Sexual Aggression: The Role of Pornography in the Context of General and Specific Risk Factors," *Aggressive Behavior*, Vol. 33.

Waitem L. J. & Lillard L. A. 1991. "Children and Marital Disruption," *American Journal of Sociology*, Vol. 96, No. 4.

Walther, J. B., & D'addario, K. P. 2001. "The Impact s of Emotions on Message Interpretation in Computer-mediated Communication," *Social Science Computer Review*, Vol. 19, No. 3, pp. 324 – 347.

Ward, C. C., & Tracey, T. J. G. 2004. "Relation of Shyness with Aspects of Online Relationship Involvement," *Journal of Social and Personal Relationship*, Vol. 21, No. 5.

Watson, E. L. 1983. "Premarital Cohabitation vs. Traditional Courtship: Their Effects on Subsequent Marital Adjustment," *Family Relations*, Vol. 32.

Weber, G. W. 2015. "Virtual Anthropology," *American Journal of Physical Anthropology*, Vol. 156.

Weeks, J. 1986. *Sexuality*. Ellis Horwood Limited and Tavais-tock Publications Limited, London and New York.

Weiner, B. 1972. *Theories of Motivation*. Chicago: Rand of McNally.

Weiner, B. 1992. Human Motivation: Metaphors, Theories, and Research. *Newbury Park, CA: Sage Publications*.

Weiss, Y., & Willis, R. J. 1997. "Match Quality, New Information, and Marital Dissolution," *Journal of Labor Economics*, Vol. 15, No. 1.

Whitty, M. T. 2003. *Cyber-Flirting: Playing at Love on the Internet*.

Vol. 13, No. 3.

Whitty, M. T., & Gavin, J. 2001. "Age/Sex/Location: Uncovering the Social Cues in the Development of Online Relationships," *Cyber Psychology & Behavior*, Vol. 4, No. 5.

Whyte, M. K. 1990. *Dating, Mating, and Marriage.* New York: Aldine.

Williams, M. & Burden, R. L. 1997. *Psychology for Language Teachers: a Social Constructivist Approach.* Cambridge: CPU.

Wirth, L. 1938. "Urbanism as a Way of Life," *American Journal of Socilolgy*, Vol. 1.

Wittel, A. 2000. "*Ethnography on the Move: From Field to Net to Internet,*" *Qualitative Social Research*, Vol. 1, No. 1.

Wright, K. 2008. "Theorizing Therapeutic Culture," *Journal of Sociology*, Vol. 44, No. 4, pp. 321 – 336.

Yan, Y. 2012. "Of the Individual and Individualization: The Striving Individual in China and the Theoretical Implications," in Heinlein, M., Kropp, C., Neumer, J., Poferl, R. (eds.) *Futures of Modernity: Challenges for Cosmopolitical Thought and Practice.* Bielefeld: Transcript Publishers.

Ze'Ev, A. B. 2003. *Love Online: Emotions on the Internet.* Cambridge University Press.

Zelizer, V. 2007. *The Purchase of Intimacy.* Princeton University Press.

Zuckerman, M., & Miyake, K. 1993. "The Attractive Voice: What Makes it So?" *Journal of Nonverbal Behavior*, Vol. 17, No. 2.

图书在版编目（CIP）数据

社交媒体中的婚姻与个体 / 程萍著. -- 北京：社
会科学文献出版社，2022.3（2023.8 重印）
（田野中国）
ISBN 978 - 7 - 5201 - 6464 - 1

Ⅰ.①社… Ⅱ.①程… Ⅲ.①男性 - 婚姻 - 社会公德
- 研究 Ⅳ.①C913.13

中国版本图书馆 CIP 数据核字（2020）第 051673 号

田野中国
社交媒体中的婚姻与个体

著　　者／程　萍

出　版　人／冀祥德
责任编辑／胡庆英
责任印制／王京美

出　　　版／社会科学文献出版社·群学出版分社（010）59367002
　　　　　　地址：北京市北三环中路甲 29 号院华龙大厦　邮编：100029
　　　　　　网址：www.ssap.com.cn
发　　　行／社会科学文献出版社（010）59367028
印　　　装／三河市尚艺印装有限公司

规　　　格／开　本：787mm × 1092mm　1/16
　　　　　　印　张：19.5　字　数：261 千字
版　　　次／2022 年 3 月第 1 版　2023 年 8 月第 3 次印刷
书　　　号／ISBN 978 - 7 - 5201 - 6464 - 1
定　　　价／89.00 元

读者服务电话：4008918866